陳平原 主編
三聯人文書系

開啟民智 會通中西：嚴復譯著與清末民初的思想變遷

黃克武 著

JPC HK

書　　名　開啟民智　會通中西：嚴復譯著與清末民初的思想變遷
著　　者　黃克武
出　　版　三聯書店（香港）有限公司
香港北角英皇道四九九號北角工業大廈二十樓
Joint Publishing (H.K.) Co., Ltd.
20/F., North Point Industrial Building,
499 King's Road, North Point, Hong Kong
香港發行　香港聯合書刊物流有限公司
香港新界荃灣德士古道二二〇至二四八號十六樓
印　　刷　美雅印刷製本有限公司
香港九龍觀塘榮業街六號四樓A室
版　　次　二〇二二年十二月香港第一版第一次印刷
規　　格　大三十二開（141×210 mm）三三六面
國際書號　ISBN 978-962-04-5113-3

三聯人文書系
主　　編　陳平原
責任編輯　劉韻揚
書籍設計　a_kun

總序

陳平原

老北大有門課程，專教「學術文」。在設計者心目中，同屬文章，可以是天馬行空的「文藝文」，也可以是步步為營的「學術文」，各有其規矩，也各有其韻味。所有的「滿腹經綸」，一旦落在紙上，就可能或已經是「另一種文章」了。記得章學誠說過：「夫史所載者，事也；事必藉文而傳，故良史莫不工文。」我略加發揮：不僅「良史」，所有治人文學的，大概都應該工於文。

我想像中的人文學，必須是學問中有「人」——喜怒哀樂，感慨情懷，以及特定時刻的個人心境等，都制約著我們對課題的選擇以及研究的推進；另外，學問中還要有「文」——起碼是努力超越世人所理解的「學問」與「文章」之間的巨大鴻溝。胡適曾提及清人崔述讀書從韓柳文入手，最後成為一代學者；而歷史學家錢穆，早年也花了很大功夫學習韓愈文章。有此「童子功」的學者，對歷史資料的解讀會別有會心，更不要說對自己文章的刻意經營了。當然，學問千差萬別，文章更是無一定之規，今人著述，盡可別立新宗，不見得非追韓摹柳不可。

錢穆曾提醒學生余英時：「鄙意論學文字極宜著意修飾。」我相信，此乃老一輩學者的共同追求。不僅思慮「說什麼」，還在斟酌「怎麼說」，故其著書立說，「學問」之外，還有「文章」。當然，這裡所說的「文章」，並非滿紙「落霞秋水」，而是追求佈局合理、筆墨簡潔，論證嚴密；行有餘力，方才不動聲色地來點「高難度動作表演」。

與當今中國學界之極力推崇「專著」不同，我欣賞精彩的單篇論文；就連自家買書，也都更看好篇幅不大的專題文集，而不是疊床架屋的高頭講章。前年撰一《懷念「小書」》的短文，提及「現在的學術書，之所以越寫越厚，有的是專業論述的需要，但很大一部分是因為缺乏必要的剪裁，以眾多陳陳相因的史料或套語來充數」。外行人以為，書寫得那麼厚，必定是下了很大功夫。其實，有時並非功夫深，而是不夠自信，不敢單刀赴會，什麼都來一點，以示全面；如此不分青紅皂白，眉毛鬍子一把抓，才把書弄得那麼臃腫。只是風氣已然形成，身為專家學者，沒有四五十萬字，似乎不好意思出手了。

類似的抱怨，我在好多場合及文章中提及，也招來一些掌聲或譏諷。那天港島聚會，跟香港三聯書店總編輯陳翠玲偶然談起，沒想到她當場拍板，要求我「坐而言，起而行」，替他們主編一套「小而可貴」的叢書。為何對方反應如此神速？原來香港三聯向有出版大師、名家「小作」的傳統，他們現正想為書店創立六十週年再籌畫一套此類叢書，而我竟自己撞到槍口上來了。

記得周作人的《中國新文學的源流》一九三二年出版，也就五萬字左右，錢鍾書對周書有所批評，但還是承認：「這是一本小而可貴的書，正如一切的好書一樣，它不僅給讀者以有系統的事實，而且能引起讀者許多反想。」稱周書「有系統」，實在有點勉強；但要說引起「許多反想」，那倒是真的——時至今日，此書還在被人閱讀、批評、引證。像這樣「小而可貴」、「能引起讀者許多反想」的書，現在越來越少。既然如此，何不嘗試一下？

早年醉心散文，後以民間文學研究著稱的鍾敬文，晚年有一妙語：「我從十二三歲起就亂寫文章，今年快百歲了，寫了一輩子，到現在你問我有幾篇可以算作論文，我看也就是有三五篇，可能就三篇吧。」如此自嘲，是在提醒那些在「量化指標」驅趕下拚命趕工的現代學者，悠著點，慢工方能出細活。我則從另一個角度解讀：或許，對於一個成熟的學者來說，三五篇代表性論文，確能體現其學術上的志趣與風貌；而對於讀者來說，經由十萬字左右的文章，進入某一專業課題，看高手如何「翻雲覆雨」，也是一種樂趣。

與其興師動眾，組一個龐大的編委會，經由一番認真的提名與票選，得到一張左右支絀的「英雄譜」，還不如老老實實承認，這既非學術史，也不是排行榜，只是一個興趣廣泛的讀書人，以他的眼光、趣味與人脈，勾勒出來的「當代中國人文學」的某一側影。若天遂人願，舊雨新知不斷加盟，衣食父母繼續捧場，叢書能延續較長一段時間，我相信，這一「圖景」會日漸完善的。

最後，有三點技術性的說明：第一，作者不限東西南北，只求以漢語寫作；第二，學科不論古今中外，目前僅限於人文學；第三，不敢有年齡歧視，但以中年為主——考慮到中國大陸的歷史原因，選擇改革開放後進入大學或研究院者。這三點，也是為了配合出版機構的宏願。

二〇〇八年五月二日

於香港中文大學客舍

目錄

自序

筆者多年來關注中國近代思想史，其中投入最多精力的主題是嚴復研究。我覺得在近代知識分子之中，無論就思想深度或歷史意義來說，嚴復都是一位不容忽視的人物。從他的一生我們可以看到近代中國走向世界的困境、挑戰與希望。

一八五四年一月八日嚴復誕生於福州府侯官縣南台區的蒼霞洲，其祖厝在福州郊外的陽岐。嚴家世居於此，他的祖父嚴秉符與父親嚴振先都是當地的名醫。嚴復在馬尾船政學堂畢業之後赴英國留學。福州的地理與人文環境孕育了嚴復，而英國的教育又開拓了他的國際視野，使他成為才兼文理、學貫中西的第一流人物。

嚴復的一生的努力與他的思想遺產給我們許多的啟示。一八九五年面對中日甲午戰爭的挫敗，嚴復在天津《直報》上發表〈論世變之亟〉、〈原強〉、〈闢韓〉、〈救亡決論〉等石破天驚的宏論，指出國人應反省傳統政治與學術之缺失，效法西方的民主與科學，亦即「於學術則黜偽而崇真，於刑政則屈私以為公」。他一生以無比的熱情追求西方新知，死前遺言仍表示「真知無盡，真理無窮，人生一世，宜勵業益知」。但另一方面他又不以西方的模範為限，而力圖以傳統文化為根基會通中西，來超越歐美文化。陳寶琛評嚴復學術說：「君於學無所不窺，舉中外治術學理，彌不究極原委，抉其得失，證明而會通之」。上文之中的「究極原委」、「抉其得失」與「證明而會通」等話，正是嚴復學術思想的精髓。他基於愛國主義的情操所翻譯的西書，包括西方十九世紀最先進的自由民主的政治學說、資本主義的經濟學說、社會進化理論與邏輯學，即是「究極原委」。另一方面，他又從儒家思想、荀子、易經、老莊哲學、佛學之中汲取養分，從而結合了中學與西學、傳統與現代，以及科學與宗教、倫理。這是「抉其得失，證明而會通之」。他一生均以典雅的桐城派古文翻譯西方新知，討論古今學問，亦形象地展現此一「會通中西」的特徵。總之，他嘗試將西方文化的優點與中國固有的智慧結合在一起，以調適的方法，建立富強、自由與文明的新中國，而具體地凝聚到「開啟民智、會通中西」的核心理念。這樣的理論超越了清末民初以來「中體西用」、「西學源於中國說」、「全盤西化」等理論，此一構想一直到今日仍深具意義。

在建立政治、社會發展理論上，嚴復也有精準的眼光。其中有關公理與強權、競爭與倫理的思考最為重要。嚴譯赫胥黎（Aldous Leonard Huxley，一八九四—一九六三）《天演論》一書是經過深思熟慮的。《天演論》的翻譯是嚴復對西方演化理論的一種選擇性的取捨，赫書的主旨不但宣揚「適者生存」，也在批判達爾文（Charles Robert Darwin，一八〇九—一八八二）與斯賓塞（Herbert Spencer，一八二〇—一九〇三）「任天為治」的觀點。赫胥黎認為，自然界存在著弱肉強食的殘酷現實，然在人類社會卻不可以完全遵從「叢林法則」，而應依賴倫理原則「以物不競為的」。在國際關係上，嚴復反對殖民主義的弱肉強食，提出尊重「公理」、「公法」、「公論」之原則，反對有強權而無公理，亦即主張吾人應「有權而不以侮人，有力而不以奪人」。這些想法都批判帝國主義的「霸道」作為，符合傳統「王道」的理想，而深具啟發性的意義。

有關嚴復的歷史評價之中，筆者覺得最貼切的是魯迅所說的：嚴復是一位「十九世紀末年中國感覺敏銳的人」。嚴復最敏銳之處是他和魯迅一樣很精確地掌握了時代的脈動並提出因應之道。眾所周知，魯迅曾熟讀《天演論》，甚至到可以背誦的地步。同時他深受嚴復「鼓民力、開民智、新民德」觀念的影響，提出「改造國民性」的主張。這些觀點直到二十一世紀仍然具有現實的意義。如何融合古今中外，建立一個富強、自由與文明的新中國，這不但是嚴復所揭櫫的理想，也是吾人努力的目標。嚴復的一生值得我們深切懷念、認真研究。

這本書收錄了筆者過去多年所寫的有關嚴復生平、思想與翻譯作品的研究。這些篇章含括了以下的幾個主題。

第一章導論概要介紹嚴復的生命歷程，此文是有關嚴復的生平，描寫他的出生、成長、仕宦經歷、主要的翻譯工作，並分析其一生的成就與限制。筆者認為嚴復身處中西文化接軌之關鍵時刻，這使他的一生充滿衝突與挫折，不斷拉扯於中國與西方、傳統與現代、理想與現實之際。嚴復思想中的現代性與傳統性交織在一起，表現出轉型時代的特徵。

第二章環繞著嚴譯《群學肄言》（與《天演論》）等介紹社會演化論的譯作，探討其思想內涵，以及對近代中國學術思想的影響。在嚴復譯作之中，赫胥黎的《天演論》在影響力上首屈一指，近代學人幾乎無人不讀此書。這本書一方面為中國思想界帶來一個嶄新的宇宙觀，另一方面又將這個宇宙觀放在中外比較文化的視野之中來觀察，因而吸引了眾人之目光。《天演論》對近代中國知識轉型與「世俗化」的發展具有重要意義，並促成「社會」觀念的出現。在翻譯《天演論》之後，嚴復又翻譯了斯賓塞的《群學肄言》，此書為譯介西方社會學的先驅之作，從「解釋世界」與「改變世界」兩方面來闡述社會的意義，對近代中國群己關係的認識產生深遠的影響。嚴復所譯介的社會理論與章炳麟（原名章太炎，一八六九——一九三六）的譯介工作形成有意義的對比，象徵近代中國社會學與政治理論的兩條思路。這兩條路向對近代中國思想發展產生重大影響。

第三、四章集中於探討嚴復的政治思想，環繞著嚴復翻譯的自由主義、個人主義，以及他在此過程之中將西方自由思想與傳統儒、道觀念結合在一起的嘗試，而提出一個具有中國特色的政治理論。這一部分的內容與拙著《自由的所以然：嚴復對約翰彌爾自由思想的認識與批判》對嚴譯《群己權界論》的分析相關，是此書論點的進一步延伸。

第五、六章探討嚴復環繞著「思議」與「不可思議」的知識觀，希望從一個比較廣的角度說明嚴復從事靈學研究的歷史背景和意義。嚴復對靈學的興趣並非單純地回歸傳統，而是受到斯賓塞、赫胥黎所提出之「不可知論」的影響，看到科學有時而窮，以及科學的盡頭即為宗教的起點，而對於科學與宗教、迷信之關係作一深刻的反省。此一觀點與二十世紀中葉之後的港台新儒家有連續性，亦有分歧。

第七章嘗試將嚴復放在從晚清到五四的歷史過程來思考他的歷史地位。筆者從近代中國思想、文化轉型的角度探討嚴復與五四新文化運動之關係。嚴復的重要性在於他一方面是五四啟蒙論述的開創者，同時也是五四觀點的批評者。嚴復與五四的分合，反映出近代中國轉型時期的內在張力，此一張力也蘊含了突破傳統、再創新局之潛能。

以上從嚴復的生平概述為起點，進而研究他所譯介的新宇宙觀與社會演化論、自由主義的政治理論，以及探討科學與宗教的關係，並思索形而上議題的靈學研究，最後再以具體的事例說明他在晚清民國歷史上的貢獻與地位。上述幾個環節的分析構成瞭解嚴復一生的基本框架。筆者也希望透過嚴復豐富的一生，尤其是他的翻譯作品與影響，能為讀者展現出在中西文化交匯之時刻，近代中國所經歷的曲折歷程。

黃克武

二〇二一年七月二十日

導論：嚴復的生命歷程

嚴復（一八五四—一九二一）為清末民初第一代接受新式教育而培育出來的新知識分子，是近代中國著名的啟蒙家、思想家與教育家。他的重要性不在政治場域或他所長期從事的海軍教育，而在於他對十九世紀末葉以來中國思想與文化發展的深刻影響。他所引介的西學，以及他對中西文化的思考，成為中國現代思想的重要源頭。誠如美國哈佛大學史華慈（Benjamin Schwartz，一九一六—一九九九）教授在《尋求富強：嚴復與西方》（*In Search of Wealth and Power: Yen Fu and the West*）一書所說，「嚴復的關懷……是有意義的關懷，他因應這些關懷所做的努力，是有意義的努力」（頁四）。

一八五四年一月八日，嚴復生於福州府侯官縣南台區蒼霞洲。此地位於福州城牆南邊、閩江北部，是一個熱鬧的沿海港口，有著繁榮的國際貿易與多樣的文化活動，此種環境對於嚴復在成長過程中的視野開拓實有相當助益。他的祖父嚴秉符與父親嚴振先為當地名醫，熟悉儒道經典與醫道，但並無科舉功名。因此，嚴氏家族在福州是屬於中下層的地方精英階層。

五歲時，嚴復開始跟隨家人與數位老師讀書，背誦《大學》、《中庸》等儒家經典。九歲時，其父聘請當地著名學者黃宗彝來擔任啟蒙教師。一八六五年黃宗彝過世，嚴復又繼續跟隨其子黃孟修（增）學習。在黃氏父子先後教導之下，嚴復研習傳統典籍，此時儒家的倫理價值，尤其是以「孝」為核心的家庭倫理在其內心生根。同時，他也開始喜好書法與詩詞歌賦。後來，寫字與吟詩作詞成為他一生的嗜好，並留下不少墨跡與詩作。

一、少年早成

十二歲時，嚴復與一位王姓女子成親。婚後數月，其父不幸罹患霍亂去世，家中頓失經濟支柱。在經濟困窘的情況下，他無力支付家庭教師的束脩而被迫放棄科舉事業，轉而投考由福州船政局初辦的船政學堂。這所位於馬尾的新式學校是由船政大臣沈葆楨（一八二〇—一八七九）在法人日意格（Prosper Marie Giquel，一八三五—一八八六）的協助下創辦的西式軍事學堂，旨在訓練學生學習外語、習得造船與駕駛的技術，屬於洋務新政中模仿西法的一部分。嚴復參加了該校於一八六六年所舉行的包括口試、筆試與體能測驗的第一次入學考試。其中，筆試作文題目出自《孟子．萬章篇》的〈大孝終身慕父母論〉，當時甫逢父喪的嚴復對此一題目深有感觸，因而能暢論內心情感，終以第一名獲得錄取。

次年初，他與其他百餘位學生在福州城內定光寺上課，在誦經聲中開始學習英文字母，並修習算術、幾何、物理、化學、機械等航海必修課程。該校雖以西學為主，但同時也強調中學。因此，學生必須以部分時間來學習古文，並研讀《孝經》與《聖諭廣訓》等教材。對這些學生來說，他們並不感覺到中、西學之間的矛盾，嚴復後來會通中西的理念亦應植根於此。不過從此時到他自英國返國期間，嚴復學習的重心始終擺在西學方面。一八七一年五月，十七歲的嚴復從該校畢業。其後六年，則分別在建威與揚武兩艘軍艦上實習，並曾赴新加坡、日本與台灣等地。

二、他山之石開拓視野

一八七七年，二十三歲的嚴復被選派至英國讀書，進入倫敦近郊格林威治（Greenwich）的皇家海軍學院（Royal Naval College）展開兩年求學生涯。在校期間，嚴復主修海軍駕駛。上課內容包括數學、化學、物理、機械、航海與國際關係等。嚴復也在這時開始接觸西方社會、政治思想，如達爾文的演化論與斯賓塞、培根（Francis Bacon，一五六一——一六二六）、赫胥黎、邊沁（Jeremy Bentham，一七四八——一八三二）、孟德斯鳩（Montesquieu，一六八九——一七五五）、亞當．斯密（Adam Smith，一七二三——一七九〇）、穆勒（John Stuart Mill，又譯作彌爾，一八〇六——一八七三）等人的學說。同時，他也開始觀察英國的法院、工廠、教堂、交通設施等，注意中西社會、文化之間的差異。例如，他看到英國人因從小鍛鍊身體而較為強壯，這引發了他日後對於「民力」的提倡。再者，在觀察英國法庭制度之後，英國法律執法的公正性給他留下深刻的印象。這些經驗讓他瞭解到中國政法制度的缺陷，並思索未來應努力的方向。

一八七九年的夏天，二十五歲的嚴復返國，任教於母校福州船政學堂。為了標示一個新階段的開始，嚴復將名字由「宗光」改為復，字幾道。「復」來自《易經》，取其「復其見天地之心」，「幾道」則出自《老子》的「上善若水，水利萬物而不爭，處眾人之所惡，故幾於道」，這也反映出嚴復儒家與道家的思想傾向。次年，在李鴻章（一八二三—一九〇一）的邀約下，赴天津北洋水師學堂任教。嚴復在北洋水師學堂由「洋文總教習」一職開始其教學生涯；至一八九一年升為道員（正四品），再於一八九三年底「委辦天津水師學堂」，此後他的頭銜成為「北洋水師學堂總辦道員嚴復」。

就在此一階段，嚴復也開始以翻譯作品與政治評論文章聞名於世。此時的他身體狀況不好、沾染鴉片惡習、科舉失利；人際關係方面，與直屬長官李鴻章關係欠佳、又欲前往南方投靠張之洞（一八三七—一九〇九）而未果。此種際遇與他個性不夠圓融有關，郭嵩燾（一八一八—一八九一）與曾紀澤（一八三九—一八九〇）曾批評他的性格鋒芒畢露，具有狂妄、驕傲之氣。這也很可能是他日後難以適應中國官場風氣的根本原因。

一八九七年嚴復和王修植（約一八五八—一九〇三）、夏曾佑（一八六三—一九二四）等在天津仿英國的《泰晤士報》（*The Times*），創辦《國聞報》和《國聞彙編》，宣傳變法維新，《天演論》的譯稿最早即曾在此刊物發表。然而，在戊戌變法中，除了在《國聞報》上呼籲改革之外，嚴復並未參與以康有為（一八五八—一九二七）、梁啟超（一八七三—一九二九）為首，以上海、北京為基地的政治活動。同時，在教書上他也並非那麼成功，無法感受到教學相長的樂趣。在人際關係上，嚴復難以忍受同僚之間的賄賂之風與結黨營私，對下屬亦不滿意。

在天津教書期間，嚴復的仕途限於水師學堂，無法更上層樓而進入統治階層的核心，他的仕途與日人伊藤博文（一八四一—一九〇九，留學英國，後任內閣總理大臣）在日本的經歷形成鮮明對比。嚴復認為這一命運部分是由於他缺乏科舉功名之故。因此嚴復捐了一個監生頭銜，從一八八五年開始四度參與科舉考試，但四次考試均名落孫山。科舉失利的經驗讓他對八股文感到反感。於是，一八九五年他在《直報》發表〈救亡決論〉，批評八股取士有三大弊病：錮智慧、壞心術、滋遊手，使天下無人才。此一主張無疑地與其落榜經驗有關。

三、以閱讀會通中西思想

然而，準備科舉考試的經驗對嚴復的個人成長並非全然負面。余英時曾指出一個「塞翁失馬」的現象。他認為嚴復從三十至四十歲之間為準備科舉考試而閱讀經史典籍，是對於古典文字運用的一種有效訓練。嚴復在此十年間，有系統地沉浸於舉業之中，使他補足了自十五歲起便中斷的傳統教育，並在中國古典文化的一般修養已足與同時代的士大夫等量齊觀。【二】

在準備科舉的同時，嚴復也持續接觸西學。一八八〇至一八八一年間他曾閱讀斯賓塞的著作，又透過上海「別發書坊」（Kelly and Welsh Limited, Shanghai）等書店購買不少西書，而使個人藏書多達數千冊。這顯示嚴復在天津時期，不但因為準備科舉而具備中國古典文化的修養，同時也更加系統地閱讀西方典籍，對西學有更深入的認識。

一八九四至一八九五年的甲午戰敗，多位舊識、學生喪命疆場，對嚴復造成莫大衝擊。他領悟到中國的失敗不只是軍事的落後，並存在著更深一層有關政治、經濟、社會，以及思想方面的因素，因而覺悟必須師法西方，方能突破困境。戰爭期間，嚴復曾寫信給長子嚴璩（一八七四—一九四二），一面感嘆「時勢岌岌，不堪措想」，另一面認為根本之計唯有通曉西方的學問，才能「治國明民」，達到「天地位焉，萬物育焉」。

戰後，他發表了四篇影響深遠的文章，分別是〈論世變之亟〉、〈原強〉、〈闢韓〉，與上述的〈救亡決論〉，各文均環繞著中西文化的對比，並探討中國積弱之緣由。除了批評中國的專制、八股取士、吸食鴉片、纏足等惡習外，他還受到斯賓塞的影響，提倡三項要政：「一曰鼓民力，二曰開民智，三曰新民德」。同時，他積極地翻譯西書，以從事開啟民智的重要工作。

四、譯介西方重要典籍

嚴復的第一個作品即是一八九五至一八九八年間翻譯的英人赫胥黎的《天演論》（原書名

【一】參見余英時：〈嚴復與中國古典文化〉，《現代危機與思想人物》（北京：生活・讀書・新知三聯書店，二〇一二年）。

為《進化與倫理》，*Evolution and Ethics*）。嚴復認為翻譯工作首重文字的信雅達，這也成為近代以來國人翻譯工作的典範。同時，《天演論》的出版造成轟動，成為當時人們喜愛閱讀甚至背誦的一個經典。

許多人認為嚴復透過此書將達爾文「物競天擇，適者生存」的進化論思想或斯賓塞的「社會達爾文主義」介紹到中國，對中國近代社會變革起了重要的推動作用。這樣的解釋雖大致正確，卻忽略了嚴復透過翻譯在達爾文、赫胥黎、斯賓塞思想之間細緻的取捨，以及同一文本的原文與譯本，實處於截然不同的文化脈絡之中。赫胥黎的原書旨在批判達爾文與斯賓塞的觀點。赫胥黎認為，雖然自然界存在著弱肉強食的殘酷現實，但人類社會卻不可完全遵從「叢林法則」，而應依賴倫理原則「以物不競為的」。這一辯論源於十九世紀末期英國思想史中關於倫理力量與自然法則矛盾的論爭。

《天演論》在中國的傳譯焦點不在上述論爭，而在思索國人該如何應變、圖強的現實考量。嚴復同意斯賓塞所謂物競天擇適用於人類社會，但斯氏卻太過強調自然力量而不夠重視個人自由（「任天為治」）。他接受赫胥黎對斯賓塞的修正，以為人的能力雖源於天，個人的自由與努力則扮演著更重要的角色，可以突破自然限制，與天爭勝，進而創造新局，因此天人之間既是相互衝突的，也是彼此制衡的。[二] 換言之，嚴復一方面同意自然有難以抗拒的力量，另一方面則發揮赫胥黎反對弱肉強食的叢林法則，肯定倫理原則，並進一步推演到認為「人治可以對抗天行」，最終得出「自強保種」的結論，並在二十世紀初引發舉國瘋狂的閱讀潮流。值得注意的是，嚴復上述的想法深受荀子「明於天人之分，制天命而用之」觀點之啟發。

一九〇〇年，義和團事件對嚴復的公私生活均有影響。列強的戰火摧毀了北洋水師學堂的建築與他絕大部分的藏書，也迫使他離開生活近二十年的天津而避居上海。移居上海之後，嚴復在面臨事業上的逆境之餘，仍持續翻譯《穆勒名學》。他坦承：寫作思考是他的長處，處理行政事務則是他的弱點。此時的嚴復也開始享有聲名，在幾部重要的翻譯著作出版之後，他獲得了「西學第一人」的美名。一九〇〇至一九〇八年間，他在上海、天津等地演講，廣受歡迎，有些場合甚至聚集超過五百位聽眾。包天笑在《釧影樓回憶錄》中曾記錄嚴復演講時的樣貌與實況，十分生動有趣：「他留著一抹濃黑的小髫子，穿了藍袍黑褂……，戴了一架細邊金絲眼鏡……嚴先生演講得很安詳，他有一本小冊子，大概是摘要吧，隨看隨講，很有次序。不過他的講詞中，常常夾雜了英文，不懂英文的人，便有些不大明白。」這些演講也與他的譯介西學的工作相結合。如一九〇五至一九〇六年，嚴復應上海基督教青年會之邀，做了八次演講，商務印書館將之出版，名為《政治講義》。該書主要依據倫敦 Macmillan 出版社於一八九六年出版的 John Robert Seeley, *Introduction to Political Science*（《政治科學導論》），被認為

【一】參見本書〈翻譯中的思想分歧——嚴復、章炳麟的社會學翻譯及其影響〉一文。

是近代中國第一本介紹西方政治學的書籍。

一九〇〇至一九一二年間，他先後翻譯、出版了《原富》（*An Inquiry into the Nature and Causes of the Wealth of Nations*）、《群己權界論》（*On Liberty*）、《群學肄言》（*The Study of Sociology*）、《法意》（*The Spirit of the Laws*）、《社會通詮》（*A History of Politics*）、《名學淺說》（*Science Primers: Logic*）、《穆勒名學》（*A System of Logic, Ratiocinative and Inductive*）等西方重要的典籍。在晚清思想史上，這些書傾向所謂「資產階級改良派」，主張政治上的漸進改革，而與孫中山等人所主張「資產階級革命派」的激烈主張分道揚鑣。

五、陷入政治生活低潮

此外，從清末開始嚴復即與袁世凱（一八五九—一九一六）建立深厚的友誼。辛亥革命成功，袁世凱順利成為總統之後，隨即任命嚴復為京師大學堂（五月改為北京大學）校長，月薪三百二十兩。嚴復擔任了八個月的校長。後來袁世凱又在一九一三至一九一五年間分別任命他擔任總統府外交法律顧問、參政院參政、憲法研究會與憲法起草委員會委員等職，並協助翻譯《居仁日覽》（摘錄國外報章），以瞭解世界大勢。

嚴復與袁世凱的密切關係，以及他深信當時君主立憲要比民主共和更適合中國的主張，使他成為支持袁氏帝制的絕佳人選。後來在支持帝制的籌安會名單上，嚴復名列其中。這一舉動似乎事先並未得到嚴復本人的認可。他私下表示袁世凱只不過利用他的聲名牟取私利。他深信帝制並不實際，且會為中國帶來災難，然而他卻拒絕撰文反駁梁啟超為攻擊袁氏帝制撰寫的〈異哉所謂國體問題者〉一文。這顯示嚴復對袁氏稱帝的態度軟弱且搖擺不定。未能公開表明反袁立場，使他在袁氏帝制失敗之後飽受國人批評。

其後，中國進入軍閥混戰時期，嚴復的政治生涯也陷入最低潮。一九一六年七月，國會要求懲辦禍首及籌安會六君子。為避免遭到逮捕，嚴復從北京逃到天津，並停止所有活動，僅偶爾與友人通信，抨擊軍閥與激進主義者所導致的災難。他甚至批評民主共和制度，認為此時的中國應該採行申不害與商鞅的法家模式、或與之類似的日本和德國的模式來解救危亡。

晚年的嚴復十分肯定儒家傳統，對道家更是深感興趣，曾評點過老莊。他對道家思想的興趣又涉及了宗教經驗的看法。他曾勸孩子：「人生閱歷，實有許多不可純以科學通者，更不敢將幽冥之端，一概抹殺」，而相信在科學的範疇之外有一個超越而「不可知的」宗教領域。有時，他借用佛教觀念，將此一境界稱為「不可思議」。如同許多二十世紀中國哲學家所強調的，作為道德之基礎（包括嚴復所強調的儒家倫理，如「孝」）與痛苦之避難所的內在生活，必須奠基於某種形而上的本體論之上，如此方可避免陷入「最下乘法」、「一概不信」的物質主義（materialism）。

六、堅信「道通為一」

嚴復對宗教的態度與他對科學的看法密切相關。嚴復雖提倡實證科學，但他不是一個極端的實證主義者、也不是科學主義者，他從赫胥黎所謂的「不可知論」開始，進一步地以佛教「不可思議」的概念來掌握科學以外的世界。此種知識觀使他至晚年接受「靈魂不死」的觀念、相信鬼神的存在，並肯定靈學研究在探討未知世界的價值【二】。這一種將自然、社會科學與源於中西傳統的宗教、哲學觀點結合在一起的主張，表現出嚴復思想的重要特點。從這個角度來看，我們絕不能簡單地認為嚴復在晚年完全放棄了早期宣揚的西方科學與民主的價值，而回歸中國傳統。

嚴復晚年思想雖有所變化，然無疑地仍然堅持建立富強、文明的現代中國，也肯定自由民主的終極價值。只是他更發現，此一目標的實現需要採取漸進調適的方法，一方面需尊重中國的「國情」或「立國精神」，另一方面他也認識到西方在科學與民主的主流啟蒙傳統之外，有更複雜的知識傳承。嚴復樂觀地認為「道通為一」，中西文化中各種不同的思想取向可以會通在一起，並且堅信這將是未來中國應遵循的道路，也是歷史發展的必然走向。

一九二一年，中國仍處於軍閥混戰之中，六十九歲的嚴復因肺疾於秋季病逝於福州郎官巷。他的遺言是：一、中國必不滅，舊法可損益，而必不可叛。二、新知無盡，真理無窮，人生一世，宜勵業益知。三、兩害相權，己輕群重。

嚴復一生最重要的貢獻在學術，而不在政治。他基於救亡意識所翻譯的西書，並非亂無章法或單純因應市場需求，它們包括當時最為人矚目的四個領域：邏輯推理的科學觀念、自由民主的政治思想、資本主義的經濟思想，以及以進化理論為中心的社會學説，而四者緊密相關，構成一個嚴密的思想體系。而且饒富意義的是：他的翻譯並不是簡單復述，而是配合譯注與大量個人的作品，以一種源於本土的批判意識，對西學加以取捨、發揮。他熟稔儒釋道三教的思想內涵，並嘗試將西方文化的優點與中國固有的智慧結合在一起，以調適的方法，建立富強、自由與文明的新中國。這樣的理論超越了清末以來「中體西用」、「西學源於中國説」、「全盤西化」等中西文化異同及其相互關係的理論，此一構想直到今日仍具有其時代意義【二】。

好友陳寶琛（一八四八—一九三五）在為嚴復撰寫的墓誌銘上説：「君於學無所不窺，舉中外治術學理，彌不究極原委，抉其得失，證明而會通之。」其中的「會通」二字，正是嚴復一生思想的核心。他結合了中學與西學、傳統與現代，以及科學、宗教與倫理等，一生均以典

【一】參見本書〈思議與不可思議——嚴復的知識觀〉、〈靈學與近代中國的知識轉型——民初知識分子對科學、宗教與迷信的再思考〉二文。

【二】有關嚴復的政治、文化理念，參見本書〈嚴復的終極追尋——自由主義與文化交融〉、〈中國近代「個人主義」的翻譯問題——從嚴復談起〉二文。

雅的桐城古文翻譯西方新知，討論古今學問，充分展現其會通中西的思想特徵。然而，嚴復的學術理想是具有政治意涵的，而表現出學術與政治一以貫之的精神。此一精神充分地表現在其家中懸掛的兩副對聯之上：一是「隨時縱論古今事，盡日放懷天地間」；一是「有王者興必來取法，雖聖人起不易吾言」。前者顯示出「縱論古今、放懷天地」的恢弘氣魄；後者則凸顯了學以致用、經世濟民的一貫目標，以及對自身理念的高度自信。

七、充滿衝突的一生

嚴復結合中西的努力和他的成長經歷密不可分。然而，身處中西文化接軌之關鍵時刻也讓嚴復一生充滿衝突與挫折，不斷拉扯於中國與西方、傳統與現代、理想與現實之際。嚴復思想中的現代性與傳統性交織在一起，而形成一個複雜的面貌，表現出轉型時代的特徵。例如五四以來中國思想界對追求民主與科學的徬徨，以及相應而來一些「詭譎歧異」的發展，幾乎都可以在嚴復思想中找到肇端。【二】就個人而言，嚴復深刻地感受到悲傷與苦痛乃是人生難以避免的經歷，故在遺囑中寫道：「做人分量，不易圓滿」。人生的智慧不在於能達到完美無缺的理想境地，而是在體認人生的不圓滿之餘更能有所超越。此外，嚴復恃才傲物的性格，在某些關鍵時刻卻又無法堅持原則，反因軟弱與搖擺而蒙受他人要脅利用，進而成為眾人不滿與批評的焦點，使其始終無法得意於政途。然而，正是嚴復於官場上的不得意使其專心投身翻譯事業，反而能系統地引進西學，為近代中國學術思想開創一個嶄新的局面，並進而引領風潮，成為開啟民智的一代宗師。

本文原為：〈開民國西方之智、會通中西之慧——嚴復〉，收入張作錦、高希均編：《百年仰望：二十位名人心目中的民國人物》（台北：天下文化，二〇一一年），頁五—一九。

【一】參見本書〈近代中國文化轉型的內在張力——嚴復與五四新文化運動〉一文。

翻譯中的思想分歧

——嚴復、章炳麟的社會學翻譯及其影響

一、前言

近代中國如何經由「翻譯」來譯介新詞彙與新觀念，使之融入本土思想，再進而引發新的歷史變化？這一課題是近年來學界關注的焦點。【一】近代中國對西方「社會」觀念、社會理論的引介，乃至「社會學」作為一學科體系創建的過程，即反映出此一歷程。清末之時，在「社會」觀念確立之後，「社會學」作為研究人類生存處境的一種學科，一方面被時人認為是對所處生活情境的科學性描寫與分析，亦即「解釋世界」，另一方面也被視為是「改變世界」的一種方法。【二】在此過程中，學科內涵之認識與體系之形成伴隨著翻譯內容的選擇，以及譯者間的思想交鋒與政治角力，成為這段歷史發展的主要動力。

關於清末民初所譯介的社會學，學界已累積了不少成果。早期作品多從「學術史」角度探究社會學的系譜，著重蒐羅清末以來社會學相關的文獻書目，並描述、分析其內容。【三】其後，研究者開始以「社會學」為中心，自「社會」、「文化」、「思想」等層面觀察晚清以降社會學所代表的歷史意義，或綜論社會學之思想與體制在二十世紀中國的歷史發展。【四】此外，還有針對幾位晚清譯界的重要人物，如嚴復、章炳麟（一八六九—一九三六）、梁啟超、劉師培（一八八四—一九一九）等，檢視他們翻譯社會學的成果；其中又可細分為討論譯者自身的社會學思想，以及考論其翻譯的社會學論著。【五】

整體而言，從近年的研究成果，我們可大致清理出有關社會學翻譯的幾條線索：首先是晚

【一】Michael Lackner, Iwo Amelung and Joachim Kurtz, eds., *New Terms for New Ideas*, Brill, 2001. 中文這方面的研究可參見以下書刊：香港中文大學王宏志主編、上海復旦大學出版社出版的《翻譯史研究》；台灣的《東亞觀念史集刊》；孫江、劉建輝主編、北京生活．讀書．新知三聯書店出版的《亞洲概念史》等期刊。

【二】解釋世界與改變世界的對照，是取自馬克思在〈費爾巴哈論綱〉所說的話。余英時將之用來區分為兩種不同形態的哲學思想，並說明西方思想在中國近代史上的發展。余英時：《中國近代思想史上的胡適》（台北：聯經出版事業公司，一九八四年），頁五九—六〇。

【三】參見孫本文：《當代中國社會學》（上海：上海書店，一九八九年據勝利出版公司一九四八年版影印）；李劍華：《社會學史綱》（上海：世界書局，一九三〇年）。

【四】如李培林、孫立平、王銘銘等著：《二十世紀的中國：學術與社會——社會學卷》（濟南：山東人民出版社，二〇〇一年）；楊雅彬：《近代中國社會學》（北京：中國社會科學出版社，二〇〇一年），上下冊；姚純安：《社會學在近代中國的進程（一八九五—一九一九）》（北京：生活．讀書．新知三聯書店，二〇〇六年）；劉少杰：《中國社會學的發端與擴展》（北京：中國人民大學出版社，二〇〇七年）；Chung-hsing Sun（孫中興），"The Development of the Social Science in China Before 1949," Ph.D. diss., Columbia University, 1987. 有關社會學在二十世紀中國的發展過程，可參考 Arif Dirlik, Guannan Li, and Hsiao-pei Yen eds., *Sociology and Anthropology in Twentieth-Century China: Between Universalism and Indigenism*, Chinese University Press, 2012. 此書將社會學與人類學合起來討論，在社會學部分較著重一九三〇年代與一九八〇年代的發展。

【五】這方面的研究甚多，在嚴復研究方面，如韓承樺：《審重咨學：嚴復翻譯《群學肄言》之研究》（台北：台灣師範大學歷史學系．五南圖書公司，二〇一三年）；王天根：《群學探索與嚴復對近代社會理念的建構》（合肥：黃山書社，二〇〇九年）。

清翻譯路線的開展，尤其是中國—日本—歐美間的交流，造成不同的社會學傳統的傳入。這些思想與知識分子的取向相結合，促成其以社會學參與清末民初政治變革，進而試圖重構中國，嚴復與章炳麟均是如此。

本文之主旨在於描繪嚴復和章炳麟譯介社會學（及社會理論）的過程、相互之關係與歷史意義。首先，嚴復引介西學是直接翻譯英文作品，此一學術傳統與章炳麟（及梁啟超等人）譯介明治時期日譯西書之作法成一對比。其次，嚴復的翻譯必須建立本身的新詞彙，其手法是「達恉」，並在翻譯之中以案語闡釋其義；章炳麟之翻譯，翻譯手法為摘譯，且內容上較少發揮，他直接採用日譯西書中的漢語詞彙（兼採音譯），而比較忠實地呈現原書之面貌。再其次，學術取徑之差異，也影響兩人在理解、翻譯社會學時的視野，嚴復以西學（自由主義、資本主義、邏輯思維）為主，融入中學，章炳麟則以中學（尤其是儒家與佛教）為根基，參酌西學。【二】嚴譯社會學的重點在提出一套社會政治改革之理論，以批評激進革命觀點或守舊的保守主張；章炳麟的社會學則突出社會演變中生物與心理面向之交織，以支持其種族革命之主張，並據以闡釋歷史。

兩人的思想、知識內涵，實還牽涉到他們交往過程中各自對傳統學說的詮釋與運用，此處筆者將特別強調「荀子」學說在晚清之際復興的學術意義，及其對引進西方社會學之影響。荀子（前三一三—前二三八）在清末受到學人重視並將之與西學接軌，並非偶然之事。首先，清中葉時隨著諸子學興起，荀子首先受到考證學者的重視，乾隆時代的考證學者並「自覺地發揚了荀子重『學』的傳統」【二】。其後如凌廷堪（一七五七—一八〇九）等人則挖掘出荀子思想與清代禮學思想之復興，亦即「以禮代理」說之建立的關聯性。【三】晚清時，知識分子對荀子學說的看法約有兩類：譚嗣同（一八六五—一八九八）、梁啟超與夏曾佑等人均排荀；嚴復、章炳麟則為尊荀，並將荀子思想與西學貫通為一。【四】其中嚴復不但將斯賓塞的《社會學研究》中的部分篇章翻譯為〈勸學篇〉（《荀子》一章的篇名），同時也採取荀子所謂「人之貴於禽獸者，

【一】章炳麟在一九一五—一九一六年口述的《菿漢微言》中有一段談嚴復的文字，頗能反映兩人思想之異趣。他認為嚴復偏於西方所歸納之通則，而不夠瞭解本土的獨特性，「嚴復又譯《社會通詮》，雖名通詮，實乃遠西一往之論，於此土歷史貫習，固有隔閡，而多引以裁斷事情……知總相而不之別相者，嚴復也」，章炳麟：《菿漢微言》，收入《章氏叢書》（杭州：浙江圖書館刊本，一九一七—一九一九年），頁一〇二。

【二】余英時：〈《中國哲學史大綱》與史學革命〉，《重尋胡適歷程：胡適生平與思想再認識》（台北：聯經出版事業公司，二〇一四年），頁二四四。

【三】錢穆：《中國近三百年學術史》（台北：台灣商務印書館，一九七二年），下冊，頁四九〇—五二二。張壽安：《以禮代理：凌廷堪與清中葉儒學思想之轉變》（台北：中央研究院近代史研究所，一九九四年）；《十八世紀禮學考證的思想活力：禮教論爭與禮秩重省》（台北：中央研究院近代史研究所，二〇〇一年）。

【四】朱惟錚：〈晚清漢學：排荀與尊荀〉，《求索真文明》（上海：上海古籍出版社，一九九六年），頁三四五—三四六。

以其能群也」的說法，將 sociology 譯為「群學」。【一】嚴復還談到赫胥黎所說的「演惡」（「以天演言之，則善固演也，惡亦未嘗非演」）【二】與荀子性惡、善偽論頗類似（此一觀點與章炳麟的「俱分進化」也很相近）。且嚴、章兩人又同時發揮荀子「合群名分」之義，來闡述其所理解的群體觀念。由此可知，荀子思想在晚清國人認識社會學時，發揮了重要的作用，下文將會再做分析。

綜上所述，本文將描寫嚴、章二人社會學思想的歧異，其中涉及翻譯者之文本設定、翻譯手法與中西交融互釋方式上的多重選擇，並申述兩人之社會學思想所具有的不同政治與文化意涵，再探究這些相異的社會學思想模式，其所演繹出的社會理論如何在民國時期繼續發展，它們對於現代中國的知識、政治世界又有何重要意義。

二、「社會」與「社會學」概念在中國的譯介、傳播與影響

瞭解晚清社會學的翻譯，便須先探討中文裡「社會」與「社會學」之詞源。【三】「社會」一詞乃中國傳統語彙，原指傳統中國「社日」（即節日）時鄉村住民的集會、行賽、廟會等活動。《舊唐書．玄宗本紀》有「辛卯，禮部奏請千秋節休假三日，及村閭社會，並就千秋節先賽白帝，報田祖，然後坐飲，從之」；宋代《東京夢華錄》中亦有「八月秋社，市學先生，預

斂諸生錢作社會」。至一八五〇年代，以「社會」泛指迎神賽會之活動的用法仍持續存在。在傳教士介紹世界各國風俗的書中即借用此名詞來說明國外的宗教活動。如褘理哲（Richard Quarterman Way，一八一九—一八九五）的《地球說略》（一八五六年）中有：「教中之人喜於多備彩旗燈燭，並諸色器具，各穿文繡衣服，持之周行於路，以為美觀，宛如中國社會一般。」[四]《地球說略》後來傳到日本，於一八六〇年出版了翻刻板，可能因此而影響到日人以「社會」來翻譯西方 society 之觀念。[五]

大約在一八七〇年代中期（約從明治七、八年左右），日本學者福地源一郎（一八四一—

【一】嚴復著，王栻主編：《嚴復集》（北京：中華書局，一九八六年），頁一六—一七。

【二】嚴復譯，王道環導讀、編輯校注：《天演論》（台北：文景書局，二〇一二年），頁一〇一。

【三】有關社會一詞的討論甚多，請參見陳力衛對「社會」與「社會主義」之研究。陳力衛：〈詞源二則〉，《亞洲概念史研究》，第一輯（二〇一三年），頁一九四—二〇六。

【四】收入王錫祺：《小方壺齋輿地叢鈔》再補編第一二帙，頁一二。轉引自金觀濤、劉青峰：《觀念史研究：中國現代重要政治術語的形成》（香港：香港中文大學中國文化研究中心，二〇〇八年），頁五一六。

【五】陳力衛：〈詞源二則〉，頁一九四。這也牽涉到一八三〇年以後許多傳教士所編的英華字典在日本的傳播，而影響到英和辭典，採用中文的漢語新詞。參見陳力衛：〈十九世紀至二十世紀的英華辭典與英和辭典的相互影響〉，《翻譯史研究》（二〇一二年），頁一〇五—一一二。如一八六六年羅存德（Wilhelm Lobscheid，一八二二—一八九三）的《英華字典》（*English and Chinese Dictionary*）用「會」、「結社」來翻譯 society，頁一六二八。

一九〇六）、西周（Nishi Amane，一八二九—一八九七）等人以源於中文的「社會」來翻譯西文 society，並取得人們的肯定。在一八八一年的《哲學字彙》中，兩詞彙的對譯關係方始確定下來。【二】此譯語——「社會」——逐漸取代以往翻譯 society 時所用之各種語彙，如「人間の交際」、「仲間連中」、「政府」、「仲間會社」等，成為 society 的標準翻譯。【三】社會一譯詞會受到多數人的接受，應有其在語言使用上的優勢，例如，「人間の交際」一詞太過寬泛，「仲間」意指朋友或伙伴，含意又比較狹窄，至於「政府」一詞，則完全誤會了 society 的含意是在於社會或所謂民間社會與政府之分際。於是，society 與「社會」，此二詞便逐漸建立起穩定的對譯關係。此後，一八八〇年，東京大學教授外山正一（一八四八—一九〇〇）於授課時，首度將 sociologie、sociology 譯為「社會學」，意指研究社會關係的各種現象，以及社會組織的原理、法則、歷史等問題的一門學問。一八八二年（明治十五年），乘竹孝太郎（一八六〇—一九〇九）將斯賓塞的《社會學原理》（*The Principles of Sociology*）翻譯為日文，並由外山正一校閱，命名為《社會學之原理》，此書就成為日本譯介西方社會學之始。

一八九〇年之後，社會、社會學兩概念隨著如康有為、梁啟超、黃遵憲（一八四八—一九〇五）等旅日士人與大批日本留學生的引介，自日本傳入中國。例如，一八九六年初，梁啟超所主編的《時務報》登載了日人古城貞吉（一八六六—一九四九）譯自大阪《朝日報》（一八九六年十二月十日）的〈論社會〉一文，強調「野蠻」之地無社會，社會是在「文明」漸開之後「以漸積成者」，社會之上並無主宰者，而「人人皆是主宰」。【三】大約同時，隨著社會一詞的普遍，「社會學」的觀念也跟著出現。一八九六年譚嗣同在《仁學》中曾簡單地提到「於西學當通《新約》及算學格致，社會學之書」【四】。一八九八年維新派在日本神戶出版的《東亞報》一、四、五、六、七期，連載了斯賓塞（當時譯為斯配查）著、日本澀江保（一八五七—一九三○）編纂、韓曇首（康有為門人）譯述的《社會學新義》一書。【五】一八九九年梁啟超在《清議報》冊一○〈論學日本文之益〉提及「群學（日本謂之社會學）」。【六】由此可知，大約在一八九六至一八九九年間，國人從日本轉譯「文明開化」之理論，強調「文明」與「野蠻」的區別，與「進化」的觀念，而開始採用「社會」與「社會學」等詞彙。

同時，一八九五年嚴復則首度在〈原強〉一文中以「群學」為名，藉由英文學界之思想

【一】陳力衛：〈詞源二則〉，頁一九六。
【二】柳父章：《翻譯語成立事情》（東京：岩波書店，一九八八年），頁一—二二。柳父章：《翻訳とはなにか：日本語と翻訳文化》（東京：法政大學出版局，一九八五年），頁一五三—一五四。
【三】《時務報》，冊一七，頁二四下。
【四】譚嗣同著，湯志鈞、湯仁澤校注：《仁學》（台北：台灣學生書局，一九九八年），頁七。
【五】姚純安：〈清末群學辨證——以康有為、梁啟超、嚴復為中心〉，《歷史研究》二○○三年第五期，頁二四。
【六】哀時客：〈論學日本文之益〉，《清議報》，冊一○（一八九九年），頁三。

資源，來介紹斯賓塞有關 sociology 的思想。他說：「斯賓塞爾……宗天演之術，以大闡人倫治化之事，號其學曰『群學』。夫民相生相養，易事通功，推以致於刑政禮樂之大，皆自能群之性以生。」嚴復並樂觀地認為：「群學治，而後能修齊治平，用以持世保民以日進於郅治馨香之極盛也。」【一】嚴復的例子說明當時仍有使用傳統語彙「群」、「群學」來闡明西方觀念的嘗試。而根據現在的統計，一八九五至一九〇三年間，「群」與「社會」兩詞彙是處於並存與競爭的階段。最後，自一九〇三年起，「社會」一詞遂漸漸贏得勝利。【二】一九〇八年，顏惠慶（一八七七—一九五〇）編纂的《英華大辭典》中，social、society、sociology 等詞分別被譯為「社會的、五倫的、社會上的」、「社會、居民、邑民」、「社會學、交際學、群學、世態學」，【三】一九一一年黃摩西（一八六六—一九一三）的《普通百科新大辭典》，收有「社會」一詞條，其中也解釋了「社會學」，而完全沒有提到「群學」：

> 舊說，社會為個人之機械集合，近日則公認社會為一種有機體。而社會學者，其廣義則凡關於社會之一切科學總稱；狹義，則為研究社會理法之學。此學之祖，為法人奧鳩斯德·康德。【四】

至於在一九一六年赫美玲（Karl Ernst Georg Hemeling，一八七八—一九二五）編輯的字典《官話》之中，society 一詞在書中「部定譯詞」欄目下，則為「社會」，sociology 的部定翻譯詞則依序列了「社會學」與「群學」。上述「部定譯詞」反映了一九一二年由嚴復主導之學部審定的翻譯詞彙，這可能是嚴復為「群學」所做的最後一次努力。【五】由此可見「社會」與「社會學」的概念開始在中文中確定下來。

嚴復雖然堅持「群」與「群學」的用法，但他亦日漸開始使用日譯詞彙「社會」。一九〇三年，嚴復將甄克斯（Edward Jenks，一八六一—一九三九）的書 *A History of Politics* 翻譯為《社

【一】《嚴復集》，頁六—七、一六。

【二】關於「群」與「社會」的使用問題，其詳細的統計情形請見：金觀濤、劉青峰：《觀念史研究：中國現代重要政治術語的形成》，頁五一六—五一八。

【三】顏惠慶等編輯：《英華大辭典》（上海：商務印書館，一九〇八年），頁二一二九。

【四】黃摩西：《普通百科新大辭典》（上海：國學扶輪社，一九一一年），辰集，八畫，頁三四。此處的「康德」，應指西方世界早期的社會學家孔德（Auguste François Xavier Comte，一七九八—一八五七）。

【五】Karl Ernst Georg Hemeling ed., *English-Chinese Dictionary of the Standard Chinese Spoken Language and Handbook for Translators, including Scientific, Technical, Modern, and Documentary Terms*, Statistical Department of the Inspectorate General of Customs, 1916, p. 1352. 此書的編排方式，是同時並陳「新譯詞」與「部定譯詞」，其中的「部定譯詞」就來自嚴復主掌的審定名詞館。因而，從此一欄目的詞彙，就可看出嚴復對於翻譯詞的取捨。

會通詮》，【一】而且在他的著作與其他翻譯中大量使用「社會」（如一九〇三年的《群己權界論》等）。嚴復的「混用」，其用意實在於區別「群」與「社會」。他認為「社會」只是「群」的一種，是有法度規範的「群」，而「群」則是組建一個「社會」的元素。如《社會通詮》的開端，其譯文為「社會者，群居之民，有其所同守之約束，所同嶄之境界」（原文為："A *society* : is a group or mass of people, bound together by a certain common *principle* or *object*." 斜體為原作者所加）。【二】此外，在《群學肄言》的〈譯餘贅語〉中，他也對此二詞彙加以說明：「荀卿曰：『民生有群』。群也者，人道所不能外也。群有數等，社會者，有法之群也。社會，商工政學莫不有之，而最重之義，極於成國。」【三】接著嚴復就徵引中國的字書來詮釋，認為漢語「社會」之翻譯是配合西義：

> 嘗考六書文義，而知古人之說與西學合。何以言之？西學社會之界說曰：民聚而有所部勒（東學稱組織），祈嚮者，曰社會。而字書曰：邑人聚會之稱也。從□，有區域也，從卩，有法度也。西學國之界說曰：有土地之區域，而其民任戰守者曰國。而字書曰：國，古文或，從一，地也，從□，以戈守之。觀此可知中西字義之冥合矣。【四】

嚴復所引的字書是東漢劉熙（？—二一九）所撰《釋名》，原文如下：「周制九夫為井，其制似井字也，四井為邑，邑猶悒也，邑人聚會之稱也。」【五】嚴復認為「社會」在傳統語彙指「邑人的聚會」，而「邑」即包含區域與法度的意思，因此西文與中文是相配合的，這也顯示「社會」是一個很不錯的翻譯。嚴復在《群己權界論》、《社會通詮》、《政治講義》之中，都使用「社會」來翻譯 society、social 等字眼。【六】合而觀之，嚴復雖然較傾向使用自創的「群學」來翻譯 sociology，而不採日譯的「社會學」；不過，他其實並不反對使用日譯的「社會」，而

【一】這一本書的標題雖為 politics（今譯「政治」，嚴復在《社會通詮》中譯為「治制社會」），然章節之標題幾乎均為「社會」：Types of Society, Savage Society, Patriarchal Society, Modern Society 等，嚴復或許因此而將書名譯為《社會通詮》。將 politics 譯為「政治」時間較晚，在一九〇八年顏惠慶的字典開始出現（頁一七〇八），至一九一二年才成為「部定」之譯詞（收入一九一九年赫美玲的《官話》，頁一〇六八）。

【二】嚴復譯：《社會通詮》（上海：商務印書館，一九三一年），頁一。Edward Jenks, *A History of Politics*, Macmillan Co., 1900, p. 1.

【三】嚴復：〈譯餘贅語〉，《群學肄言》（上海：商務印書館，一九三一年），頁八。

【四】嚴復：〈譯餘贅語〉，《群學肄言》，頁八。

【五】〔東漢〕劉熙：《釋名》，收入〔清〕王謨輯：《增訂漢魏叢書八十六種》（台北：大化書局據清乾隆辛亥五十六年（一七九一年）金谿王氏刊本影印，一九七九年），卷一，〈釋州國第七〉，頁八四七—一。

【六】嚴復從文字學的角度討論社會，對當時人有所啟發，例如劉師培在一九〇四年十一月二十五至二十六日的《警鐘日報》上發表〈論小學與社會學之關係〉，探討文字中所反映的社會演變，顯示劉師培對《群學肄言》與《社會通詮》等書非常熟稔。亦見王元琪：〈辛亥革命前劉師培的學術研究〉，《華夏文化》二〇〇六年第一期，頁六一。

是且從概念上區隔此二詞彙。

上文概述了「社會」、「社會學」兩詞彙和概念於清末時際譯介入中國的歷史過程。不難想像的是，兩者被引入初時，人們對這般新名詞與學科定會產生疑惑。如一九〇二年《新民叢報》中的讀者投書一欄，即顯示「社會」此新名詞所引起的困惑。【一】這位讀者於報上看到梁啟超在〈中國學術思想變遷之大勢〉中，使用先秦「社會變動最劇」一句，對之感到不解。對他而言，先秦時期「未有社會」，為何梁任公要以一個現代觀念來描繪古代中國的現象？面對讀者的疑慮，梁啟超旋即為造成閱讀困擾致歉，解釋「社會」為日本翻譯英語 society 的名詞，在中國亦有翻譯為「群」，兩者均指「人群」之意涵。文末，任公則進一步預言，「社會」這個新名詞，未來必定會成為中國人通用的語詞之一。【二】

由此可見，當時大多數人仍不熟悉「社會」的概念，且還容易將之與中國原有詞語「立會」、「群」相混。此種混淆，應是源於「社會」和「社會學」被譯介入中國的管道與方式是多元且複雜的。翻譯者對詞彙的選擇，就是顯例。如嚴復，是代表以傳統詞彙「群」為主，而章炳麟則是一貫地使用「社會」。章、嚴二人於一九〇二、〇三年間先後翻譯了《社會學》（一九〇二年）、《群學肄言》（一九〇三年）。【三】此二位知識分子、兩本譯著，就是「社會」與「群」、「社會學」與「群學」歧途發展的最佳事例。很明顯地，章炳麟與梁啟超一樣，傾向於使用源自日本的「社會」、「社會學」等詞來從事翻譯。儘管在其後幾年間章炳麟對「社會」

的認知又融入了其他的幾種思想，但他仍未改變此一翻譯語彙上的選擇。相對來說，嚴復就比較複雜。如上所述，嚴復在「社會」和「群」之間立下明確的區分：「群」是指涉一群人，而「社會」則是由「群」衍生而來，是一種有法度規範的「群」。

此階段的譯詞仍處於標準不一的情況，得至一九〇三年後，「社會」方始取得較為優勢的地位。此後，「社會—society」、「社會學—sociology」的對譯關係，在漢語中才逐漸確定下來。而社會與社會學的譯介，除替近代中國帶來了新的語彙與觀念，甚且，環繞著這些新名詞和概念的一套新學知識、一系列顯著的思想變化因而出現於歷史舞台上。

近代中國伴隨著「社會」觀念，以及關於「社會」形塑的理論，特別是科學觀和演化論之譯介所發生的思想變遷，可分為幾個相互影響方面來說明：一、宇宙觀的變化：從天地人、陰

【一】梁啟超：〈問答〉，《新民叢報》，期一一（一九〇二年），頁八七—八八。

【二】梁啟超：〈問答〉，《新民叢報》，期一一（一九〇二年），頁八七—八八。

【三】章炳麟所譯岸本能武太（一八六六—一九二八）的《社會學》一書。此書收入章太炎：《章太炎全集．譯文集》（上海：上海人民出版社，二〇一五年），頁四三—一五六。以往多將此書視為是宣揚社會達爾文主義的作品。開始關注此書內容，及其與美國社會學家吉丁斯（Franklin Henry Giddings，一八五五—一九三一）社會思想之關係的有：湯志鈞：〈章太炎的《社會學》〉，收入章念馳編：《章太炎生平與學術》（北京：生活．讀書．新知三聯書店，一九八八年），頁五三二—五四二；姚純安：《社會學在近代中國的進程（一八九五—一九一九）》，頁五四—五八。亦請參見韓承樺：《審重咨學：嚴復翻譯《群學肄言》之研究》，頁二〇一—二一六。

陽五行的宇宙觀到科學的宇宙觀。「科學」為傳統中國本有的詞彙，原指「科舉之學」，於清末時，又自日本轉傳入中國，成為當時的「新名詞」之一，意指「分科之學」。大約在一九〇五、〇六年前後，「科學」逐漸取代了傳統的「格致」一詞，成為science的翻譯語。【一】此種以「科學」取代陰陽五行的過程，也可以說是一個「世俗化」（secularization）的過程。二、地理觀的變化：此變化可反映於「天下」、「中國」到「世界」的詞彙演變。以往中國是天下的中心，隨著新思想的傳播，中國成為「世界」中之一國。【二】有趣的是，在一八六〇—一九一五年之間，「世界」的使用於一九〇四年左右達到高峰，而「社會」的普遍盛行，適巧亦於此時間點上。【三】三、歷史觀的變化：從傳統的三代史觀、循環論、今文經學的「三世論」，轉變為線性演化論的歷史觀，亦即在歷史中發現人群進化的公理與公例，此即從「野蠻」進化至「文明」的歷史進程。而西方演化思想的傳播，遂使士人認識了人群進化的普遍規律，從而認為中國歷史的進展無法脫離進化公例之籠罩。此觀念致使人們產生一種崇拜西方理論的心理，認為西方歷史是人類歷史發展的正軌，與其相異即是病態。【四】四、正當性基礎的變化：傳統中國文化裡，論證的合理性本來是依靠「天」或「天理」，在接受新學輸入後，遂改為從歷史與科學而來的「公理」與「公例」。五、類似於「公共領域」（public sphere）或「民間社會」（civil society）之觀念或空間的萌芽：此為中國學界受哈伯瑪斯（Jürgen Habermas，一九二九—　）的影響，進而探討晚清中國「公共領域」實存與否的議題。有論者反對此說，但亦有人認為近代中國確有政府控制之外的「公共領域」或「民間社會」的出現。如瑪麗・蘭金（Mary Rankin，一九三四—　）討論十九世紀後半葉太平亂後地方精英的興起與影響，其指出戰爭結束後，地方精英從救濟與教育兩方面參與地方重建工作，使其逐漸成為一個新的社會階層。至一八七〇年代，他們的力量擴張為跨區域的饑荒拯救工作，其後更參與國家層次事務，而與宮廷的改革計劃發生抵觸。這反映了晚清地方精英權力的擴張需要一段長期累積的過程，而其與

【一】金觀濤、劉青峰：《觀念史研究：中國現代重要政治術語的形成》，頁三三五。

【二】從「天下」到「國家」的演變由列文孫提出，見Joseph Levenson, *Confucian China and its Modern Fate*, University of California Press, 1965. 此外章清所研究的《萬國公法》之傳播等文章則展現從「天下」到「國家」之曲折變化，如〈「策問」與科舉體制下對「西學」的接引——以《中外策問大觀》為中心〉，《中央研究院近代史研究所集刊》，期五八（二〇〇七年十二月），頁五三—一〇三。

【三】金觀濤、劉青峰：《觀念史研究：中國現代重要政治術語的形成》，頁二四一—二四二。

【四】梁啟超可能最早提出來西方歷史是正常發展，而中國歷史的演變則是病態的一位學者。參見拙著：《一個被放棄的選擇：梁啟超調適思想之研究》（台北：中央研究院近代史研究所，二〇〇六年），頁一九—一二〇。墨子刻將此一現象稱為近代中國知識分子的「殘廢感」，見氏著：〈二十世紀中國知識分子的自覺問題〉，收入余英時等著：《中國歷史轉型時期的知識分子》（台北：聯經出版事業公司，一九九二年），頁八六。

清政府之間的衝突，或可說是國家與社會間的衝突。[一]季家珍（Joan Judge）則透過對《時報》的研究指出，該報紙言論顯示晚清有「公共領域」的出現。[二]可見，自清中葉以來，在時人的觀念與行為實踐上，可能出現類似西方「公共空間」或「民間社會」的現象。此一背景替「社會」之引入與其所能指涉的對象奠立了基礎。

上述五方面的變化，凸顯了當時隱約出現一個以西方的科學為基礎的世界觀。根據此一觀點，中國僅為其中的國家之一，正依循著西方國度的進化公理，緩進地朝「文明」演進；其中，一個在國家之外的空間或是一股力量，正逐漸在展現其形態與影響力。上述的幾個面向的變化，實皆與社會、社會學觀念的引介有關。簡言之，社會學這門新式的知識學科，在清末時際的知識分子看來，即是提供他們於世界的時空架構中，以科學的方法來研究天演過程，進而瞭解人群進化之公理與公例的一門學問。嚴復翻譯的《天演論》與《群學肄言》等書和章炳麟翻譯的《社會學》是晚清社會學翻譯過程中很重要的成果。

三、嚴復翻譯之社會演化論及其政治意涵

大多數社會學史的研究者都同意，英國社會學家斯賓塞是與孔德、涂爾幹（Émile Durkheim，一八五八—一九一七）、韋伯（Max Weber，一八六四—一九二〇）等人齊名的

現代社會學奠基人物之一。他在一八七七年所出版的三卷《社會學原理》，是歷史上首次旗幟鮮明地說明、討論社會學分析的系統性研究。斯賓塞主張，社會學研究的領域包括家庭、政治、宗教、社會控制、工業或職業；此外，還應該研究社群的結合、分化、階層化等。他也強調社會學須研究社會之整體，以及各種社會要素之關係，並說明個人如何影響社會群體，又如何反過來受到群體的影響。雖然斯賓塞的名聲在二十世紀中期以後已趨沒落，但其於十九世紀歐美世界響亮的名氣與影響力，絕非現在一般教科書中以「社會達爾文主義之父」之稱所能比擬。[三]誠如霍夫斯達德（Richard Hofstadter，一九一六—一九七〇）在《美國思想中的社會達爾文主義》一書中所述，斯賓塞在十九世紀的歐美學界舉足輕重，特別是美國保守主義思潮，

【一】Mary Backus Rankin, *Elite Activism and Political Transformation in China: Zhejiang Province, 1865-1911*, Stanford University Press, 1986. 金觀濤與劉青峰依據統計方法檢視大量的晚清文獻，對於「社會」與「群」之詞彙混雜，及「社會學」一詞和概念的出現，提出以下的論述：在一九〇四至〇五年時，「社會」取代「群」成為一關鍵術語，這說明了「紳士公共空間」的概念與實體已經出現於清末。此又可作為本文所論之另一旁證。金觀濤、劉青峰：《觀念史研究：中國現代重要政治術語的形成》，頁二〇二—二一二。

【二】Joan Evangeline Judge, *Print and Politics: 'Shibao' and the Culture of Reform in Late Qing China*, Stanford University Press, 1996.

【三】Benjamin I. Schwartz, *In Search of Wealth and Power: Yen Fu and the West*, Belknap Press of Harvard University Press, 1964, p. 47.

即深受其影響。【一】同時期，斯賓塞在東亞世界，對於近代日本在思想和政治層面上留下顯著的痕跡。【二】至於在中國，斯賓塞則是以社會學和進化論著名。其社會學是近代中國最早接受的西方社會學理論。【三】他在中國社會的名聲，是由他最知名的「宣傳者」或「學生」——嚴復來打響其名號。如史華慈、浦嘉珉（James Reeve Pusey，一九四〇—二〇一九）等學者均指出，嚴復深受斯賓塞的影響。【四】

嚴復對於斯氏的認識應起於一八七〇年代晚期在英國皇家海軍學院讀書之時。返國之後，於一八八一至八二年間，嚴復開始比較系統地閱讀斯賓塞的著作，深受其啟發而瞭解到「生平好為獨往偏至之論，及此使悟其非」【五】。到了一八八七年底及隔年初時，嚴復以〈斯賓塞爾勸學篇〉為名，翻譯了斯賓塞《社會學研究》的第一章〈我們對它的需要〉（"Our need of it"），發表在天津出版的《國聞彙編》旬刊第一、三、四冊之上，名為「論群學不可緩」，以彰顯學習社會學之重要（即後來出版時《群學肄言》中〈砭愚第一〉）。【六】一八九五、九六年間寫〈原強〉一文之時，嚴復又提到〈勸學篇〉，他說「〈勸學篇〉者，勸治群學之書也」，而且「群學治，而後能修齊治平，用以持世保民以日進於郅治馨香之極盛也」。【七】

「勸學」的觀念，源出自《荀子》，嚴復徵引《荀子》顯示他在思考勸治群學時，援引了荀子的思想資源。然而，「勸學篇」之用語，在中國近代學界的聲名卻不是因為嚴復，而是出於福澤諭吉（一八三五—一九〇一）與張之洞（一八三七—一九〇九）。【八】一八八〇年，福澤諭吉在日本出版了《勸學篇》鼓勵新思想，並造成極大的反響。一八九八年四月，張之洞發表了他最著名的作品《勸學篇》，並於其中提出「中體西用」的觀念。其後，此書不但透過官方的管道流傳於各地，還立即被節譯為英文，並在一九〇〇年的《紐約時報》上受到熱烈推薦，被評為「中國人六百年來所寫的一本最傑出之書」【九】。

雖缺乏直接證據，然張之洞《勸學篇》之名稱可能受到嚴復「勸學」觀念之啟發，引導他援用荀子的語彙來闡述其核心理念。事實上，若我們比較嚴復和張之洞的觀點，就可發現嚴復

【一】Benjamin I. Schwartz, *In Search of Wealth and Power: Yen Fu and the West*, pp. 31-50. 霍夫斯達德（Richard Hofstadter）著，郭正昭譯：《美國思想中的社會達爾文主義》（台北：聯經出版事業公司，一九八一年）。

【二】山下重一：《スペンサと日本近代》（東京：御茶の水書房，一九八三年）。

【三】此處僅舉一例：姚純安：《社會學在近代中國的進程（一八九五—一九一九）》，頁三七。

【四】James Reeve Pusey, *China and Charles Darwin*, Council on East Asian Studies, Harvard University Press, 1983.

【五】《嚴復集》，冊一，頁一二六。

【六】嚴復：《侯官嚴氏叢刻》（台北：文海出版社，一九七五年），頁六一——一一二。該書係一九〇一年由熊元鍔編輯，南昌讀有用書齋木刻出版。

【七】《嚴復集》，冊一，頁六—七。

【八】任光敏：〈近代中日兩《勸學篇》之比較〉，《四川師範大學學報》（哲學社會科學版），卷二六期三（一九九九年），頁八四—九一。

【九】*New York Times*, 1900.10.2.

的看法與張之洞著名之「中學為體，西學為用」間頗有相似處。例如，兩人均採取溫和漸進的「調適取向」來實現目標，只是兩人對傳統中學之比重有不同的看法。對嚴復而言，現代中國生活的基礎中，傳統因素有重要價值，然其所佔之範圍卻比張之洞所設想的要為狹窄。

嚴譯〈斯賓塞爾勸學篇〉發表後，嚴復繼續進行斯賓塞《社會學研究》的翻譯工作，直至一九〇三年完成，定稿後改以《群學肄言》為名，交由文明書局出版發行。《群學肄言》首刷即印行了六千本，而它受歡迎的程度，也反映在盜版猖獗的情況上，[一]如湖南、廣東與江蘇等地，均出現許多盜版書刊。[二]一九〇八年，嚴復將版權轉給商務印書館，此後直到一九一九年，至少發行了十版以上。[三]從這可觀的刊行數量來看，嚴譯《群學肄言》應曾廣泛流傳於清末民初的知識界。

然而，市場的高銷售量並不表示《群學肄言》未受批評。嚴復的譯作仍遭時人詬病，主要約有二點：一、書中運用太多難以理解的古典詞彙，這使得該書「文筆淤漫」，不易閱讀；二、中英習俗不同，「程度」亦異，致使有些人認為，斯賓塞的概念對中國社會來說是不合時宜與不足為法的。[四]不過，若除去這些缺失不論，嚴譯此書的確曾發揮了不小的影響力。

不少讀者即對該書持肯定的態度，表示透過閱讀《群學肄言》，他們獲知許多有關社會學的新觀念。這些新觀念可概括為嚴復社會學思想的四項特點。一、科學方法：嚴復引介了科學方法來探究社會現象，這不僅能幫助人們掌握人類行為的因果關係，還能進而制定出明智的政策。【五】二、線性演化：進化是社會演變的一種客觀定律，無論自然世界或人類社會的運作皆無法避開如「物競天擇，適者生存」等法則，其主導了人類歷史上的成敗、得失。三、社會有機體論：根據該理論，一個社會是由許多彼此相關之個體所組成的有機體，其中個體素質的高低，決定了其所組成社會整體素質的高低。【六】四、批判傳統聖人觀：藉由提出斯賓塞的社會起源論，嚴復的社會學思想對傳統觀念裡的「聖人」在歷史演變中之地位展開批判，並且轉而提倡將以漸進調適方式培養國人的「民德」、「民智」、「民力」作為中國改革事業的重心。

從文本內容與讀者的回饋可見，嚴復在《群學肄言》的翻譯之中，不但引介原書要旨，也

【一】廉泉：〈與嚴復書 四〉，孫應祥、皮後鋒編：《嚴復集補編》（福州：福建人民出版社，二〇〇四年），頁三七六。

【二】嚴復：〈與熊季廉書 二十五〉，《嚴復集補編》，頁二五一。

【三】賀麟：〈嚴復的翻譯〉，收入商務印書館編輯部編：《論嚴復與嚴譯名著》（北京：商務印書館，一九八二年），頁二九。嚴復因盜版猖獗而提倡「版權」（copyright）的觀念。參見王飛仙：《版權誰有？翻印必究？：近代中國作者、書商與國家的版權角力戰》（台北：台灣商務印書館，二〇二二年），頁一三九—一六七。

【四】沈兆禕：《新學書目提要》，收入熊月之主編：《晚清新學書目提要》（上海：上海書店出版社，二〇〇七年），頁五五五。

【五】林紓：《林琴南文集》（北京：中國書店，一九八五年），頁五五；孫寶瑄：《忘山廬日記》（上海：上海古籍出版社，一九八三年），上冊，頁七七五。

【六】孫寶瑄：《忘山廬日記》，上冊，頁七五三。

藉機放入諸多不同評論（這與《天演論》所謂「達恉」的手法十分類似）。在這方面我們需要從嚴復對斯賓塞思想，以及修正斯氏的赫胥黎理論之理解談起，換言之，要瞭解嚴復譯介之社會演化論的整體面貌，則必須同時考察《天演論》與《群學肄言》乃至《社會通詮》等書。【一】嚴復對赫胥黎與斯賓塞思想的理解與其中國傳統思想背景是交織在一起的。嚴復使用中國傳統中的一些觀念，去詮釋赫胥黎與斯賓塞，其思想根源主要有二：一是《易經》與邵雍（一〇一一—一〇七七）的「運會」觀（邵雍以「運會」來解《易》）【二】，一是荀子思想。嚴復運用兩者，來瞭解「天」和「人」的關係，或說來闡釋「天行」與「人治」的範圍，及由此衍生的演化原理、群體關係、聖王觀念等。

嚴復用《易經》中「運會」觀念，理解、詮釋赫胥黎《進化與倫理》的演化觀。他在《天演論》中說明遞嬗之變遷，即是「世變」或「運會」，「運」指大的發展趨勢，「會」則是面臨的情境，兩者結合即是歷史演變的過程：「運者以明其遷流，會者以指其遭值……物變所趨，皆由簡漸繁，由微知著。運常然矣，會乃大異。」嚴復又指出：「言其要道，皆可一言蔽之，此其道在中國謂之易，在西學謂之天演。」【三】

例如赫胥黎在書中談到：「任何時候，所謂的自然狀態，都只是在一種不斷變化過程中的暫時階段。」（"The state of nature, at any time, is a temporary phase of a process of incessant change."）在此，嚴復藉著「運會」來翻譯「不斷變化過程」之概念。他還進一步指出，中國正歷經自秦代以來最大的變化，我們卻無法得知促成此改變的理由，若欲用一個詞彙來描繪它，那就是「運會」。所謂「世運至然後聖人生。世運鑄聖人，而非聖人鑄世運也。使聖人而能為世運，則無所謂天演者矣。」【四】此知，嚴復確是從「運會」的角度來理解、闡釋赫胥黎的演化理論。

嚴復對西方天演觀念，或社會演化論的認識，還受到荀子的影響。大體而論，《荀子》對嚴復的影響大致表現在四個方面：一、「群」與「群學」的概念；二、「解蔽」的想法；三、天人關係；四、由天人觀念推演而出的「聖王觀」。

【一】關於嚴譯《群學肄言》中的斯賓塞思想與進化論，參見韓承樺：《審重咨學：嚴復翻譯《群學肄言》之研究》，頁七五—一六六。

【二】宋儒邵雍對《易經》觀念加以發揮，他依據有秩序的時間變化概念，以一年之中年、月、日、時四種數字為基礎，創立了「運會說」。其「運會說」假定三十年為一世，十二世為一運，三十運為一會，十二會為一元，世、運、會、元之間推衍運作，交替迴圈，從而說明人類社會變化發展的規律。有關「運會說」以及近代以來知識分子以此說解釋近代中國之「變局」，參見王爾敏：〈近代中國知識分子應變之自覺〉，《中國近代思想史論》（台北：華世出版社，一九七七年），頁四〇六—四一九。

【三】嚴復譯：〈巵言二〉，《天演論》（味經本），頁三—四。「此其道在中國謂之易，在西學謂之天演」在後出之定本中被刪除。

【四】嚴復譯：《天演論》（台北：台灣商務印書館，一九八七年），下冊，頁四。

在味經本《天演論》中，嚴復在譯文中曾多次徵引《荀子》的文句。其後雖因吳汝綸（一八四〇——一九〇三）的建議，刪去了這些內容（現在版本的《天演論》裡，《荀子》的觀點只出現在案語，不在正文內），然而，這些被刪除的文字，實可被視為譯者對赫胥黎思想最初的想法，並可見《荀子》在嚴復心中的思想重要性。以下便是摘自嚴譯味經本《天演論》中出於《荀子》的句子：

荀卿之言曰，人之異於禽獸，以其能群也。（卮言十一）【一】

荀卿曰：人之性惡。（卮言十二）【二】

荀卿子曰：刑者，所以禁未也（作「末」者大誤）。（論四）【三】

語曰：善言天者，必有驗於人，善言古者，必有驗於今。（卮言十四）【四】

首先，上舉第一句文字透露出，嚴復運用「群」翻譯 society、「群學」來譯 sociology 是源於荀子。在〈原強〉（一八九五年）內，他引述荀子：「荀卿言：『人之貴於禽獸者，以其能群也』，故曰『群學』。夫民之相生相養，易事通功，推以至於刑政禮樂之大，皆自能群之性以生。」【五】文中已指出人與群之間存有一種相互關係，無人不能成群，此形成之過程端賴「分工」。斯賓塞在《社會學研究》裡有如下的討論：

Now this is obviously true also of social organization. A member of a primitive society cannot devote himself to an order of activity which satisfies one only, of his personal wants, thus ceasing the activities required for satisfying his other personal wants, unless those for whose benefit he carries on his special activity in excess, give him in return the benefits of their special activities.【六】

（參考譯文：這種情形在社會組織中也同樣存在。一個原始社會的成員不可能在從事

【一】嚴復譯：〈卮言十一〉，《天演論》（味經本），頁一八。這一觀念出於《荀子．王制》：「水火有氣而無生，草木有生而無知，禽獸有知而無義，人有氣、有生、有知，亦且有義，故最為天下貴也。力不若牛，走不若馬，而牛馬為用，何也？曰：人能群，彼不能群也。」熊公哲注譯：《荀子今注今譯》（台北：台灣商務印書館，二〇一〇年），頁一八一。嚴復這句話可能受馬建忠啟發，馬氏在一八九八年《馬氏文通》〈後序〉中即從「群」的角度說明語言之起源，曾說：「荀卿子曰：人之所以異於禽獸者，以其能群也。夫曰群者，豈惟群其形乎哉！亦曰群其意耳。而所以群今人之意者則有話，所以群古人之意者則惟字。」馬建忠：《馬氏文通》（北京：商務印書館，一九八三年），頁一二。

【二】嚴復譯：〈卮言十二〉，《天演論》（味經本），頁二一。現在的版本改為「古人有言，人之性惡」。原文為《荀子．性惡》：「人之性惡，其善者偽也」。熊公哲注譯：《荀子今注今譯》，頁五四一。

【三】嚴復譯：〈論四〉，《天演論》（味經本），頁四三。

【四】嚴復譯：〈卮言十四〉《天演論》（味經本），頁六九。此句在定本之中被刪除。見《荀子．性惡》「故善言古者必有節於今；善言天者必有徵於人」。熊公哲注譯：《荀子今注今譯》，頁五五〇。

【五】《嚴復集》，冊一，頁一六。嚴復：〈卮言十一〉，《天演論》（味經本），頁一八，有類似的文字。

【六】Herbert Spencer, *The Study of Sociology*, p. 332.

只滿足他一個個人需求的那種活動時，停止其他能夠滿足他另外個人需求的活動，除非他為之服務的那些人，也額外給他們所從事之活動的部分利益。）【一】

> 乃今而察之於群，則其事又何如？方其演之淺也，號曰群，而實無所謂群也。一身之所待以為生者，皆必取之宮中而悉具。夫苟莫之為害，是初民者雖離群獨立，猶可以生也。至其演而愈進，而後群之義著，將於群之所待以生者，待各執其一業而專之。專則有餘，出其餘以與他業之所專者為易，此群理之中，通功易事之局也。通功易事之局成，則一群之民，各有專業，而收其相得之用。【二】

此處斯賓塞描述的是，一個社會在還未明確分工前，人民不能只做一些對自己有利的工作。若是如此，人民將無法獲得足夠的生活所需。斯賓塞指出這是在「原始社會」（primitive society）才會發生的。而嚴復則認為這種情況是「無所謂群」的，亦即必得等到「通功易事」之局（意即分工）出現，才符合完整的「群理」。由此可見，嚴復不認為primitive society可以譯為「群」，理由是原始社會還沒進入分工的狀態。嚴復所用的「通功易事」一詞意指「分工合作，互通有無」，語出《孟子．滕文公下》。嚴復不但在〈原強〉之中使用，在〈闢韓〉一文也用此詞彙來談君主制度的起源，他說「於是通功易事，擇其公且賢者，立而為之君……此天下立君之本旨也」【三】。

其實，中國傳統思想中，要以荀子對「分工」構成「群」之觀念的討論最為深入。此即荀子關於因「分」而成「群」的想法。荀子認為：

人何以能群？曰：「分」。分何以能行？曰：「義」。故義以分則和，和則一，一則多力，多力則彊，彊則勝物，故宮室可得而居也。故序四時，裁萬物，兼利天下，無它故焉，得之分義也。故人生不能無群，群而無分則爭，爭則亂，亂則離，離則弱，弱則不能勝物，故宮室不可得而居也，不可少頃舍禮義之謂也。【四】

荀子強調人之所以能成群，在於人與人之間必須以「義」作為分界，這樣方能「合」為群體並和諧相處。因為人是不能離群獨居，群體內的人又無法不「以義而分」，如此才能維持一個和諧的狀態。很明顯的，嚴復借用了「分」的概念，但他並非全然傾向從道德方面來解釋（此處之「義」是指合宜），反倒是著重於「通功易事」中較為實際的層面。關於這點，嚴復

【一】張宏輝、胡江波譯，斯賓塞著：《社會學研究》（北京：華夏出版社，二〇〇一年），頁二九七。
【二】嚴復譯：《群學肄言》，頁二九六。
【三】《嚴復集》，冊一，頁三四。
【四】熊公哲注譯：《荀子今注今譯》，頁一六四。

認為荀子和斯賓塞想法完全一致。

嚴復另一個援引荀子思想之處，是用「解蔽」的概念來理解斯賓塞社會學觀念。斯賓塞在《社會學研究》中，談論社會科學方法論如何來消除個人研究時能有的誤解與障礙。嚴復翻譯時，採納了荀子「解蔽」的觀點。在《群學肄言》內，嚴復將斯賓塞「客觀的蔽害」譯作「物蔽」;「主觀的蔽害」譯作「蔽於心習」。【一】嚴復這種連結斯賓塞與荀子關於「個人偏見之蔽害」的作法，社會學家潘光旦（一八九九—一九六七）於一九四六年發表一篇〈荀子與斯賓塞爾論解蔽〉，來闡述其關連性。潘氏指出，荀、斯二氏，對於如何消除個人偏見之害的看法非常相似。此外，潘光旦更批評嚴復未於翻譯中言明荀子與斯賓塞在思想上的類似性。【二】

荀子的觀念也影響了嚴復對赫胥黎談之天人關係的認識。首先，在《天演論》中，赫胥黎有「演惡」一章，他說「民有秉彝，而亦天生有欲。道心人心，同時並賦，而不能以獨存。故以天演論化，尚矣。然而善固演也，而惡又未嘗不演。」對於上述的觀點，嚴復認為荀子對人性的看法與此可相互發明，荀子認為人類「為善」不是天性，是「人為」:

> 論十六按語：是故知其大本，則孟子性善之言未必是，而荀卿性惡而善偽之論未必非。偽者人偽，以別於性而已。【三】

由此可見，嚴復所理解的群學或社會演化論不但有生物方面的基礎，也有人性上、心理上的基礎。難怪他會說：「蓋群者人之積也，而人者官品之魁也。欲明生生之機，則必治生學；欲知感應之妙，則必治心學，夫而後乃可以及群學也。」【四】

在上述人性論基礎下，關於「秩序」的建立，要如何進行呢？就此，嚴復也是在《荀子》基礎上進行論證。如下舉味經本《天演論》中引用班固《漢書》的一段話：

> 治化之名，所以常與天行相對也。班固曰：不仁愛則不能群，不能群則不勝物，不勝物則養不足，群而不足，爭心將作。斯言也則與天演言治者，又何間乎？【五】

班固的句子出於《漢書》〈刑法〉篇。嚴復認為，班固設想通過「合群」來控制物質世界，進

【一】嚴復譯：《群學肄言》，頁六九。
【二】潘光旦：〈荀子與斯賓塞爾論解蔽〉，收入潘光旦：《潘光旦文集》（北京：北京大學出版社，二〇〇〇年），卷六，頁五〇—五八。
【三】嚴復譯：〈卮言十四〉，《天演論》（味經本），頁七五。
【四】《嚴復集》，頁一七。
【五】嚴復譯：〈卮言十四〉，《天演論》（味經本），頁二三。

而能養民，最終能避免因性惡導致之紛爭，建造一合理之人類社會的秩序。只是，這種作法是違反宇宙進程的。值得注意的是，據論者指出，班固的刑法觀念，包括刑法起源、刑法與禮義關係，以及是否有象刑等三方面，均受到荀子的啟發。【一】綜此，本文認為，此種對天人關係的構想，亦即「治化」與「天行」相對之觀念，深深影響了嚴復對赫胥黎、斯賓塞的認識和取捨。由此可以理解嚴復思想中，糅合斯賓塞「任天為治」與赫胥黎「以人持天」的觀點。【二】

在治化與天行相對下，人們能扮演何種角色呢？嚴復在《群學肄言》中論及的「天人關係」，也與《荀子》中〈天論〉篇的觀點一致。荀子認為「明於天人之分，制天命而用之」，此即意味，人們必須先明白天人分際後，方能應制天命。從嚴復《群學肄言》譯文中「世與人有相成之功」的說法，【三】到上述荀子的相關觀念，均指向一個「天人相分」的看法。此觀點既堅持天道之客觀必然性不為人的意志所改變，又認為人能按照規律利用和控制自然，並建立正常的社會生活秩序。【四】據此，高瑞泉指出，嚴復這部分的思想，顯示他並未全然接受決定論（determinism），其立場是徘徊於決定論和唯意志論（voluntarism）之間。換言之，嚴復乃依違於「天行」與「人治」之間。嚴復的這種思想特點，不僅承自荀子，還與中唐時期柳宗元（七七三—八一九）、劉禹錫（七七二—八四二）等談論「天人相分」的思想家，有一明顯相承的理路。【五】

不過，嚴復雖肯定荀子對天人關係的看法，卻否定荀子的「聖王觀」。嚴復認為荀子與前文提及之班固對「聖人」的看法，仍偏向傳統的觀念：

> 班孟堅之志刑法也，其言曰：古有聖人，做之君師，既恭明哲之性，又通天地之心，

【一】強中華：〈數典而不忘祖——班固對荀子刑法思想歷史地位的確認〉，《瀋陽大學學報》，卷二一期五（二〇〇九年）。

【二】基本上，這是嚴復翻譯《天演論》所表露的觀念：一方面同意自然有難以抵抗之力量，即為「物競」；一方面又同意原作者赫胥黎那反對「物競」原則，肯定「倫理法則」，並進一步推演到「人治可以對抗天行」，最終得出「自強保種」的結論。換言之，嚴復不但不全盤接受西方那樣「任天為治」的歷史決定論，反而是肯定赫胥黎所提倡的倫理法則，並更為強調人為努力在歷史演變中所扮演的關鍵角色。請參見黃克武：〈近代中國轉型時代的民主觀念〉，收入於王汎森等著：《中國近代思想史的轉型時代》（台北：聯經出版事業公司，二〇〇七年），頁三七一—三七二。

【三】嚴復譯：《群學肄言》（上海：商務印書館，一九三一年），頁二七。

【四】高瑞泉：〈嚴復：在決定論與自由意志論之間〉，收入氏著：《智慧之境》（上海：上海古籍出版社，二〇〇八年），頁九七—一一一。

【五】高瑞泉：〈嚴復：在決定論與自由意志論之間〉。「天人關係」在中唐之際，成為一個熱門的思想議題，而柳宗元與劉禹錫則是談論「天人之分」說著力最深之二者。早期，侯外廬以「唯物主義」與「無神論」的角度，來闡釋柳、劉二人「以無神論角度對抗漢代以來居正統地位的神學天命論」。參見侯外廬：《韌的追求》（北京：生活．讀書．新知三聯書店，一九八五年），頁三〇四。陳弱水的研究則指出，柳宗元與其他立場接近的思想家（如劉禹錫），他們有著幾個相類似的觀點：強調人類活動的核心應該是人而非超人類的領域，是這個世界的倫理生活而非超自然力量所能聲稱帶給我們的幸福和好處。請參見陳弱水著，郭英劍、徐承向譯：《柳宗元與唐代思想變遷》（南京：江蘇教育出版社，二〇一〇年），頁一二〇。

於是則天象地，動緣民情，以制禮作教立法設刑焉。秩有禮所以崇敬，討有罪所以明威。此之謂一人作則，範圍百世而天下服也。【一】

嚴復又說此一觀點與西方不同：

泰西之論則有異焉。彼之言曰，民既成群，必有群約。……後之奸雄，起而竊之，乃異此一己奉群之義，以為一國奉己之名，久假而不歸，烏知非其有乎？數百千年來，歐羅已〔巴〕君民之爭，大率作此。幸今之日，民權日伸，公治日出，此泰西之治，所以非餘洲之所可企及也。【二】

而且在嚴復看來，聖人並非中國獨有，西方世界與中國均有聖人：

自有記載以來，泰東西之聖智，歷時數千萬年，閱人數千萬輩，千慮而一致，殊途而同歸，皆曰無所逃於憂患。……自夫人心之靈，莫不有知，而妙道之行，雖近之不眺其首，隨之弗得其蹤，而死生榮悴，日夜相代夫前，昭昭乎若揭日月，所以先覺之儔，妙契同符，不期而會，分途異唱，殊旨同歸。所謂東海一聖人，此心此理同；西海一聖人，此

心此理同也。【三】

聖人之於嚴復，並非全能全知的領袖，而是像一名好的園丁，擅長於管理花園。【四】這在東、西方世界均能發現相同的例子：

> 今設此數十百人之內，乃有首出庶物之一人，其聰明智慮之出於人人，猶常人之出於牛羊犬馬，此不翅〔啻〕中國所謂聖人者也。幸而為眾所推服，而立之以為君，以其人治

【一】嚴復：《天演論》（味經本），頁四二。

【二】嚴復：《天演論》（味經本），頁四二—四三。有關嚴復思想中的「群約」，亦即人民全體所訂定的「社會契約」之觀念，參見蕭高彥：〈「嚴復時刻」：早期嚴復政治思想中的聖王之道與社會契約〉，《思想史》，期八（二〇一八年），頁四七—一〇八。

【三】嚴復：〈論三〉，《天演論》（味經本），頁三八—三九。

【四】王道還對「花園與園丁」特作說明，這是赫胥黎用於書內的一種隱喻手法，花園暗指文明，它必須經精心設計與細心照料，才能令人賞心悅目。此隱喻對嚴復的吸引力實不亞於斯賓塞的思想，因為斯賓塞雖不為一「狂熱個人主義者」，但他對政府職能是持比較消極的態度，這就與花園的隱喻不大相容。在嚴復的理解中，應該是這樣：「取譬園夫之治園」，可「明天行人治之必相反」，二者雖反，而同出一原，於是「特天行則恣物之爭而存其宜，人治則致物之宜，以求得其所祈向者」。參見王道還：〈《天演論》原著文本及相關問題〉，收入於黃興濤主編：《新史學第三卷：文化史研究的再出發》（北京：中華書局，二〇〇九年），頁一五〇。

之必申，而不為天行之所勝。是聖人者，其措施之事當如何？曰彼亦法園夫之治園而已。聖人之於其民，猶國（園）夫於人其草木也。園夫欲其園之植，凡可以害其草木者，靡不芟夷勦絕之。聖人欲其治之隆，凡不利其民者，亦必有以滅絕之，使不克與其民有競立爭存之勢。【一】

綜而觀之，嚴復在《天演論》中對聖王的描寫，與前述《群學肄言》翻譯內之論述一致。他始終強調，「世」與「人」各有其分屬之範疇，相輔相成，方為天演之大道。

嚴復對聖王觀念的詮釋，標誌了中國傳統之「聖王」的近代轉變。其於〈闢韓〉一文，最早對傳統聖王觀展開批判。嚴復反對「為之君，為之師」的聖人，轉而從「通功易事，擇其公且賢者，立而為之君」，亦即分工而合群的角度，討論君臣之倫的基礎。最後歸結到「國者，斯民之公產也，王侯將相者，通國之公僕奴也」。【二】此論與《天演論》中「園丁之於花園」的敘述相似，同樣將聖人的角色，從制器尚象、制禮作樂、轉移世運的全知全能者，轉變為一個管理花園的園丁，僅為對抗自然力量的一個角色。早前，在《天演論》（味經本）中有一段後來被刪去的文字，可以顯示嚴復藉赫胥黎的翻譯來批判傳統聖人觀：

今夫移風易俗之事，古之聖人亦嘗有意於此矣。然而卒不能者，格物不審，見道不明，而智慧限之也。居今之日，藉真學之日優，而思有以施於濟世之業者，亦惟去畏難苟且之心，而勿以晏樂媮生為的者，而後能得耳。【三】

嚴復嘗試指出，傳統之聖王其實無法「移風易俗」，須趁近代以來學術逐漸改良之後，「真學之日優」方能給予「聖人」一個新的「濟世」契機。

《天演論》內對「聖王」的詮釋、評斷，和斯賓塞對「偉人」的批評頗有相似處。此即上文所述「世運鑄聖人，而非聖人鑄世運也」的說法。嚴復翻譯斯賓塞《社會學研究》時，有一段為斯賓塞針對歐洲「偉人」（**great man**）與「英雄史觀」之批評，認為偉人改造社會的前提，

【一】見嚴復：〈論三〉，《天演論》（味經本），頁一二。另見 "The pigeons, in short, are to be their own Sir John Sebright. A despotic government, whether individual or collective, is to be endowed with the preternatural intelligence, and with what, I am afraid, many will consider the preternatural ruthlessness, required for the purpose of carrying out the principle of improvement by selection, with the somewhat drastic thoroughness upon which the success of the method depends." Thomas, H. Huxley, *Evolution & Ethics: T. H. Huxley's "Evolution & Ethics" with New Essays on its Victorian and Sociobiological Context*, Princeton University Press, 1989, p. 80. 雖然在《進化論與倫理學》當中，赫胥黎的確表達了上述引文中的見解，但是嚴復將其改寫得十分具有中國韻味，並增添「此不啻中國所謂聖人者也」數語，給予讀者重新思考「聖人」概念的空間。

【二】《嚴復集》，頁三二——三六。

【三】嚴復譯：〈論十七〉，《天演論》（味經本），頁七八。「今夫移風易俗之事……而智慧限之也」在定本之中被刪除。

其實是社會先提供其改造的基礎。嚴復的翻譯精確地闡述了該意見：

...you must admit that the genesis of the great man depends on the long series of complex influences which has produced the race in which he appears, and the social state into which that race has slowly grown. If it be a fact that the great man may modify his nation in its structure and actions, it is also a fact that there must have been those antecedent modifications constituting national progress before he could be evolved. Before he can re-make his society, his society must make him. So that all those changes of which he is the proximate initiator have their chief causes in the generations he descended from. If there is to be anything like a real explanation of these changes, it must be sought in that aggregate of conditions out of which both he and they have arisen.【一】

（參考譯文：……你必須承認，偉人的出現是取決於諸多複雜因素的影響，這些因素首先造就了孕育他的民族，又形塑了這個民族慢慢發展出其所身處的社會狀態。如果我們認為偉人可能改變他國家的結構，與其他諸多作為，那麼事實上，在這位偉人出現前，已先形成了可改造國家促其進步的體制讓他得以著力。他的社會必須先創造他，然後他才能改變社會。由此可知，某位偉人所能開創的改變，仍是根源於前幾代人所發之作為。若要在這些變化上尋找真正的原因，那就必須在偉人與其生活環境的方方面面之中尋找。）

然後知聖賢豪傑之起，其為因至繁，其為原至遠，必有人事政教為之根底，尤必有天設國土為之首基。夫非闖然無所憑依，如海鳥隕星之飛來遙集者，斷可識也。夫曰：得賢可以興邦，立法期於持世，此其說固非誕也。然而傀野之種，非明哲之所崛興，檮奇之宗，非元愷之所鍾毓，此其說尤不誣也。天演之事，苟莫為其先，斯必無其應，故必有既進之程，而後能益為其光大。欲得偉人之鑄其群者，非其群之先鑄偉人必不可。彼所為變革轉移，開創戡定之業，固既其身而得其近因，亦於其群而得其遠因。非其局之既成，本之先具，將其業無由立，且其人無由興。必總其時之全局無言之。世無人固不治，人無世亦不生。世與人有相成之功，斯天演之行見矣。【二】

以上的內容顯示，斯賓塞強調要瞭解「偉人與其生活環境」能彼此縮合的重要性。嚴復將此觀點譯為「世與人有相成之功」。此外，他還進一步指出，此種「天」和「人」相成之功，即為天演進化之理。而此概念，則是原文所無。

綜上所述，受《易經》和《荀子》的影響，嚴復在譯介赫胥黎與斯賓塞思想時展現出張灝

【一】Herbert Spencer, *The Study of Sociology*, Henry S. King & Co, 1877, 6th ed., pp. 34-35.

【二】嚴復譯：《群學肄言》，頁二七。

（一九三七—二〇二二）所謂「人本意識與演進史觀結合」的概念。以西方演化理論為基底，承認歷史線性發展的潮流，並強調唯有透過人為意識的精神動力，才能向前推進。[一]既然「人」扮演著如此重要之角色，因此，對「個人」的特質的培養、訓練就變得十分重要。從這角度來看，嚴復翻譯《群學肄言》的目的就清晰可見。他希望透過此書，能對晚清人士說明斯賓塞那種個人主義式、漸進保守的政治思想。但另一方面，嚴復對傳統聖王觀的批判，反映他所支持的不是專制，而是以人民為中心制定「群約」，政治領袖均為「公僕」的自由民主體制。在《群學肄言》的前言中，嚴復即揭示「審重」和「咨於學」的重要性：

> 淺譾剽疾之士，不悟其所從來如是之大且久也，輒攘臂疾走，謂以旦暮之更張，將可以起衰，而以與勝我抗也。不能得，又搪撞號呼，欲率一世之人，與盲進以為破壞之事。顧破壞宜矣，而所建設者，又未必其果有合也。則何如稍審重，而先咨於學之為愈乎？[二]

嚴復又說，斯賓塞思想是「每持一義，又必使之無過不及之差，於近世新舊兩家學者，尤為對病之藥」，其意在批評那些過於保守者與盲目破壞的革命家。

在前言中寫下此段文字，主要是因為嚴復認為透過學習「群學」，能平息激進革命與保守之間的爭論（他說「通群學可以息新舊兩家之爭」）。[三]於是，嚴復將原文中「各極端黨派」

（extreme parties）譯成「維新之急者」與「守舊之篤者」，標明了他對中國未來之想法：

得吾說而存之，彼兩家之難可以解。夫維新之急者，有所蘄也，守舊之篤者，有所懼也。惟群學通則蘄與懼皆可以稍弛。蓋深知夫群之差數功分，皆取決於其民德之何如，使本弱也，而忽強；本貧也，而忽富；本僿野也，而忽文明，必無是也。〔其有外力逼拶，論稍異此。〕民德未孚，雖以術為之，久乃廢耳。【四】

原文是：

Thus, the theory of progress disclosed by the study of Sociology as science, is one which greatly moderates the hopes and the fears of extreme parties. After clearly seeing that the structures

【一】張灝：〈中國近代思想史的轉型時代〉，收入於氏著：《時代的探索》（台北：聯經出版事業公司，二〇〇四年），頁五九—六〇。

【二】嚴復：〈序〉，《群學肄言》，頁一。

【三】嚴復譯：《群學肄言》，頁三六一。

【四】嚴復譯：《群學肄言》，頁三六二。

and actions throughout a society are determined by the properties of its units, and that (external disturbances apart) the society cannot be substantially and permanently changed without its units being substantially and permanently changed, it becomes easy to see that great alterations cannot suddenly be made to much purpose.

（參考譯文：因此，將社會學視為一門科學來研究時所揭示的發展理論，是一種可以調合各極端黨派希望和恐懼的理論。在清楚看到社會結構和行為是由其個體特質所決定後（外部的干擾除外），就能明白，如果個體沒有發生實質且永久的改變，社會是不可能產生實質且永久的變化。顯而易見的，一蹴可幾的效果是不會因為快速改變而馬上到來。）【一】

此點實為嚴復終其一生所堅持的理念，是為一種「中間路線」：

嚴復終其一生都在為溝通中國與西方文化而努力，這是他一生所面對的挑戰，企圖為中國未來擘畫出一張藍圖。他開展出所謂的「中間路線」（middle path），不僅融合了中國與西方文化的特點，更免於陷入保守和激進革命之中的陷阱。從嚴復的思想形式與生活方式來看，這條「中間路線」是和中國傳統之連續性與非連續性交織在一起的。【二】

這種「中間路線」的概念，同樣是受到斯賓塞《社會學研究》中「高度平衡的結論」或「高度平衡的社會自覺」觀念的啟發。嚴復以中國傳統概念的「中庸」來翻譯：

> 必天演之度至高，而後修身之中庸見，亦惟天演之度至高，而後治國之中庸見也。【三】
>
> A well-balanced social self-consciousness, like a well-balanced individual self-consciousness, is the accompaniment of a high evolution.
>
> （參考譯文：高度平衡的社會自覺，就如同高度平衡的個人自覺一樣，將會是社會高度進化的伴隨產物。）【四】

合而觀之，嚴復相當認同斯賓塞《社會學研究》的理論內容及其政治傾向。他認為此書含括了傳統中國經典《大學》及《中庸》所設定的行為準則，並確立從「格致誠正」起，至「修

【一】Herbert Spencer, *The Study of Sociology*, p. 400.

【二】Max K. W. Huang, *The Meaning of Freedom: Yan Fu and the Origins of Chinese Liberalism*, The Chinese University Press, 2008, pp. 107-108.

【三】嚴復譯：《群學肄言》，頁二五三。

【四】Herbert Spencer, *The Study of Sociology*, p. 291. 張宏輝、胡江波譯，斯賓塞著：《社會學研究》，頁二五八。

身」，最後到「治平」的進程。能實現此一理想的方法，則是採取一種介乎激進與保守之間的中間道路，亦即嚴復譯文中所謂的「中庸之道」。【一】簡言之，嚴復所譯介的斯賓塞社會學思想，是以「天人相成」的演化理論與群己關係、荀子「解蔽」觀念的學術理念，配合以保守漸進的慎重手段，來實現自由民主的政治理想。這便作為嚴復思想的基調。基於此，嚴復很自然地將《群學肄言》視為，一方面詳實表達中國傳統經典之「精義」，另一方面也是「真西學正法眼藏」，故嚴復如此稱述斯賓塞的社會學：「智育之業，捨此莫由」。【二】

四、心理、歷史與革命：章炳麟譯介的社會學

如前文所述，嚴復於一八九七—一八九八年就已在《國聞彙編》第一、三、四冊上發表《斯賓塞爾勸學篇》。此即斯賓塞《社會學研究》的第一章，也就是一九〇三年出版的《群學肄言》之〈砭愚第一〉。在這段時間，「社會學」頗受清末時人重視，不僅嚴復戮力於此，章炳麟對之亦用力甚深。甚且，他比嚴復還早一年便翻譯出版了一本《社會學》。

嚴譯《斯賓塞爾勸學篇》發表隔年，由汪康年（一八六〇—一九一一）主持的報刊《昌言報》（原《時務報》）從第一期開始，刊載了兩篇斯賓塞的作品，分別為〈論進境之理〉、〈論禮儀〉。兩文乃譯自斯賓塞的"Progress: Its Law and Cause"（進步：法則及其原因）以及

"Manners and Fashion"（禮儀與風俗）兩篇文章。【三】兩文由曾廣銓（一八七一——一九四〇）「採譯」、章炳麟「筆述」。在該刊的〈本館告白〉，編者向讀者說明了此譯文之緣由：一、斯賓塞之學術思想為「假格致之書，顯微妙之理」，為求「萬事萬物之根源」，實為新學之人士不可不讀之書。二、先前天津的《國聞彙編》就已載有嚴譯斯賓塞〈勸學篇〉，惜其未全。為窺其全貌，該館覓得《斯賓塞全集》，預計將按期翻譯刊登，以饗讀者。汪康年並表示：「其文新理絡繹，妙義環生，當亦諸君所深許也。」【四】

《昌言報》刊登曾廣銓及章炳麟之譯文，與嚴復早前的翻譯一事相關。原來，汪康年讀過嚴譯〈勸學篇〉後，十分欣賞，但卻認為節譯所發揮的影響有限，希望嚴復能將該書寄到上海給他，讓他另尋名手「賡續成之，以公海內」【五】。此一讚譽並非汪氏個人的看法。撰寫《增版東

【一】嚴復譯：《群學肄言》，頁三六二。

【二】嚴復：〈譯餘贅語〉，《群學肄言》，頁三。

【三】Hebert Spencer, "Progress: Its Law and Cause," Herbert Spencer, *Essays: Scientific, Political and Speculative*, Routledge/Thoemmes Press, 1996, Vol. I, pp. 8-62; "Manners and Fashion," Herbert Spencer, *Essays: Scientific, Political and Speculative*, Vol. III, pp. 1-51. 王天根：《群學探索與嚴復對近代社會理念的建構》，頁一三七。

【四】《昌言報》，冊一（光緒二十四年七月），頁六一。

【五】嚴復：〈嚴復與汪康年書 三〉，《汪康年師友書札》（上海：上海古籍出版社，一九八七年），冊四，頁三二七五。

西學書錄》的徐維則（一八六七—一九一九），也有類似的感嘆。他說此書「精義妙說深切著明，惜僅譯第一篇耳」【一】。出於對全譯本的期望，汪康年才寫信給嚴復。嚴復一方面很感激汪氏的熱心，不過他也表示自己手上只有一本，且斯賓塞書的內容十分複雜，不如尋常之書，譯者必須兼備算學、格致、天文、地理、動植物等新學背景，方能勝任。【二】其後，嚴復替汪氏尋得另一本書，並寄給他。【三】汪康年將該書交給曾、章來翻譯。同年，《昌言報》就出現了上述的兩篇文章。汪康年實現他繼續譯介斯賓塞的期望，不過汪氏當時並不知道，該譯文並不符合嚴復的期許。

在章、曾譯文發表之後，《國聞報》上出現一篇嚴復的文章：〈論譯才之難〉。文始便批評當時中國士子對學習外文的負面態度：

> 自中土士大夫欲通西學，而以習其言語文字為畏途，於是爭求速化之術，群起而談譯書。京內外各學堂所習書，皆必待譯而後具。叩其所以然之故，則曰：中國自有學，且其文字典貴疏達，遠出五洲之上，奈何捨此而芸人乎？且大學堂所陶鑄，皆既成名之士，舉令習洋語，將貽天下觀笑，故不為也。【四】

在結束對中國學界的評論後，嚴復接著說道：

若以通數國語言為鄙事，則東西洋諸國當軸貴人，例通數國語言，而我則捨倉頡下行之字不能讀，非本國之言語不能操，甚且直用鄉談援楚囚之說以自解，孰鄙孰不鄙，必有能辨之者矣。【五】

此言論反映出嚴復秉持嚴肅而認真的態度。他指出，世界各國官居要職的人物，皆能通數國語言，而中國士人反認為通別國語言乃一鄙事。不僅如此，他們非但不懂中國通用的「官話」，還用「楚囚之說」之典，來掩飾自己只能說方言的窘境。兩相比較，很顯然在嚴復心中，後文所述那些士大夫所行之事，才可稱之為「鄙」。

其次，嚴復將討論轉至「譯才」的層面。他先談流傳於晚清學界幾本譯作的問題，如《譚天》、《萬國公法》和《富國策》等書，皆紕謬層出，開卷即見。如此一來，人們便容易以為

【一】徐維則：《增版東西學書錄》，《晚清新學書目提要》，頁一三九。
【二】嚴復：〈嚴復與汪康年書 三〉，《汪康年師友書札》，冊四，頁三二七五。
【三】嚴復：〈嚴復與汪康年書 五〉，《汪康年師友書札》，冊四，頁三二七五—三二七六。
【四】嚴復：〈論譯才之難〉，《嚴復集》，冊一，頁九〇。
【五】嚴復：〈論譯才之難〉，《嚴復集》，冊一，頁九〇。

他讀到西書的「譯本」，然其實他們所讀的是中國人「以意自撰」的書籍。【一】最後，為證實此論斷，嚴復遂以章炳麟、曾廣銓在《昌言報》發表的〈論進境之理〉，說明譯書的困境。嚴復在看到該文之後，曾反覆閱讀，卻「不能通其意」，因此「託友人取原書試譯首段，以資互發」，卻發現「乃二譯舛馳若不可以道里計者，乃悟前言非過當也」。最後他將兩者並列，讓讀者自行評斷。【二】

為了清楚呈現兩個譯文的差異，筆者將舉出第一段中數句譯文，來看兩個譯本的不同。原文與嚴復版本之對照如下：

The current conception of progress is shifting and indefinite. Sometimes it comprehends little more than simple growth—as of a nation in the number of its members and the extent of territory over which it spreads. Sometimes it has reference to quantity of material products—as when the advance of agriculture and manufactures is the topic. Sometimes the superior quality of these products is contemplated; and sometimes the new or improved appliances by which they are produced.【三】

夫世俗之言進也，說屢遷，而其義也混。有以滋長為進者。如國則指其民人之加多，與其幅幀之彌廣。有以所產之豐歉言進者，則樹畜工虞之事是已。有時以所殖之美惡良楛

言進。有時以操術之巧拙精粗言進，舉無定矣。【四】

上述的對比可見，此一翻譯不但精確且通順可讀。至於章炳麟的譯筆則如下：

> 言進境者，至噤口敝舌而人或不能喻。非其言之難喻也，其所包者既深閎廣博，雖言進固不足盡之。假借以立號，緣不得已以定名，則言進云爾。今夫五洲之國，其户口之多寡、版圖之廣狹、物產之盈絀、械器之良楛、貨殖之奇贏、法度之優劣，斯固可以進境言之。【五】

此一翻譯雖不能說全錯，但的確較為鬆散，且文字有遺漏，如第一句中 indefinite（不確定）

【一】嚴復：〈論譯才之難〉，《嚴復集》，冊一，頁九一。

【二】嚴復：〈論譯才之難〉，《嚴復集》，冊一，頁九一。此段文字很可能是嚴復的譯筆，或許為了避免過度直接的批判，他才說是出自一位朋友。

【三】Hebert Spencer, "Progress: Its Law and Cause," p. 8.

【四】嚴復：〈論譯才之難〉，《嚴復集》，冊一，頁九一。

【五】曾廣銓採譯，章炳麟筆述：〈斯賓塞爾文集卷之一〉，《昌言報》，冊一（光緒二十四年七月），頁一。

就未譯出，很不易解。

下面這一段中，嚴復提供的譯文仍較能掌握原文的意義，而且文字的對照很明顯。原文與嚴復友人之譯文如下：

It takes in not so much the reality of progress as its accompaniments—not so much the substance as the shadow.【一】

夫言進有道，今既置其本而求其末，追其影而失其形矣。【二】

That progress in intelligence seen during the growth of the child into the man, or the savage into the philosopher, is commonly regarded as consisting in the greater number of facts known and laws understood; whereas the actual progress consists in those internal modifications of which this larger knowledge is the expression.【三】

則以人為論，由孩提以至〔長〕大成人。以國為論，由野蠻以至於開化，將徒見其發現外緣之先後，而不悟有內因焉實為之本。外緣者是內因所呈露之端倪，有所待而後能變者也。【四】

至於章炳麟的譯文就很不容易懂，甚至可以說是不知所云。上述兩段文字如下：

至微之理，或虛而無所薄，迹象所不能顯。彼齔童之為成人歟，野蠻之慕為聖賢歟，非閱歷問學，不足以就，固也。然而饜飫於閱歷問學，其智慮或不足以運之，則是安足為用也。【五】

此處的文本比對，雖僅針對幾句譯文，但透過這種方法仍可看出，兩篇譯文無論在譯法或是對原意的掌握程度上，確實有很大差距。【六】熟悉西學書籍的徐維則，就曾批判過章炳麟、曾廣銓的譯筆。他指出該書內容精彩，可惜譯者「未精斯學，未能曲達其旨」：

斯氏為西國格致名家，創天演之說，深研夫質力聚散之幾，推極古今萬國盛衰之由，

【一】Hebert Spencer, "Progress: Its Law and Cause," p. 8.

【二】嚴復：〈論譯才之難〉，《嚴復集》，冊一，頁九一。

【三】Hebert. Spencer, "Progress: Its Law and Cause," p. 9.

【四】嚴復：〈論譯才之難〉，《嚴復集》，冊一，頁九一。

【五】曾廣銓採譯，章炳麟筆述：〈斯賓塞爾文集卷之一〉，《昌言報》，冊一（光緒二十四年七月），頁一。

【六】有關章太炎、嚴復對斯賓塞這兩篇譯文的進一步比較，可以參考彭春凌：〈何為進步：章太炎譯介斯賓塞的主旨變焦及其投影〉，《近代史研究》二〇一九年第一期，頁二三—四三。

著書造論貫天地人而一之，而大旨以任天為治為本，剖析精微，折衷至當，實為奇論，惜譯者未精斯學，未能曲達其旨，讀者未免掩卷耳。【一】

嚴復的看法與徐維則是一致的。難怪在〈論譯才之難〉最後一段，嚴復對貿然從事翻譯工作而產生如此結果深表遺憾。他感嘆地說像章、曾這般譯者「何必取此以苦人自苦」，並希望後人引以為戒：

按斯賓塞氏此篇之論，乃其少作，為天演先聲，全書嚆矢。其旨欲牢籠萬化，并為一談。讀其書者，非於天地人、動植、性理、形氣、名數諸學嘗所從事，必不知其為何語也。……《昌言報》一述一受，貿然為之，無怪其滿紙唵〔啽〕囈也，西書可譯而急用者甚多，何必取此以苦人自苦。吾願後生以為戒也。【二】

經由兩種譯文和原文的比對，我們可以發現嚴復的批評，並非有些學者所說的出於「文人相輕」或意氣用事；【三】嚴復針對章譯的評論，並非無的放矢，且讓他藉機斥責晚清那些高談譯書，卻排斥學習西語或完全不懂外文的「譯才」。只是，或許嚴復批評得太過嚴厲，他那「西學第一人」的自負明白流露於文字之上。這篇文章也很可能讓章炳麟耿耿於懷，為他日後在

〈社會通詮商兌〉等文中對嚴復的嚴厲批評埋下伏筆。

自一八九八年嚴復、章炳麟隔著報刊交鋒後，兩人一直要到一九〇〇年方有機會再碰面。嚴復於是年三月底，由天津南下至上海續弦，就在這段期間，嚴復拜訪了在上海的章炳麟。章炳麟在〈與夏曾佑書〉的信中提到：

> 又陵觀察來滬，示步君原韶二章，托體非常，有劉越石氣體，於公誠若常樅老聃矣。【四】

從信中可見章炳麟對嚴復之詩評價甚高。不只如此，章炳麟還將他兩部近作《儒術真論》與《訄書》送給嚴復檢閱，期望嚴復這位「大匠」能略「為施繩削」。兩人的情誼，在章氏看來實如「嵇康之遇孫登也」。就此而論，章炳麟似乎對嚴復流露出頗為欽慕之情。

【一】徐維則：《增版東西學書錄》，《晚清新學書目提要》，頁一三八。

【二】嚴復：〈論譯才之難〉，《嚴復集》，冊一，頁九二。

【三】王天根：《群學探索與嚴復對近代社會理念的建構》，頁一三九。姚純安：《社會學在近代中國的進程（一八九五—一九一九）》，頁一〇六。

【四】章炳麟：〈與夏曾佑書〉，收入馬勇編：《章太炎書信集》（石家莊：河北人民出版社，二〇〇三年），頁四九。

信末，章氏為此段交誼寫下心中的感想。他感覺這位朋友的到訪，恰恰暗合著自己期待遠方「倉庚之鳴」的心境。他説道：

近日樹一宗旨，以為交友之道，宜遠交近攻。頃歲荃蕙化茅，海濱同志，百不二三。惟浩公貞固執拗，有荊公三不足畏氣象。其他矍相之圃，僅有存者。乃不得不效狋吽牙語。倉庚之鳴，終在遠道。又陵既至，益信斯語不誣。【一】

章氏手書這封信後的三日，嚴復回信給章炳麟，以表示他對章氏的敬仰。該信的開頭如下：

前後承賜讀《訄書》及《儒術真論》，尚未卒業。昨復得古詩五章，陳義奧美，以激昂壯烈之均，掩之使幽，揚之使悠。此詣不獨非一輩時賢所及，即求之古人，晉、宋以下，可多得耶！【二】

嚴復在獲得章炳麟賜書後，又得到章著古詩五首，閱讀之後對其富涵的古意、激昂之氣，感到欣羡不已。同時，信中不只讚賞章炳麟的文采，對章氏的為人，嚴復也毫不保留地推崇。【三】

他說：「至於寒寒孜孜，自辟天蹊，不可以俗之輕重為取捨，則捨先生吾誰與歸乎？有是老僕之首俯至地也。」【四】從這封信來看，嚴復對章炳麟應是極為欣賞。根據兩人的書信往返，嚴復和章炳麟在一九〇〇年四月期間，曾有過一段密切交往。汪榮祖依此論斷，至庚子年（光緒二十六年）初為止，章、嚴二氏在思想上仍甚投契。【五】

王汎森也指出，嚴復所介紹的進化論是光緒三十年（一九〇四年）以前章炳麟在解釋許多問題時的基本理論架構。【六】如《訄書》裡的〈族制〉篇，章炳麟在重新校訂時本擬改作〈競存〉，但其後仍保留原題。【七】該文的內容就是以「生存競爭」作為論述歷史的基礎：

【一】章炳麟：〈與夏曾佑書〉，《章太炎書信集》，頁四九。
【二】嚴復：〈與章太炎書〉，《嚴復集補編》，頁二二四。
【三】不過，朱維錚認為嚴復並未在信中明確表達對章太炎《訄書》的評價，暗示嚴復或許是語帶保留。請參見章太炎著，朱維錚編校：《訄書》（香港：三聯書店（香港）有限公司，一九九八年），頁五。
【四】嚴復：〈與章太炎書〉，《嚴復集補編》，頁二二四。
【五】汪榮祖：《康章合論》（台北：聯經出版事業公司，一九八八年），頁五〇。
【六】王汎森：《章太炎的思想（一八六八——一九一九）及其對儒學傳統的衝擊》（台北：時報出版公司，一九八五年），頁三四——三五。
【七】湯志鈞編：《章太炎年譜長編（一八六八——一九一八）》，上冊，頁一一三。

彼共和而往，其任國子者，非以貴貴，為競存其族故。不然，今吾中夏之氏族，礌落彰較，皆出於五帝，五帝之民，何為而皆絕其祀也？是無他，夫自然之洮汰與人為之洮汰，優者必勝，而劣者必敗。【一】

另外，在《訄書》裡的〈原人〉、〈原變〉及〈菌說〉等篇，都可看到章氏提及進化理論。【二】其中〈菌說〉（一八九九年）一文，尤其表現出章炳麟和嚴復一樣對斯賓塞「任天為治」的想法不滿，而嘗試從荀子「合群名分」的觀點來調整。為了校正斯氏「任天為治」的進化思想，章炳麟從《荀子》擷取了「義」和「分」的觀念。一方面承認人我、群己間存在著「畛域」，即利益的差異；但同時，又強調必須藉「兼愛」、「尚同」的精神，促使「畛域有截」，即保持合理的度，以臻至社會利益和人際關係的和諧。也就是說，社會直接援引進化法則會造成殘酷的現實，但若去除生存競爭，則社會又必陷入敗亡。這種「二律背反」的困境在章炳麟看來，須用「合群明分」來調節，才能使人類社會實現進步，真正合於理智的進化。【三】

章炳麟不僅擷取嚴復介紹的進化論，其對嚴氏進化論的基礎——斯賓塞思想也有一定的認識。前文已論及章炳麟與人合譯斯賓塞〈論進境之理〉、〈論禮儀〉。這兩篇文章的有機體論、社會進化論，對於章炳麟有所影響。由此可知，嚴復、章炳麟早期社會學思想之基底大致是相同的。

然而，兩人的分歧亦逐漸出現。首先是在政治議題上。一九〇〇年七月二十六日，上海中國國會召開，此會由唐才常（一八六七－一九〇〇）發起，當天有容閎（一八二八－一九一二）、嚴復、章炳麟、文廷式（一八五六－一九〇四）、葉翰（一八六一－一九三三）、張通典（一八五九－一九一五）、吳保初（一八六九－一九一三）、宋恕（一八六二－一九一〇）、龍澤厚（一八六〇－一九四五）、沈藎（一八七二－一九〇三）、馬相伯（一八四〇－一九三九）、畢永年（一八六九－一九〇二）、戢元丞（一八七八－一九〇八）、狄葆賢（一八七三－一九四一）等八十餘人，聚集在愚園的南新廳開會。【四】會中容閎被選為會長，嚴復則被選為副會長。會議因成員複雜，意見無法達成一致，章炳麟在會議初始時，便當場批判唐才常不應該一方面意圖推翻滿清，另一方面卻又擁護光緒皇帝。最後，章炳麟「宣言脱社，割辮與絕」【五】。

嚴復則一直留在大會裡，協助會議將一些由容閎發起的英文草案翻譯為中文，直至唐才常

【一】章炳麟：〈族制〉，章炳麟著，徐復注：《訄書詳注》（上海：上海古籍出版社，二〇〇〇年），頁三三〇。

【二】汪榮祖：《康章合論》，頁五〇。

【三】鄭師渠：《晚清國粹派——文化思想研究》，（北京：北京大學出版社，一九八二年），頁八七－九〇。

【四】皮後鋒：《嚴復大傳》（福州：福建人民出版社，二〇〇三年），頁二一二－二一三。

【五】馮自由：《革命逸史》（台北：台灣商務印書館，一九五三年），第二集，頁七七。

的政治密謀曝光後才離開。因此，這段時間裡，嚴復應和中國國會的核心人物保持密切關係。皮後鋒的研究更顯示，在替國會制定策略時，嚴復與唐才常、汪康年之意見是一致的。【一】顯見，當時嚴復與章炳麟兩人在政治、民族問題上已出現分歧。嚴復的調適漸進、憲政改革思想和章炳麟的激進排滿、革命思想，開始分道揚鑣。這也成為日後兩人論爭的一個分歧點。

結束了上海的活動後，嚴復繼續潛心譯事，陸續出版了幾本譯著；而章炳麟則輾轉東渡，逗留日本約五個月後回到中國。這段期間，兩人的不同經歷，造就了日後嚴、章在社會學思想上的根本歧異。

誠如前文所述，中國社會學之肇始即得益於日譯西學的輸入，而斯賓塞相關的書籍亦於此時來到中國。不過，斯賓塞並非一直執掌日本社會學界的主流地位。當時，日本社會學因受西方社會學發展的影響，漸從生物社會學轉向心理社會學。【二】一九〇〇年左右，日本社會學界開始擺脫斯賓塞學說的影響，如岸本能武太（一八六六—一九二八）《社會學》（一九〇〇年）、建部遯吾（一八七一—一九四五）《普通社會學》（四卷，一九〇四—一九一八年）、遠藤隆吉（一八七四—一九四六）《近世社會學》（一九〇七年）等書，即象徵了心理因素社會學逐漸崛起。【三】

一九〇二年抵達日本的章炳麟，正好遇到此思潮轉向之際。現有資料無法詳細說明章炳麟在日本接觸了哪些社會學說，不過從他歸國後重修《訄書》與翻譯《社會學》一書，我們可以瞭解其中梗概。《訄書》初刻本是章炳麟的自選集，於一九〇〇年左右出版。此選集問世兩年之後，因受政治事件牽連，章炳麟不得不逃亡日本。自異地返國後，章炳麟於一九〇四年再度將《訄書》排印出版，只不過其內容經過作者刪改，篇目與初刻本已大不相同，是為重訂本。

修訂後的《訄書》具有一顯著特點：大量引述西方近代學術論說作為自己立論的依據。如姜義華所指出的，有「英國人類學家泰斗泰納（章氏譯作梯落路）的《原始人文》，芬蘭哲學家、人類學家韋斯特．馬克（章氏譯作威斯特．馬科）的《人類婚姻史》、《婚姻進化史》，美國著名社會學家吉丁斯（章氏譯作葛通哥斯）的《社會學》，日本著名社會學家有賀長雄的《族制進化論》……以及培根、洛克、盧梭、康德、斯賓塞等人的許多觀點」【四】。此外，日本學者小林武的研究還指出幾位：岡本監輔（一八三九—一九〇四）《萬國史記》，遠藤隆吉《支那哲學史》，白河次郎（一八七四—一九一九）、國府種德（一八七三—一九五〇）合著《支那文

【一】皮後鋒：《嚴復大傳》，頁二一五。
【二】福武直主編，虞祖堯、張祿賢譯：《世界各國社會學概況》（北京：北京大學出版社，一九八二年），頁二三〇。
【三】李劍華：《社會學史綱》（上海：世界書局，一九三〇年），頁一一五—一一六。轉引自姚純安：《社會學在近代中國的進程（一八九五—一九一九）》，頁五四。
【四】姜義華：《章太炎思想研究》（上海：上海人民出版社，一九八五年），頁一六四—一六五。

明史》，岸本能武太《社會學》等。【一】大致來說，章炳麟對《訄書》的修訂，參照了許多西學新知，而這些知識應該就是他在日本所吸收的資源，其中又以社會學與進化論最為重要。

我們翻查《訄書》重訂本，發現有三條史料是章炳麟直接引證社會學的相關知識。【二】前兩段論述僅籠統提及《社會學》，而第三段明確自承援引葛通哥斯的社會學著作。這位「葛通哥斯」，即是倡導心理因素的美國社會學學者吉丁斯（Franklin Henry Giddings，一八五五—一九三一）。其著作《社會學》是由遠藤隆吉翻譯，東京專門學校出版部於明治三十三年（一九〇〇年）九月出版，為「早稻田叢書」之一。【三】

章炳麟對於《訄書》重訂本多處增修，朱維錚與姜義華皆認為這顯示他是為了透過考察社會、歷史變遷的條件，俾便使自己得對中國過去有詳實之瞭解。【四】為此，他必須仰賴兩套西方思想為尺規：進化論、社會學。如前所述，進化論早於日本行前就已成為章太炎分析論述的基礎之一，社會學才是他赴日後的重要收穫。

一九〇二年七月，章氏返抵國門，他向吳君遂談論中國史學時，曾兩次提及社會學。一次是肯定斯賓塞的社會學「往往探考異言，尋其語根，造端至小，而所證明者至大」，實與中國之修史傳統相互呼應。【五】章炳麟另一次論及社會學與中國史學時，是將「廓氏、斯氏、葛氏之說」和「管、莊、韓三子」相提並論，因為他們「皆深識進化之理，是乃所為良史者也」。【六】

一九〇二年，章炳麟進入梁啟超主持的廣智書局，幫忙「藻飾譯文」，「日讀各種社會學書」。這時可能在梁啟超的邀約下，章炳麟接受了該書局的委託，翻譯日人岸本能武太所著的《社會學》一書。完稿後由廣智書局出版。全書包括緒論和本論，共計六章。【七】緒論探討社會學的定義、種類、研究方法，以及它與「社會主義」之區別。作者指出：「社會學有靜止轉動二種。靜止一派，論其組織沿革，不暇及他；轉動一派，則注意於社會將來之發達。」據此，社會學之定義是：「先研究過去現在之社會，而發見其要素性質、起原、發達與其目的。次論組織社會之個人，將來以何方法促進社會之進化，貫徹人類生存之目的。」【八】

本論的篇章是：一、原人狀態，二、社會與境遇，三、社會之起原，四、社會之發達，

【一】小林武：《章炳麟と明治思潮》（東京：研文出版，二〇〇六年），頁五〇—五一。

【二】章炳麟：《章太炎全集》（上海：上海人民出版社，一九八二年），集三，頁一七〇—一七一、一七八、二八六。

【三】該書的部分章節曾被譯為中文，由《翻譯世界》刊出。姚純安：《社會學在近代中國的進程（一八九五—一九一九）》，頁五八—五九。

【四】章炳麟著，朱維錚編校：《訄書》，頁一一二—一一五；姜義華：《章太炎思想研究》，頁一六四—一七八。

【五】章炳麟：〈致吳君遂書〉（一九〇二年八月八日），《章太炎政論選集》，上冊，頁一七二。

【六】章炳麟：〈致吳君遂書〉，《章太炎政論選集》，上冊，頁一六六。

【七】岸本能武太著，章炳麟譯：《社會學》（上海：廣智書局，一九〇二年）。鄒振環對章譯《社會學》作過簡單的介紹，請參見鄒振環：〈《社會學》的翻譯與社會學理論的影響〉，收入於氏著：《影響中國近代社會的一百種譯作》（北京：中國對外翻譯出版公司，一九九六年），頁一五六—一五九。

【八】岸本能武太著，章炳麟譯：《社會學》，卷上，頁一〇下。

五、社會之性質，六、社會之目的。【一】書出版後，《新民叢報》上出現一篇相關之簡介，並比較了章譯《社會學》與嚴譯《天演論》。作者指出《天演論》僅「畧闡斯恉」，且「赫胥黎既非此學專門，《天演論》又其東鱗西爪」，因此若要較全面地瞭解社會學，可讀章譯此書。此外，他也對章氏譯筆大加稱讚，認為「譯者於祖國學術博而能通，其所定名詞，切實精確，其譯筆兼信達雅三長，誠譯壇中之最錚錚者也」【二】。《浙江潮》第七期中一則介紹《社會進化論》一書的廣告中，亦提及了章氏的譯本，並對之讚譽有加，稱「餘杭章炳麟之群學為巨擘」。【三】另外，《譯書經眼錄》則說此書為「治此學最善之本」，且其「譯者學術博通，所定名詞切實精確」。【四】顯然，這些評論均認為章炳麟的翻譯水準頗高，值得一讀。的確，如果我們比對岸本的原文與章氏之譯文會發現，可能是因為中日語文之親近性，章氏可以很容易直接接受日譯的新名詞，而從事中日之間語言的轉換。其中唯一的例外是socialism一詞，章炳麟用音譯「索西亞利士謨」來翻譯日文之片假名ソーシャリズム，在內文之中才說明日本翻譯為「社會主義」或「共產主義」。【五】同時，他和嚴復不同處在於，他秉持古文學派尊重經典原意之特點，並不加以發揮引伸（與嚴復的「達恉」有所不同）。這樣一來，章氏之書似乎比較忠於原作。

《社會學》一書的翻譯，可說是心理學派社會學理論首次被譯介至中國學界。章炳麟之所以要介紹此學派的社會學思想，可能有幾個原因。首先，原作者岸本能武太「實兼取斯、葛二家」。章氏認為岸本氏《社會學》兼具心理、生物學派的社會學思想，能幫助他來理解、撰寫中國歷史。在《社會學》的序言中，章炳麟描述了初得此書的心情，他說：

> 余浮海再東，初得其籍，獨居深念，因思劉子駿有言：道家者流，出於史官，固知考迹皇古，以此先心，退藏於密，乃能斡人事而進退之。考迹皇古，謂之學勝；先心藏密，謂之理勝；然後言有與會，而非夫獨應者也。岸本氏之為書，綜合故言，尚乎中行，雖異於作者，然其不凝滯於物質，窮極往逝，而將有所見於方來，誠學理交勝者哉！【六】

由此可見章炳麟是站在「修史」的角度思考岸本能武太的《社會學》，而且他是從兩條社會學思想的取徑來談論史書之撰寫。首先是「考迹皇古」，此即指涉斯賓塞的觀點。如前所論，

【一】〈紹介新著〉，《新民叢報》，二二號（一九〇二年），頁六八。姚純安對此書有較詳盡的介紹，請參見氏著：《社會學在近代中國的進程（一八九五—一九一九）》，頁五五—五七。

【二】〈紹介新著〉，《新民叢報》，二二號（一九〇二年），頁六七。

【三】《浙江潮》，第七期（一九〇三年），頁一七六。

【四】顧燮光：《譯書經眼錄》，《晚清新學書目提要》，頁三三〇。

【五】岸本能武太著，章炳麟譯：《社會學》，卷上，頁一三上。

【六】章炳麟：〈社會學自序〉，《章太炎政論選集》，上冊，頁一七〇—一七一。

章炳麟很肯定斯賓塞能從細微處，如語言一途考察過往之痕跡。【一】在章炳麟看來，可稱作「學勝」。再者，所謂「先心藏密」，指的便為吉丁斯從心理入手的社會學研究，探查人類意識玄秘處，故稱作「理勝」。

社會學因此被章炳麟視為修史的良器，而非直接抒發政治意見之場域，這樣的思想傾向也影響到他的師友。他曾寫信致梁啟超談及此一看法：「酷暑無事，日讀各種社會學書，平日有修《中國通志》之志，至此新舊材料，融合無間，興會勃發。」章炳麟認為，現今作史，如果只專注於一代，那麼便難以「發新理」，也無法詳細調查事實。他主張：「通史上下千古，不必以褒貶人物，臚敘事狀為貴，所重專在典志，則心理、社會、宗教諸學，一切可以鎔鑄入之。」為了能夠修撰這種橫跨千古的通史，章氏總歸出兩個目標：「一方以發明社會政治進化衰微之原理為主，則於典志見之；一方以鼓舞民氣、啟導方來為主，則亦必於紀傳見之。」【二】

據此，章炳麟是把社會學當作考察歷史、撰寫史書的一種理論上的參考。他所認同的歷史，是在演化的基礎上，從物質、心理兩層面來考究其變遷過程。他認為唯有把握兩者，修史方能鑑往知來。岸本氏之書是綜合兩派社會學思想的著作，正符合了章炳麟的學術目標。

其次，透過翻譯這本與斯賓塞思想相異之書，章炳麟很可能想表達與嚴復所譯介斯賓塞思想不同的觀點。這從章炳麟在〈序言〉裡對斯賓塞學說和葛通哥斯學說的評論，即可窺見一二：

> 社會學始萌芽，皆以物理證明，而排拒超自然說。斯賓塞爾始雜心理，援引浩穰，於玄秘淖微之地，未暇尋也；又其論議，多蹤迹成事，顧鮮為後世計，蓋其藏往則優，而匱於知來者。美人葛通哥斯之言曰：社會所始，在同類意識，俶擾於差別覺，制勝於模效性，屬諸心理，不當以生理術語亂之。故葛氏自定其學，宗主執意，而賓旅夫物化，其於斯氏優矣。【三】

顯然，章氏認為葛通哥斯社會學思想強調的「同類意識」，是優於斯賓塞雜糅心理與「生理術語」的觀念，至於所謂的「同類意識」，則是葛通哥斯注重的「心理因素」。這一點也配合了章炳麟對種族性民族主義的強調。【四】

章譯《社會學》中第一章論原人狀態，就舉出幾種心理相關的特徵：慾望之發見、自己之發見、道德之發見等。這些論點皆在呼籲人們應從心理的角度出發，探查人類進化之軌跡：

【一】關於此點鄭師渠亦有討論，參見氏著：《晚清國粹派——文化思想研究》，頁八六—八七。

【二】章炳麟：〈與梁啟超書〉，《章太炎書信集》，頁四一—四二。

【三】章炳麟：〈社會學自序〉，《章太炎政論選集》，上冊，頁一七〇。

【四】有關章炳麟對「同類意識」觀念之引介，及其在晚清思想界翻譯社會心理學上所扮演的角色，可參考 Lung-Kee Sun, "Social Psychology in the Late Qing Period," *Modern China*, 18:3(1992), p. 239.

「野蠻人尚未知肉體而外，有所謂心靈者，故其所謂自己，特與外物分劃畛域之名。若夫發見心靈，對於肉體而稱自己，斯必俟諸異日，蓋由粗入精思想進步之常軌也。」【一】至於社會組織之興起，葛通哥斯認為：「世謂社會所起，起於人性自然，然可云社會因人性而興，不可云社會與人生同現。」【二】

此時，嚴復尚未結束《群學肄言》的翻譯，但早在翻譯《天演論》時，他便於按語中指出斯賓塞以「生物因素」為基礎的社會進化思想：

> 一則自生理而推群理，群者生之聚也。今者合地體、植物、動物三學觀之，天演之事，皆使生品日進。動物自孑孓蠉蠕，至成人身，皆有繩迹，可以追溯，此非一二人之言也。……斯賓塞氏得之，故用生學之理以談群學，造端比事，粲若列眉矣。【三】

由此可見，一重生物、一偏心理，兩書恰好展示了兩條談論社會進化論的取徑。不過值得注意的是兩人有關生物與心理因素的劃分並非絕對，嚴復不忽略心理方面、章炳麟亦注意到生理面向。除此之外，章氏的這段序言：「其說以社會擬有機，而曰非一切如有機，知人類樂群，亦言有非社會性」【四】，還表現出對斯賓塞的兩點批評，分別是針對社會有機體以及整體與個體之關係。

以上為嚴復、章炳麟兩人社會學思想主要異同。在這次的論爭中，他們並未隔著報刊「對話」，也無面對面的討論。但是，這兩本社會學譯著的出版，正標誌著晚清社會學界兩股思潮的脈動。章炳麟早年接受嚴復的進化論，並跟隨嚴復的腳步於《昌言報》上譯述了《斯賓塞爾文集》。但日本一行卻改變了章炳麟對斯賓塞思想及社會學的看法，他轉而接受心理取向社會學，來補充斯賓塞生物學取向的社會理論。這一轉向使他找到和嚴復（與斯賓塞）對抗的理論基礎。

只是，兩位學人的論爭尚未結束，至此只能看作章炳麟逐漸離開嚴復思想範疇的初始。直至一九〇七年，章炳麟才公開撰文對嚴復發出批判。一九〇三年後，章炳麟因為「蘇報案」入獄三年，一九〇六年出獄後隨即赴日擔任《民報》主編。這段期間章氏接觸了佛學思想，旅日時又大量吸收了日譯西方哲學，主要是德國觀念論（German Idealism）的一些想法和社會科學，並且持之與佛學和中國傳統哲學資源相比較、融合，形成了以佛學法相唯識宗為主的哲學

【一】〈論初民發達之狀態〉，《新民叢報》，二四號（一九〇三年），頁二七。此文為章炳麟譯《社會學》之一篇。
【二】〈論初民發達之狀態〉，《新民叢報》，二四號（一九〇三年），頁八〇。
【三】嚴復：《天演論》，《嚴復集》，冊五，頁一三九二——一三九三。
【四】章炳麟：〈社會學自序〉，《章太炎政論選集》，上冊，頁一七五。

思想。【一】此為章炳麟思想轉變的第一階段。自一九〇八年起，章氏研析《莊子·齊物論》，後撰成《齊物論釋》一書，此是第二階段的轉變。【二】

在這兩階段的思想轉折中，章炳麟對嚴復的批判亦漸漸加重。過去他並未指名道姓地批判嚴復，直待譯畢《社會學》後，章炳麟才逐步開始駁斥嚴復與斯賓塞。他首先批評斯賓塞對宗教的看法。在一九〇六年《民報》第六號，章氏有〈在東京留學生歡迎會上之演講〉一文，其中他批評斯賓塞對宗教的看法。他說：「近來像賓丹、斯賓塞爾那一流人崇拜功利，看得宗教都是漠然。但若沒有宗教，這道德必不得增進。……那伽得《社會學》中，已把斯賓塞〔爾〕的話，駁辯一過。」【三】那伽得《社會學》一書，作者不詳，但由此可知章氏已從其他的社會學說汲取思想資源，批評斯賓塞對宗教的看法。

其次，一九〇六年《民報》第七號上，章炳麟發表〈俱分進化論〉一文，批評嚴復的線性進化論：

> 彼不悟進化之所以為進化者，非由一方直進，而必由雙方並進，專舉一方，惟言智識進化可爾。若以道德言，則善亦進化，惡亦進化；若以生計言，則樂亦進化，苦亦進化。雙方並進，如影之隨形，如罔兩之逐影，非有他也。【四】

這是章炳麟以唯識學人性論為基礎所寫下的文字，反省當時流行於中國的進化論思維。根據王汎森所論，章氏此文共從三個論點來批判嚴復的進化論。第一，苦樂俱進的問題，若說嚴復信奉的是結合人本精神與進化史觀，偏向樂觀主義；章炳麟則較趨向悲觀主義，認為越是文明越有行惡的能力。第二，批判世俗所謂的「進」乃是根識迷妄所成，因為凡事有進於此，必有退於彼。章氏反對直線式的進化觀，他贊成的是「循環周轉」的進化論。第三，萬物皆無「自

【一】有關章炳麟對德國觀念論的吸納與批評，包括對黑格爾（Georg Wilhelm Friedrich Hegel，一七七〇—一八三一）、康德（Immanuel Kant，一七二四—一八〇四）之批判性的回應，以及吸取後德國觀念論者如叔本華（Arthur Schopenhauer，一七八八—一八六〇）與尼采（Friedrich Wilhelm Nietzsche，一八四四—一九〇〇）思想之討論，參見 Viren Murthy, *The Political Philosophy of Zhang Taiyan: The Resistance of Consciousness*, Brill, 2011, pp. 110, 142-3, 156, 166. 趙濤：〈章太炎居日期間對日譯西學的吸收及其思想變化〉，《延邊大學學報》（社會科學版），卷三九期二（二〇〇六年六月），頁五。

【二】王汎森：《章太炎的思想（一八六八—一九一九）及其對儒學傳統的衝擊》，頁一五—一七。

【三】章念馳編：《章太炎演講集》（上海：上海人民出版社，二〇一一年），頁三。

【四】章炳麟：〈俱分進化論〉，《章太炎全集》，集四，頁三八六。

性」，皆輾轉緣生而來，便也沒有規則可言。章炳麟以此來推翻進化論的定則。【一】

同年，章炳麟在《民報》一二號刊載〈《社會通詮》商兑〉一文，針對嚴復展開另一場淩厲的攻擊。這篇文章可分作兩個層面：章氏一方面嘲諷嚴復的國學造詣、治學方法，另一方面則反駁嚴譯《社會通詮》的論點。從此文來看，章炳麟特別批評嚴復的傳統學問：

> 抑天下固未知嚴氏之為人也，少遊學於西方，震疊其種，而視黃人為猥賤，若漢、若滿，則一丘之貉也！故革命、立憲，皆非其所措意者，天下有至樂，曰營菟裘以娛老耳。聞者不憭，以其遂通歐語，而中國文學湛深如此，益之以危言足以聳聽，則相與尸祝社稷之也亦宜。就實論之，嚴氏固略知小學，而於周、秦、兩漢、唐、宋儒先之文史，能得其句讀矣。然相其文質，於聲音節奏之間，猶未離於帖括。中天之態，回復之詞，載飛載鳴，情狀可見。蓋俯仰於桐城之道左，而未趨其庭廡者也。【二】

再者，章氏對於嚴復侈譯西書，並據此解釋中國的現狀，進而提出改革方案的作法，也感到不滿。他指出：

> 夫讀史盡其文不盡其質，於藏往則已殊矣，而欲以此知來，妄其顏之過厚耶？觀其所

譯泰西群籍，於中國事狀有豪毛之合者，則矜喜而標識其下；乃若彼方孤證，於中土或有牴牾，則不敢容喙焉。【三】

何以章氏會認為，嚴復是以西方的「孤證」試圖套用在中國之上？這是因為：

> 夫不欲考迹異同則已矣，而復以甲之事蔽乙之事，歷史成迹，合於彼之條例者則必實，異於彼之條例者則必虛；當來方略，合於彼之條例者則必成，異於彼之條例者則必敗。抑不悟所謂條例者，就彼所涉歷見聞而歸納之耳，浸假而復諦見亞東之事，則其條例又將有所更易矣。【四】

【一】王汎森：《章太炎的思想（一八六八—一九一九）及其對儒學傳統的衝擊》，頁一〇八—一一五。另可參見王向清、向知燕：〈章太炎俱分進化論形成原因考〉，《湖湘論壇》，期五（二〇〇六年），頁三五—三八。黃順力：〈嚴復與章太炎兩人進化論思想的比較〉，收入氏著：《中國近代思想文化史探論》（長沙：岳麓書社，二〇〇五年），頁一八二—一九一。

【二】章炳麟：〈《社會通詮》商兌〉，《章太炎全集》，集四，頁三二三。

【三】章炳麟：〈《社會通詮》商兌〉，《章太炎全集》，集四，頁三二三。

【四】章炳麟：〈《社會通詮》商兌〉，《章太炎全集》，集四，頁三二三。

最後，章炳麟更直斥嚴復運用西方斯賓塞社會學來尋找解決中國問題的方法，是一種錯誤的作法：

社會之學，與言質學者殊科，幾何之方面，而重力之形式，聲光之激射，物質之化分，驗於彼土者然，即驗於此土者亦無不然。若夫心能流衍，人事萬端，則不能據一方以為權概，斷可知矣！且社會學之造端，實惟殑德，風流所播，不逾百年，故雖專事斯學者，亦以為未能究竟成就。【一】

通讀章氏〈《社會通詮》商兑〉一文，讀者或許會因他表現出史家論證般之述説感到訝異。其實，章炳麟之所以能道出「蓋比列往事，或有未盡，則條例之不極成，即無以推測來者。夫盡往事以測來者，猶未能得什之五也，而況其未盡耶？」【二】是基於他將社會學定位成修史之理論參考。〈商兑〉後半段，就可見章炳麟以考定中國宗法的相關史實，反駁甄克思所言。再者，其則認為社會學難以推測未來。

其實章炳麟此文的重點應是關於《社會通詮》政治取向的評論。從文章表面上看，章、嚴論爭焦點，是落在雙方對「民族主義」所持之贊成或反對的意見，再進而衍生出排滿革命與否的差異。【三】至此，或許就可説是兩人政治思想不合的結果。但王憲明的研究則更細緻地指出，嚴復所用「民族」一詞，其實是對應原文 "tribe"、"clan"、"patriarch"、"communities" 等詞彙，其基本觀念主要是指處於宗法社會階段的「宗族」、「家族」、「家長」、「群體」均為建立近代國家過程中必須加以掃除者，乃屬於「宗法社會」的過時之物。【四】這一點又與章炳麟的理解有差異，此「民族」並非彼「民族」也。然而基於排滿革命的立場，章炳麟就必須捍衛他所秉持的「民族主義」。兩人在政治思想上的差異，其實自一九〇〇年上海國會的事件已可略見端倪。文章前段原本只是個引子，但章炳麟卻藉此猛力抨擊嚴復國學底子薄弱以及其對桐城派的皮毛認識，甚至連嚴復留學英國的事情，也被提出來加以譏諷。

同樣是針對嚴復學識所作的評論，章炳麟在一九〇九年與梁啟超的一封信，還論及了嚴復在學養上的不足：「嚴、馬諸家，疏於歷史，又未嘗傳修韻學，言多軌戾，宜乎絕智者之聽

【一】章炳麟：〈《社會通詮》商兌〉，《章太炎全集》，集四，頁三二三。

【二】章炳麟：〈《社會通詮》商兌〉，《章太炎全集》，集四，頁三二三。

【三】嚴復先於一九〇四年二十至二十三日，在《大公報》上匿名發表一篇〈讀新譯甄克思《社會通詮》〉，一邊介紹書文內容，一邊抨擊「宗法」、「排外」、「民族主義」等觀念。嚴復：〈讀新譯甄克思《社會通詮》〉，《嚴復集》，冊一，頁七。

【四】王憲明：《語言、翻譯與政治：嚴復譯《社會通詮》研究》（北京：北京大學出版社，二〇〇五年），頁一〇〇—一二一。

矣。」【一】隔年，在〈與人論文書〉中，章炳麟又再次批評了嚴復的文字造詣，也順帶論斥了晚清另一位翻譯名家林紓（一八五二——一九二四）：

下流所仰，乃在嚴復、林紓之徒。復辭雖飭，氣體比於制舉，若將所謂曳行作姿者也。紓視復又彌下，辭無涓選，精采雜汙，而更浸潤唐人小説之風。夫欲物其體勢，視若蔽塵，笑若齲齒，行若曲肩，自以為妍，而只益其醜也。【二】

章炳麟抨擊嚴復的文字越漸嚴厲。一九一一年他於檳榔嶼《光華日報》發表〈誅政黨〉一文，文中雖未直呼其名，但我們從其批評文字可見是指嚴復：

少遊學於歐洲，見其車馬宮室衣裳之好，甚於漢土，遂至鄙夷宗邦，等視戎夏。壯歲而歸，才備重舌之選，上者學文桐城，粗通小學，能譯歐西先哲之書，而節湊未離帖括，其理雖至淺薄，務為華妙之辭以欺人。近且倡言功利，嘩世取寵，徒説者信之，號為博通中外之大儒。【三】

在眾多尖鋭詞語裡，唯獨一九一五年章炳麟口述的《菿漢微言》中，提出了另一種對嚴復的批評，他認為嚴復思想的缺失在於「知總相而不知別相」：

> 嚴復既譯《名學》，道出上海，敷作講演，好以《論》、《孟》諸書，證成其說。沈曾植笑之曰，嚴復所言四書題鏡之流，何以往聽者不知類邪？嚴復又譯《社會通詮》，雖名通詮，實乃遠西一往之論，於此土歷史貫習，固有隔閡，而多引以裁斷事情。是故知別相而不知總相者，沈曾植也；知總相而不知別相者，嚴復也。【四】

章炳麟此處所謂的「總相」應該是指社會的共同點，而「別相」則是指自我的獨特性或地域與文化的差異。對他而言，兩者不能偏廢。顯然，章氏企圖突出「別相」的特殊性，來顯示嚴復以西方歷史所得到之總相無法說明、裁斷本土的一些獨特現象。

於此，我們方可較清楚地看出嚴復與章炳麟兩人辯論的始末。嚴復、章炳麟之所以會展開

【一】章炳麟：〈與梁啟超書〉，《章太炎書信集》，頁四五。

【二】章炳麟：〈與人論文書〉，《章太炎全集》，集四，頁一六八。

【三】章炳麟：〈誅政黨〉，《光華日報》，九月初五（十月二十六日）、初七（二十八日）、初十（三十一日）「論說欄」連載，轉引自《章太炎年譜長編（一八六八—一九一八）》，上冊，頁三五五—三五六。

【四】章炳麟：《菿漢微言》，收入氏著：《章氏叢書》，頁五〇，轉引自汪榮祖：《康章合論》，頁六二。

這樣一場辯論，其實是與當時的政治與學術氣氛、兩人的思想傾向有著密不可分的關係。在思想傾向上，嚴復一貫地採納斯賓塞思想，再做小部分的修正，其進化論、社會有機體的想法，基本上都是通過閱讀斯賓塞學說得來的。只是嚴復自行加以修正斯氏「任天為治」之想法，融會了赫胥黎以及中國傳統的人本意識，試圖藉此積極改變中國。其所顯露的，是一種偏向樂觀主義的進化論。

反觀章炳麟，則呈現出較為曲折、多變的圖景。他先是接受斯賓塞，後轉向吉丁斯，最後吸收了佛學思想、德國觀念論與西方各種社會科學，以及《莊子》齊物論，摶成出一種較悲觀主義的歷史觀。章炳麟的思想變化源於諸多因素，然而他因為研究、翻譯社會學的關係，而與嚴復交往、辯論，無疑地是促成他思想轉向的一個重要原因。

五、嚴復、章炳麟社會理論於民初的影響及傳衍

清末社會學的發展到了一九〇三—〇四年間，逐漸發展出兩種社會演化論。第一種是嚴復的理論，此說主要以斯賓塞的社會學理論為基礎，至少含有以下四個特點：

一、傾向於生物取向的社會學。以生物學作為闡釋社會發展的理論根基，例如以進化、適應、遺傳、競爭等探究人類社會生活的發展過程，不過也不完全忽略心理因素。

二、社會有機體論。延續生物學解釋模式，視社會如同生物般的有機體，亦即一種「有生命的個體」。因此每一個社會將會如生物般緩慢、自然地成長，也會出現從簡單到複雜、散亂到整合、獨立到相互依賴、無差別到分化等的改變。【一】在個人與社會之關係上，則強調兩者之間相互影響。因此，作為社會整體基礎的個人成為關注焦點。必須培養良好的個體素質，由其組成之社會素質才會優良。換言之，唯有人們的「德、智、力」三者兼備，方能造成一個健全的現代社會。

三、採取漸進調適的政治改革，反對激烈的革命。

四、樂觀主義之傾向。相信人類社會將會朝向美好的方向進化，雖途中可能會遇到一些困厄，但終會有光明的前景。

第二種是章炳麟的理論。章氏從斯賓塞社會學說出發，融入其他因素而發展出不同之取向，其特點有四：

一、早期受斯賓塞社會學的洗禮，後轉而對心理取向社會學派產生興趣，最終則採取岸本能武太的觀點，擷取生理、心理兩家之長。他因此批評生物學因素在社會演進裡的重要性，認為心理學所描繪的人類之「同類意識」是社會形成的起點。

【一】Michael W. Taylor, *The Philosophy of Herbert Spencer*, Continuum, 2007, p. 63.

二、採取激烈的種族革命主張。

三、批評斯賓塞偏向樂觀主義的進化論，從而顯露出一種較悲觀主義的思想傾向，並否定「進步」之通則。

四、以社會學理論從事歷史研究。

這兩種社會學理論，其實就是兩個觀察社會、政治變遷的角度。它們被後人所承繼，成為學術或政治論述的理論基礎。章炳麟的社會學思想與以社會學來研究歷史的角度，被以劉師培（一八八四—一九一九）、鄧實（一八七七—一九五一）等人為首的「國粹學派」，與朱希祖（一八七九—一九四四）、陳黻宸（一八五九—一九一七）等人所吸收。該派又接納了嚴復的進化觀點，作為他們追索中國歷史、考證古文字與社會古制的理論根基。例如劉師培就主張「小學與社會學互為發明」。他認為西方的社會學可濃縮至「社會進化」上，並用作考證中國文字起源流變的工具，亦即所謂「西人社會之學可以考中國造字之原」。反過來看，中國文字的源起又可反映西方社會學對遠古社會的描述，「以文字繁簡足窺治化之淺深，而中土文字又以形為綱查其偏旁，而往古民群之狀況，昭然畢呈」。[一]合而觀之，一為傳統中學精要之小學，一為近代西方開創的社會學；在劉師培看來，兩者可互相證明：欲考文字起源，得以社會學為輔助，而「欲求社會學之昌明，必以中土文字為左驗」[二]。

其次，朱希祖的歷史學也與章炳麟社會理論有關。朱為章氏門人，後擔任北大與中央大學歷史系主任。他一直與章保持密切的關係。【三】朱希祖在史學研究上特別倡導史學與社會科學之結合，他在為何炳松（一八九〇—一九四六）翻譯魯賓遜（James Harvey Robinson，一八六三—一九三六）《新史學》（*The New History*）一書的序文中，特別指出「社會心理學」在歷史研究的重要性。這一趨向不但受到歐美史學的影響，也表現出章門的學術傳承。【四】朱希祖承襲章炳麟強調社會學與史學的結合，最明顯表現於他所撰寫的〈章太炎先生之史學〉一文。文中提及章太炎的〈自述學術次第〉，所謂「以社會進化事蹟，說明《易》事，其言最諦」。朱希祖認為對章氏而言，社會學在歷史研究上的重要性等同於歷史哲學，並與《易經》相同，可以人事與歷史來證明其意義，並來「指導人事」。【五】

至於嚴復社會學思想的傳續，得至民國初年，以另一種面貌重回歷史舞台。在嚴譯《群學

【一】劉師培：〈論中土文字有益於世界〉，收入《劉師培全集》，集三，頁二四三。

【二】劉師培：〈論中土文字有益於世界〉，收入《劉師培全集》，集三，頁二四三。

【三】朱元曙：〈朱希祖與他的老師章太炎〉，http://www.mjlsh.net/book.aspx?cid=6&tid=157&pid=3065，檢索時間：二〇一一年十月二十八日。關於「章氏門人」此一中國近代思想文化史上的特殊群體，請參見近年的兩本研究：劉克敵、盧建軍：《章太炎與章門弟子》（鄭州：大象出版社，二〇一〇年）；盧毅：《章門弟子與近代文化》（桂林：廣西師範大學出版社，二〇〇九年）。

【四】朱希祖：〈新史學序〉，魯賓遜原著，何炳松譯：《新史學》（台北：學人月刊雜誌社，一九七一年），頁一。

【五】朱希祖：〈章太炎先生之史學〉，《朱希祖文存》（上海：上海古籍出版社，二〇〇六年），頁三四九—三五〇。

肆言》裡所展示出對文化、政治改革的調適取向，間接對一九一〇年代「調合論」在五四新文化運動前的發展產生影響。這些學人如章士釗（一八八一—一九七三）、李劍農（一八八〇—一九六三）、李大釗（一八八九—一九二七）、杜亞泉（一八七三—一九三三）等，都曾援引嚴譯《群學肆言》中之觀念，來建立一種能融合各式不同政治、文化觀點的「調合」理論。

其中廣為五四前後學者所徵引的一段話，就是嚴譯《群學肆言》中與compromise（嚴譯「得半」，現多譯為「折衷」）有關的一段文字，嚴譯與原文如下：

> 蓋銳嬗之事群，無往而非得半者也。其法制則良窳雜陳。其事功則仁暴相半，其宗教則真妄並行，此雜而不純者，吾英之所有，正如是也。其衝突齟齬，自亂其例，上自國政，下洎學術，所樊然日多者，即以演進方將，損益之以與時偕行之故。【二】

斯賓塞的原文是：

For it cannot be too emphatically asserted that this policy of compromise, alike in institutions, in actions, and in beliefs, which especially characterizes English life, is a policy essential to a society going through the transitions caused by continued growth and development. The illogicalities and the absurdities to be found so abundantly in current opinions and existing arrangements, are those which inevitably arise in the course of perpetual re-adjustments to circumstances perpetually changing.【二】

最早引述這段文字的是章士釗。一九一四年，章士釗在《甲寅》雜誌發表一篇〈調和立國論〉。文中他徵引了上舉嚴復譯文，並解釋道：透過斯賓塞的文字，我們就可理解「調和」的簡義。此外，章士釗還在注腳處標明了這段文字是取自嚴譯《群學肄言》，以及原著《社會學研究》。【三】章氏此舉，實是為了提倡調和論，並反對袁世凱的「大權總攬主義」。他試圖去調解袁世凱「大權總攬主義」與中華革命黨之間的衝突。對章氏而言，「調和」就是雙方「相抵相讓」。

另一位主調和論者是李劍農。【四】他在闡釋此論點上作了更多努力。李劍農的學識背景來自日本，他曾在民初擔任《太平洋》雜誌的編輯，在該雜誌上發表許多對政治事件與憲政問題的

【一】嚴復譯：《群學肄言》，頁三五八。
【二】Herbert Spencer, *The Study of Sociology*, p.396.
【三】章士釗：〈調合立國論上〉，收入《章士釗全集》（上海：文匯出版社，二〇〇〇年），冊三，頁二七六。
【四】李劍農最重要的著作是一九四八年出版的《中國近百年政治史》。此書於一九五六年由鄧嗣禹和 Jeremy Ingalls 兩人合譯為英文出版。

評論。一九一七年三月號的《太平洋》上，李劍農撰寫了一篇名為〈調和之本義〉的文章。他也引用與章士釗同段落的嚴復譯文，但他更加強調「調和能使新舊蛻嬗群體進化」之觀點。而「蛻嬗」是嚴復用以對譯斯賓塞《社會學研究》中「持續成長與發展所產生的變遷」之意的詞彙。李劍農進一步解釋道，章士釗所援引的斯氏觀點，其實另有一位英國學者約翰·摩利（John Morley，一八三八—一九二三）亦運用於其書《論妥協》（*On Compromise*）之上。摩利是英國自由主義的政治家、作家與報社編輯。李劍農將摩利的文字譯介如下：

> 吾輩執持斯義，不可越乎其應行之程。蓋人生天性弊機所伏，多在避難而就易，習固而安常。作者（指斯賓塞）之意，亦僅在陳述調和為人事演進之象，歧力相濟之結果如斯耳。並未嘗界劃斯境若吾人實踐之義務。【二】

我們可以很清楚看到，斯賓塞與摩利書中的compromise，均被他以「調和」一詞來翻譯。換言之，李劍農放棄嚴復的譯詞「得半」。他與章士釗一樣，也是自政治層面來探討「調和」。對他來說，「調和」不但適用於新舊政黨之間，也適用於新黨內部的激進與保守兩派。

類似李劍農、章士釗對「調和」的看法，也可在李大釗身上發現。與李劍農私交甚篤的他，於一九一七年八月十五日寫了一篇〈辟偽調和〉，刊登在《太平洋》雜誌之上。李大釗不單引用嚴譯斯賓塞之《群學肄言》，甚至還有摩利、彌爾（John Stuart Mill，一八〇六—一八七三），以及丹麥學者亞瑟．克里斯坦森（Arthur Christensen，一八七五—一九四五）的見解，用來支持章士釗和李劍農的論述。【二】

我們或許可以這麼說，在一九一七年以前關於「調和」的討論，均是環繞著嚴復的翻譯，即「得半」的概念與政治保守主義在進行。然直至一九一八年，章士釗受到克魯泡特金（Peter Kropotkin，一八四二—一九二一）、倭伊鏗（Rudolf Christoph Eucken，一八四六—一九二六）和柏格森（Henri Bergson，一八五九—一九四一）等人的影響，當他再次談及「調和」時，其詞義卻已相異於前。這一次，章士釗是用來反駁達爾文主義者的「競爭」概念，以及胡適（一八九一—一九六二）、陳獨秀（一八七九—一九四二）倡行的「五四新思想」。【三】此後，杜亞泉亦跟隨章之論調，並發表許多與「新舊調和論」相關的文章於《東方雜誌》上。於是，嚴復所鼓吹之政治調和的概念，至此遂轉為文化保守主義所用。

民初新思潮發展至此，形成了兩派論述互相對壘的情形：一邊是胡適與陳獨秀，他們代表

【一】李劍農：〈調和之本義〉，《太平洋》，卷一期一（一九一七年），頁二。

【二】李大釗：〈辟偽調和〉，《太平洋》，卷一期六（一九一七年），頁一—一五。

【三】參見鄒小站：《章士釗社會政治思想研究（一九〇三—一九二七）》（長沙：湖南教育出版社，二〇〇一年），頁一八八—一九九。

「五四新思想」的陣營，秉著一種「批判態度」來接受西方文明，揚棄中國傳統；另一方便屬章士釗、杜亞泉，他們本著調和新舊衝突的態度，認為中國傳統在形塑新文化時扮演了很重要的角色。事實上，晚近學者如許紀霖、高力克已經意識到，五四時期存有另一種啟蒙傳統。【一】而此一傳統，即承繼自嚴復以斯賓塞社會學結合自身調適取向的思想特點，是為一種強調漸進、調合新舊的傾向。

六、社會學、社會理論與現代中國：自由主義與馬克思主義的交鋒

自章炳麟譯介《社會學》、嚴復翻譯《群學肄言》以來，知識分子與人民對社會學這門新式學科的認識，就一直仰賴學人翻譯、撰寫書誌。直至一九一三年教育部公佈的大學章程，把社會學列入文科哲學門、文學門之言語學類和法科政治學門的正式科目。【二】至是，社會學方轉入學科專業化的階段，成為大專院校內的一門知識學科。一九二〇年代後，中國社會學的歷史，大致呈現由美國留學生帶回的思想資源，與學院派人士針對中國社會展開一系列社會調查所生之研究，這種「美國化傾向」與「中國化傾向」雙軌進展的情形。【三】

然而，此般「中國化傾向」，卻也致使民國以後的社會學因介入現實世界的社會問題而產

生另一方面的影響。【四】如前所述，在清末中國知識界，社會學不但被認為是一種以「科學方法」對社會所作的描述、分析，亦為「改變世界」的重要方法。基於此種特性，自嚴復、章炳麟以來，他們所譯介的社會學思想，便透露出對於如何透過學術研究來尋求社會秩序之重建的關懷，進而還衍生出許多論爭。這些爭端均可歸結於一些基本的問題：「社會」是什麼？社會與個人有何關係？社會與國家有何關係？我們如何能認識中國「社會」的內涵？又如何將中國構建為一個現代「社會」？

隨時勢、環境之變化，知識分子開始注意到幾個概念範疇如「封建」、「殖民地」、「帝

【一】高力克與許紀霖兩人針對杜亞泉的研究，提出了這種「多元的五四啟蒙」觀念。高力克：《調適的智慧：杜亞泉思想研究》（杭州：浙江人民出版社，一九九八年）；許紀霖：〈杜亞泉與多元的五四啟蒙〉，收入許紀霖、田建業編：《杜亞泉文存》（上海：上海教育出版社，二〇〇三年），頁四九六—四九七。

【二】姚純安：《社會學在近代中國的進程（一八九五—一九一九）》，頁二七六。

【三】陳新華：《留美生與中國社會學》（天津：南開大學出版社，二〇〇九年）。

【四】關於民國時期社會調查的研究，可參見：Yung-Chen Chiang（江勇振），*Social Engineering and the Social Science in China, 1919-1949*, Cambridge University Press, 2001; Tong Lam, *A Passion for Facts: Social Survey and the Construction of the Chinese Nation-State, 1900-1949*, University of California Press, 2011. 江勇振對於 Tong Lam 一書有頗多批評，請參見書評：江勇振：〈書評：*A Passion for Facts: Social Survey and the Construction of the Chinese Nation-State*, 1900-1949〉，《中央研究院近代史研究所集刊》，期七九（二〇一三年三月），頁一七三—一九九。

國主義」等，它們被用以描述、形容、比附，甚至從價值層面上來定義和規範當時的中國概況。【一】由此，當「封建」、「殖民地」、「帝國主義」與「社會」結合時，就衍生出這些具體議題：「中國是否因帝國主義的壓迫，成為半殖民地與半封建社會？」「封建制度或封建勢力還存在不存在？」等。人們透過反覆疑問及論辯、解答，試圖認識近代的中國。而這些議題之所以重要，主要因為當時很多人都認為，在這些問題得到確定答案後，才能決定「我們走那條路」，或擬定何者為「革命的目標」與「革命的對象」。【二】這就是一九二〇、三〇年代「中國社會史論戰」、「中國農村社會性質論戰」、「唯物辯證法論戰」等，環繞著社會性質和理論基礎之爭論出現的重要原因。

根據德里克（Arif Dirlik，一九四〇—二〇一七）的看法，二〇、三〇年代的論戰，促成思想界的一種「社會學」轉向，使馬克思主義、階級分析及唯物史觀等得到廣泛傳播，而一九四九年共產革命的成功，即部分地得力於此轉向。【三】的確，當時參與論戰的成員幾乎都屬於傾向馬克思主義的知識分子，而自由主義者則並不熱衷於此，不討論中國究竟屬於何種社會的問題。自由主義對「社會」議題之冷漠有其思想因素。例如胡適極力主張多談些具體的問題，少談些空洞、抽象的主義，尤戒「胡亂作概括論斷」。【四】如梁漱溟（一八九三—一九八八）所說，胡適「全提不出自己對中國社會的觀察論斷來」，【五】更無法像馬克思主義者那樣提出一個如毛澤東（一八九三—一九七六）之農村革命，或如陳獨秀之城市暴動的「革命綱領」。【六】

這是因為胡適所信仰的科學方法只企圖解決具體問題，而不願意提出對中國社會的概括論斷。「概括論斷」對胡適來說乃是討論「抽象的主義」，或說一些「空空蕩蕩，沒有具體內容的全稱名詞」。【七】

胡適不輕下論斷的學術傾向，一方面有清代考據學的根基，然另一方面亦源於赫胥黎的懷疑精神與杜威（John Dewey，一八五九—一九五二）的實驗主義，這兩人都受到達爾文與斯

【一】關於「封建」和「殖民地」/「殖民」這幾個詞彙、概念的研究，可參見馮天瑜：《「封建」考論（第二版）》（武漢：武漢大學出版社，二〇〇七年）；潘光哲：〈從「新名詞」到「關鍵詞」：以「殖民地」為例的思考〉，發表於中央研究院人文社會科學中心主辦：「東亞近代知識轉型中的關鍵概念詞國際學術研討會」（台北，二〇一三年三月十八日）。

【二】胡適：《胡適全集》（合肥：安徽教育出版社，二〇〇三年），卷四，頁四五五—四七〇。

【三】Arif Dirlik, *Revolution and History: Origins of Marxist Historiography in China, 1919-1937*, University of California Press, 1990, pp. 36-42.

【四】這是一九三六年胡適對羅爾綱（一九〇一—一九九七）所撰〈清代士大夫好利風氣的由來〉一文的批評。羅爾綱：《師門五年記》（台北：中央研究院胡適紀念館，一九五八年），頁四三。亦見余英時：《中國近代思想史上的胡適》，頁六七。有關胡適與李大釗「問題與主義」之爭，有不少的研究，較新的成果有王遠義：〈惑在哪裡——新解胡適與李大釗「問題與主義」的論辯及其歷史意義〉，《台大歷史學報》，期五〇（二〇一二年），頁一五五—二五〇。

【五】《胡適全集》，卷四，頁四八〇。

【六】余英時：《中國近代思想史上的胡適》，頁六八。

【七】《胡適全集》，卷一，頁三四六。

賓塞演化理論的影響，肯定演化式歷史觀與有機體的社會觀。同時，赫胥黎「拿證據來」的想法也影響到杜威實驗主義、胡適的懷疑精神和主張點滴改革的漸進主義。胡適在〈介紹我自己的思想〉中說：

> 實驗主義是生物進化論出世以後的科學方法……達爾文的生物演化學說給了我們一個大教訓：就是教我們明瞭生物進化，無論是自然的演變，或是人為的選擇，都由於一點一滴的變異，所以是一種很複雜的現象，決沒有一個簡單的目的地可以一步跳到，更不會有一步跳到之後可以一成不變。【一】

他在〈演化論與存疑主義〉中又說：

> 赫胥黎是達爾文的作戰先鋒（因為達爾文身體多病，不喜歡紛爭），從戰場上的經驗裡認清了科學的唯一武器是證據，所以大聲疾呼的把這個無敵的武器提出來，叫人們認為思想解放和思想革命的唯一工具。自從這個「拿證據來」的喊聲傳出以後，世界的哲學思想就不能不起一個根本的革命——哲學方法上的大革命。於是十九世紀前半的哲學的實證主義（Positivism），就一變而成為十九世紀末年的實驗主義（Pragmatism）了。【二】

再者，胡適接受赫胥黎與杜威思想的原因，不僅起於從斯賓塞實證主義衍生出實驗主義的哲學，同時另有一很可能之因素是，赫胥黎和杜威都對斯賓塞思想中「任天為治」的決定論有所不滿，而是強調自由、倫理價值與人對環境的控制。胡適曾指出，西方「任天為治」的放任主義有嚴重的弊病。【三】而此觀點的形成，與胡適早年閱讀嚴復翻譯《天演論》亦有密切關係。【四】總的來說，在胡適這位自由主義者身上，其思想論理基礎的實驗主義，以及他對演化過程中「人治」約束「天行」的想法，均明顯表露出與赫胥黎、嚴復思想的親近性。

此種社會演化的觀點，與馬克思主義、唯物史觀導向的演化觀，有根本之歧異。在二〇、三〇年代各項關於「社會」的論戰中，即顯現出自由主義與馬克思主義在幾個議題上的衝突，可概括為針對「社會問題」與「社會演化」兩方面。而從嚴復到胡適所代表的中國式自由主義思想脈絡，即凸顯了以斯賓塞社會學為基礎，輔以赫胥黎思想來修正的社會演化理論，以及一

【一】《胡適全集》卷四，頁六五八。
【二】《胡適全集》卷八，頁四二。
【三】一九一四年九月十三日的日記，胡適說：「蓋西方今日已漸見十八世紀學者所持任天而治（放任主義）之弊，今方力求補救，奈何吾人猶拾人唾餘，而不深思明辨之也？」見胡適：《胡適日記全集》（台北：聯經出版事業公司，二〇〇五年），冊一，頁四九二—四九三。
【四】胡適：《四十自述》（長沙：岳麓書社，一九九八年），頁四〇。

種「實證」、「科學」的社會研究法，兩相結合，與馬克思主義思想強調概括、整體式解決社會問題的「主義」論者，於此階段展開思想、言論上的交鋒論辯。一九四〇年代是「社會達爾文主義」衰弱、馬克思主義興起的時代，這時解釋中國的挫敗也從「物競天擇，適者生存」轉移到帝國主義的欺淩。

七、結論

本文以清末嚴復、章炳麟的兩本社會學的翻譯文本為中心，環繞著文本思想內容，描繪翻譯者在翻譯工作上的取捨與詮釋，並從社會學的思想論辯，勾勒出論爭中的政治意涵，析論其自清季衍生至民國的發展軌跡，及至中國自由主義和馬克思主義的交鋒。由此可知，晚清民初所譯介的社會學，實為知識分子展示政治思想、學術理論與傳統思想淵源的重要場域。此一社會學傳統，是在馬克思主義盛行前，中國思想界最盛行的社會理論。其中的演化觀念，一方面促成人們對馬克思主義的接受，另一方面，它所支持的資產階級民主制度，亦會受到馬克思主義的批判。一九四九年革命成功後，社會學學科被取消了將近三十年，其中一個重要原因即是其理論背後的政治立場與馬克思主義「歷史唯物論」格格不入。

回顧中國社會學發展的歷史，可見這門新興學科源於清末士人以書刊為平台開始的譯介和討論。直至二十世紀下半葉後，中國的社會學方始有較為專業化、制度化的發展。此前，時人所稱的「社會學」，均處在傳統中學轉型與現代知識建構的過渡期。藉著翻譯這條管道，在將社會學思想輸入至中文語境時，便易與譯者自身的主觀選擇、傳統思想、意識形態因素糾結在一起。換言之，社會學學科的建立，是和翻譯者的主觀因素、中學西學間之相互論辯而逐漸摶成。

以本文所討論的嚴復、章炳麟為例，嚴復構思的「社會學/群學」概念，結合了赫胥黎、斯賓塞的演化理論、生物有機體論，與《易經》、《大學》及《荀子》等古代經典，背後的政治立場則是政治漸進主義。章炳麟則是自一九〇〇年起，便站在與嚴復相對抗的立場，採納反對斯賓塞社會學思想的岸本能武太之觀點，加上自身的佛學背景，並受到德國觀念論的影響，強調心理與生物並重的解釋取向，反對線性演化的歷史觀，此一社會觀與其支持反滿革命的想法相配合。

至一九〇三、〇四年間，中國學界漸發展出嚴、章所代表的兩種社會學模式。此二社會理論於民初之時繼續發揮其影響力並轉出新的變化。前者由李劍農、章士釗、李大釗、杜亞泉等人承接，建立以漸進演化論為基礎的「政治調合論」、「新舊調和論」；後者則由劉師培為首的「國粹學派」與章氏弟子朱希祖等人來繼承。劉師培融合了嚴復與章炳麟的想法，致力於自社會演化觀點來重探古代，並書寫中國歷史；朱希祖則強調史學與社會科學之結合，而尤重社會心理的面向。

現代中國社會學所蘊含的政治意識，直到一九二〇、三〇年代間，從各個關於社會性質問題的論爭中逐漸顯露。是時，社會學思想、社會理論遂成為自由主義者、馬克思主義者兩陣營的思想資源，為其所用。最後，社會學一方面促成了人們對馬克思主義的認識，並導致共產革命的出現，另一方面卻也間接地使自身面臨被政治力消除的困境。一九八〇年代之後，中國大陸再度建立社會學門，並延續至今。未來中國社會學如何在解釋社會與改造社會的兩股力量之中建立自身的學術傳統，仍須面臨許多挑戰。

本文原為：〈晚清社會學的翻譯及其影響：以嚴復與章炳麟的譯作為例〉（與韓承樺合撰），收入沙培德、張哲嘉編：《第四屆漢學會議論文集：近代中國新知識的建構》（台北：中央研究院，二〇一三年），頁一一一—一七七。

嚴復的終極追尋

——自由主義與文化交融

一、前言

在清末民初之時，嚴復是一位將西方自由主義傳入中國的先驅人物，可謂現代中國自由主義之父。他一方面譯介、宣傳自由主義，另一方面則誤會、批判西方的自由理念，因而形成了一個有異於西方模型的中國式的自由主義。【一】對嚴復自由思想的分析，不僅有助於瞭解中西文化交融的複雜性，也可以讓我們思索自由主義在中國與西方的現在處境和未來展望。

嚴復的自由思想是基於柏林（Isaiah Berlin，一九〇九—一九九七）所謂的積極自由（positive freedom）的民主社會。【二】在此社會之中，個人經由精英所領導的教育，具有民德、民智、民力、利他主義和愛國心，亦即擁有「國民資格」，成為現代公民之後，可以自由地追尋己身權益。這樣的個人權益，嚴復稱之為「開明自營」（enlightened self-interest）。與現代中國許多知識分子一樣，嚴復的政治理論嘗試結合兩個理想：一是建立一個像西方國家所展現的自由與富強的國度；二是堅持植根於傳統價值的道德理想，亦即他所說的「吾聖人之精意微言」。【三】這一個結合可以稱為是「自由」的，因為他的理念融合了主要源於中國儒、道傳統的內在價值，與主要源於西方的民主制度。同時他也反對激烈變遷與暴力革命，其思想因而包括了以調適、漸進的取向，來實現上述的目標。

在本文中，筆者企圖指出此一「具有中國特色」的自由主義是基於嚴復一生的終極追尋：

一方面建立一個結合中西之長的文化交融典範；另一方面則以具體實踐，尤其是教育方面的構想與措施，來溝通中西文化，並為中國描繪一個理想的藍圖。

本文亦擬反省一些學者所謂嚴復「到了晚年，他的思想愈來愈保守，因此不願再談西學問題，更不願談甚麼中西融貫的問題」【四】。我也懷疑嚴復將儒家倫理與西方科技及制度視為互不相干，他是所謂中西二分的「二元論儒學」或「二元論式的自由主義」的典型例子。【五】我的想法是：嚴復思想雖然表現出從早年較提倡變革到晚年更維護傳統的軌跡，但終其一生有一些一貫

【一】黃克武：《自由的所以然：嚴復對約翰彌爾自由思想的認識與批判》（台北：允晨文化實業股份有限公司，一九九八年）。本書亦有簡體字版（上海：上海書店出版社，二〇〇〇年；杭州：浙江古籍出版社，二〇二一年）。

【二】如果我們借用柏林「積極自由」（指追尋更佳之自我的自由）與「消極自由」（指以權利保障，而免於受制於他人的自由）的分法，嚴復顯然較強調積極自由的一面，他雖然沒有完全忽略消極自由，然而值得注意的是柏林所謂的消極自由尤其重視尊重個人品味（taste）、個人隱私（privacy）、自我利益（self-interest）與肯定結社的合法性等，這些西方自由主義、個人主義中較獨特的面向，則不為嚴復所強調。黃克武：《自由的所以然：嚴復對約翰彌爾自由思想的認識與批判》，頁一九三。柏林的想法見 Isaiah Berlin, "Two Concepts of Liberty," *Four Essays on Liberty*, Oxford University Press, 1969, pp. 118-172.

【三】嚴復：〈救亡決論〉（一八九五年），收入《嚴復集》，冊一，頁四九。

【四】余英時：《中國近代思想史上的胡適》（台北：聯經出版事業公司，一九八四年），頁一四——一五。

【五】金觀濤、劉青峰：《中國現代思想的起源：超穩定結構與中國政治文化的演變》（香港：中文大學出版社，二〇〇〇年），頁二三二——二三四。

性的想法，其想法不但超越了張之洞的「中體西用」說，也比後來新文化運動時期胡適、陳獨秀等人對中國文化的批判（即反傳統思想）更具深刻的意義。

二、嚴復論中西文化

自近代西學東漸以來，中國知識分子最感困惑，而亟待解決的中心問題是「中學和西學的異同及其互相關係」【一】。嚴復畢生努力的目標就是思索並嘗試解決這個問題。他瞭解在結合中西之前，要明瞭中西文明之歧異，方可站穩腳根、吸融新說、建立立場。同時，對此議題的正確理解將可作為國民教育之基礎。這樣一來，配合他思想中的精英主義，以及當時盛行的「藉思想文化以解決問題的途徑」（林毓生語）之想法【二】，嚴復認為中國問題的解決必須針對中西文化如何交融之議題，並駁斥錯誤思想、建立正確典範。

當然，嚴復的努力亦有可議之處。常時「文化」（culture）的概念還沒有在中國思想界普遍流行，更不用說後來所發展出社會科學，尤其是文化人類學對文化的看法。嚴復並不嚴格區別描寫性的討論與規範性的討論。【三】同時他也不瞭解他所讚賞的西方自由民主傳統，在認識論與人性觀上具有「悲觀主義認識論」（epistemological pessimism）與「幽暗意識」等重要預設。【四】然而針對今日仍然存在的中西溝通或所謂文化的分流與合流的嚴肅議題，他無疑是一個敏銳的思想先驅。

（二）中西文明的分流與合流

嚴復瞭解因為中西之間歷史、政治、學術的差異，西方產生了中國所沒有的「自由」理念，他指出中國傳統從來沒有所謂「政界自由之義」，「未聞有持民得自由，即為治道之盛者」。【五】由於此一區別，中西文明之間幾乎存在著系統性的歧異，用他的話來說，中西各有其體用。然而，嚴復也看到兩者的合流：例如儒家「絜矩之道」與自由觀念相通、楊朱哲學與西方個人主義是一致的、中西學界均瞭解到公私可以兩立、斯賓塞的社會學與《大學》格致誠

【一】余英時：《中國近代思想史上的胡適》，頁一〇。

【二】Lin Yu-sheng, *The Crisis of Chinese Consciousness: Radical Anti-traditionalism in the May Fourth Era*, University of Wisconsin Press, 1979.

【三】西方實證主義傳統特別強調「實然」與「應然」的區別，並認為實然方面的問題有可能得到客觀的知識，而應然性的問題只有主觀的意見。將應然與實然作嚴格區別與西方思想中重視可行性、懷疑烏托邦理念是分不開的。墨子刻：〈二十一世紀中國的路向——必然的趨勢與自由的範圍〉，《當代》，一一九期（一九九七年七月），頁一〇八—一一九。

【四】黃克武：《自由的所以然：嚴復對約翰彌爾自由思想的認識與批判》。張灝：《幽暗意識與民主傳統》（台北：聯經出版事業公司，一九九〇年）。

【五】《嚴復集》，冊五，頁一二七九。

正修齊治平之道可相互發明，以及「中國以學為明善復初，而西人以學為修身事帝，意本同也」。【一】

在上述對比與合流的交織之下，嚴復對中西的結合感到樂觀。早在一八九五年他就說：在瞭解西學之後，再反觀吾聖人之言，「而後有以窺其精微，而服其為不可易也」。【二】一九〇二年他與吳汝綸（一八四〇——一九〇三）討論此一議題時亦表示：「新學愈進則舊學愈益昌明，蓋他山之石可以攻玉也」【三】。同時，他也在討論教育時說「必將闊視遠想，統新故而視其通，苞中外而計其全，而後得之」。【四】以上「统新故、苞中外」的想法在他的晚年變得更為重要，一九一七年他在一封信中表示：對於中西文化，人們應觀其「會通」，以新式機器開發四書五經之礦藏。【五】

會通中西的想法在現代中國思想史上，特別是新儒家思想之中，變得非常重要。這樣一來，嚴復闡釋了一個至今日仍具重要性的文化融合的典範。根據此一典範，創造性地結合部分中國與部分西方理念，再摶成一個新的文化，這是可能成功的。這不僅是因為有一些有價值的中西觀念早已會通，還因為中國能夠藉採取它所缺乏的一些西方觀念而得益。此一規範性的典範與當時流行的一些理論有明顯的不同。

（二）嚴復反對中體西用、全盤西化與西學源於中國說

嚴復反對張之洞所提出的中體西用論，或「主中學而以西學輔所不足」、「仿其末節」等觀

點。【六】嚴復也反對「政本藝末」的說法，認為西方的技藝與西方的政治有十分密切的關係，互相輔助，並非一本一末，是以對於西方文化「其人既不通科學，足其政論必多不根」。【七】

由此可見嚴復雖然也有體用、本末等與宋明理學密切相關的語彙，但他根本上卻反對將體用、主輔、本末等概念應用到對東西方文化的理解，以及文化交流時所應採行的策略。嚴復強調文化的整體性與有機性，他以生物體來作比喻，指出：「一國之政教學術，其如具官之物體歟？有其元首脊腹，而後有其六腑四肢；有其質幹根荄，而後有其支葉華實。」【八】換言之，無論中西，其精神、制度與物質方面的狀況都相互配合，不可任意割裂。

上述的觀點影響到嚴復對於文化間相互採借的態度。他反對不顧東西文化的內在差異而作的無根的移植。他用一個非常生動的比喻：「去驥之四蹄，以附牛之項領，從而責千里焉，

【一】嚴復：〈救亡決論〉（一八九五年），收入《嚴復集》，冊一，頁四九。
【二】嚴復：〈救亡決論〉（一八九五年），收入《嚴復集》，冊一，頁四九。
【三】《嚴復集》，冊五，頁一五四九。
【四】《嚴復集》，冊三，頁五六〇。
【五】《嚴復集》，冊三，頁六六七—六六八。
【六】甄克思（Edward Jenks）、嚴復譯：《社會通詮》（上海：商務印書館，一九三一年），頁一二六。
【七】嚴復：〈與《外交報》主人書〉（一九〇二年），《嚴復集》，冊三，頁五六五。
【八】嚴復：〈與《外交報》主人書〉（一九〇二年），《嚴復集》，冊三，頁五五九—五六〇。

固不可得，而田隴之功，又以廢也」【一】，因此一個不適當的文化採借，不僅對本身無益，甚至有害。

這樣一來，嚴復關於文化修改問題的看法不容易偏到像五四時期的學者那樣的全盤西化論。他不但在晚年反傳統浪潮之中提倡尊孔、讀經，即使在早年積極提倡西方文化之時，他也不曾主張要完全放棄中國文化，認為中國政教仍有其是處，【二】他所反對的僅是中國文化中負面的部分。

嚴復的思想似乎處於「中體西用」與「全盤西化」之間，然而他所構想的文化修改的方式和清末「西學源於中國說」，或所謂「引中國古事以證西政，謂彼之所長，皆我所有」，也不相同。嚴復一直批評西學源於中國說。早在一八七〇年代嚴復還在英國時，在與郭嵩燾的討論之中，他就批評張自牧（一八三三—一八八六）的《瀛海論》。此書正是最早倡導西學源於中國的一本著作。【三】他也反對一些人認為西方議院、憲法等中國古已有之的看法。【四】

（三）整體主義與有機主義

嚴復的想法與他所反駁的理論都預設了在面對西方文化之時，不應僅限於零碎地引介一些想法，而應建立一個理論。嚴復與當時的知識分子有無建立這樣的理論？如果有的話，其內涵為何？

上文曾指出嚴復強調文化的整體性與有機性，此一想法與全盤西化論者所持的有機論的觀點類似，卻又不同。林毓生曾指出全盤西化的反傳統主義是奠基於以下的一個理論或預設：他們認一個社會或文化是一個有機體，它的形式或本質受到一些基本觀念的影響，而且這些基本觀念的角色有如生物體之基因，在此情況之下，整體與部分緊密地聯繫在一起，換言之，部分的本質與形式是取決於整體。【五】

林毓生在此處所指出的想法是將文化視為一個整體，因此只能全盤接受或全盤拒絕。例如，我們無法選取儒家思想的一部分，而捨棄其他的部分。但是這種整體主義只是當時針對以下兩個議題所提出的諸多理論之一種，這兩個議題是：企圖改變之社會的本質為何；改變此一社會的方法又為何。

【一】嚴復：〈與《外交報》主人書〉（一九〇二年），《嚴復集》，冊三，頁五六〇。

【二】嚴復：〈救亡決論〉（一八九五年），《嚴復集》，冊一，頁四九。

【三】小野川秀美：《清末政治思想研究》（東京：みすず書房，一九六九年），頁四五—四八。郭嵩燾：《郭嵩燾日記》，卷三（長沙：湖南人民出版社，一九八二年），頁四四四—四四五。

【四】見梁啟超：〈與嚴幼陵先生書〉（一八九七年），《飲冰室文集》，第一冊（台北：台灣中華書局，一九七八年），頁一〇八。嚴復不同意梁任公說中國古有議院。在憲法方面嚴復說：「吾近於街頭，曾見《憲法古義》一書，意謂凡西人之憲法，皆吾古先所已有者。大抵吾人本其愛國之意，每見外人好處，總不肯說此為吾國所無，而十三經、二十七史皆其傅會材料，名為尊我，實則大惑。」嚴復：〈政治講義〉（一九〇六年），《嚴復集》，冊五，頁一三一二。

【五】Lin Yu-sheng, *The Crisis of Chinese Consciousness: Radical Anti-traditionalism in the May Fourth Era*, p. 29.

首先，當時存有林毓生所謂反傳統主義者的「有機整體」的想法。雖然我們不能忽略，反傳統主義者不但預設了文化有如一有機整體，而且悖論式地，他們認為這一個文化系統中的成員，有批判此一整體的能力，能脫離或創造一個有機的文化整體。換言之，這種一元式的文化觀念，與其成員具有批判意識和理性力量的預設結合在一起。

這二種看法將社會視為各個部分拼湊而成的東西，而非一個有機體，因此只能以零碎的方式來作調整。此一觀念很類似波普爾（Karl Raimund Popper，一九〇二—一九九四）在《開放社會及其敵人》之中所謂的「細部工程學」（piecemeal engineering）。【二】胡適所謂多談些問題，少談些主義的想法與此一觀念有關係。

第三種觀點是像鄭觀應（一八四二—一九二二）、張之洞那樣，將要改變的對象分為體與用，或道與器。他們認為前者應繼續受到維護，而後者則是能夠被調整、改變的。

第四種觀點認為不同文化之間有取捨的可能，因此文化修改不是零碎的調整，也不是體用概念所規範、允諾的，而是基於主體的批判意識，追求如何才能形成一個結合本土與外來觀念之有機整體。

嚴復對文化修改的看法顯然接近第四種，但他還會堅持社會是一個有機體。同時，在斯賓塞的影響之下，他不斷地強調有機體的整體表現要依賴組成此一有機體成員的品質，這樣的成員當然包括像嚴復那樣具有批判意識與思考能力的「自由」人。嚴復說：

一群之成，其體用功能，無異生物之一體，小大雖異，官治相準。知吾身之所生，則知群之所以立矣；知壽命之所以彌永，則知國脈之所以靈長矣。一身之內，形神相資；一群之中，力德相備。身貴自由，國貴自主。【二】

這樣一來，斯賓塞的有機體理論讓嚴復可以將中國想像為一個國群，但是並不妨礙文化採借的可能性。【三】換言之，嚴復認為人們可以針對文化遺產作一取捨，以形成一個新的有機體，在這方面，他堅持中西文化的交融。此一觀點與林毓生所討論的一元論的反傳統思想是有所不同的。這兩個觀點均視國家社會有如一有機體，但是嚴復並沒有將此整體變成一個只能完全接受，或完全拋棄的對象。當然，我們不應忽略，嚴復所構想的有機體與他對社會中自由與利他可以並重、公私利益可以不相衝突的道德視野，是相互配合的。

（四）結合中西之長的典範

對嚴復來說，創造性地摶成一新的有機整體，需要基於現有合流之趨向，並採取西方的長

【一】Karl R. Popper, *The Open Society and Its Enemies*, Routledge, 1993.

【二】《嚴復集》，冊一，頁一七。

【三】在此要強調的是嚴復所想像的國群是傾向於以「國民的國家主義」，而非「種族的國家主義」為基礎。見黃克武：《自由的所以然：嚴復對約翰彌爾自由思想的認識與批判》，頁五四。

處。此一想法與當時流行的一種結合先秦與西方之典範有類似之處。這種說法以為中國傳統之中先秦的政治與文化遺產是具有正面價值的，然而後來因為秦朝的專制與焚書造成斷裂。例如梁啟超戊戌前在湖南時（約一八九七年），就提出應結合先秦與西方而創造一個新的文明，他說：「我們當時認為，中國自漢以後的學問全要不得的，外來的學問都是好的。」【一】嚴復對此看法有所懷疑，他似乎比較傾向一元式、演化式的歷史觀，雖然肯定鑑往知來的價值，認為從固有文化中可以「披沙見金」，但是並不認為歷史上有一個黃金時代可以為後代取法，他說：

> 中國秦火一事，乃千古諉過（過）淵叢。凡事不分明，或今世學問為古所無，尊古者必以秦火為解……武斷支離，牽合虛造，誣古人而厚自欺，大為學問之蔀障……夫五千年世界，周秦人所閱歷者二千餘年，而我與若皆倍之。以我輩閱歷之深，乃事事稽諸古人之淺，非所謂適得其反者耶！【二】

嚴復所主張的是針對時勢、漸進調適，以教育改革的方式，逐漸將西方文化的長處融入中國文化之中，在此過程中沒有一個固定的公式可供依循：

> 宗法之入軍國社會，當循途漸進，任天演之自然，不宜以人力強為遷變……士生蛻化

時代，一切事殆莫不然，依乎天理，執西用中，無一定死法，止於至善而已！【三】

雖然如此，嚴復在中國文化之中所特別欣賞的還是《四書》、《老子》、《莊子》等先秦作品，他又堅持使用「與晚周諸子相上下」的文字，這樣一來，嚴復的觀點與梁啟超所揭櫫的典範之間還有某種程度的親近性；其精神也與任公所謂「淬厲其所本有而新之」、「採補其所本無而新之」，「二者缺一，時乃無功」的想法一致。【四】

總之，嚴復（和梁啟超）的文化修改方式與張之洞的「中體西用」和五四「全盤西化論」的反傳統思想均不相同。他們不但強調先秦學說的意義，而且主張中國有關內在世界（倫理與形上智慧）的知識，與西方有關外在世界（主要是科學與民主）的知識結合為一，同時外在世界還要維繫中國五倫的秩序，而內在世界也要肯定西方如「所以存我」、「開明自營」的精神。然而，在具體操作的層面，中西要如何結合？嚴復對教育問題的看法與實踐，透露了他的觀點。

【一】張朋園：《梁啟超與清季革命》（台北：中央研究院近代史研究所，一九六四年），頁五六—五七。引文見梁啟超：〈亡友夏穗卿先生〉，《飲冰室文集》，四四冊（上），頁二二。

【二】嚴復：〈救亡決論〉（一八九五年），《嚴復集》，冊一，頁五一。

【三】嚴復：〈與熊純如書　十六〉（一九一三年），《嚴復集》，冊三，頁六一五。

【四】梁啟超：《新民說》（台北：台灣中華書局，一九五九年），頁五。

三、嚴復論教育：精英領導、德育優先

以教育來「癒愚」是嚴復終生關懷的議題，這一構想不但源於他本身的成長經驗，也體現他有關中西文化交融的典範。呼應他所揭櫫的鼓民力、開民智、新民德的政治理想，嚴氏將教育分為體育、智育、德育三個部分。他認為三者之中以德育最為重要，其次是智育，再次是體育。他說體育的基礎是「衛生之理」，「是以言智育而體育之事固已舉矣」，所以智育比體育來得重要；而科學的成果可以為善人所用，亦可以為惡人所用，如為惡人所用，則貽害匪淺，所以德育又比智育來得重要。嚴復強調：社會、國家的基礎是「天理」、「人倫」，「未有國民好義，君不暴虐，吏不貪污，而其國以亡，而為他族所奴隸者……故曰德育尤重智育也」。【二】

就內容而言，嚴復指出體育與智育隨時代有所進步而產生變化，尤其是智育方面，西人有重要的進步，應努力學習。【三】但是德育方面，西人「進於古者」非常有限，所以德育要以同有的「經常之道」為基礎，再配合其他方面。嚴復說德育要教導儒家的「忠信廉貞，公恕正直，本之脩己以為及人」。【三】更具體地說，嚴復認為德育的基礎是儒家的「五倫」。【四】

嚴復對儒家倫理的基本條目，如絜矩之道、恕，與《大學》八綱目等的肯定顯然是不曾改變。不容諱言，嚴復德育思想的焦點在前後期有所不同，早年較重視「新民德」，亦即是強調公民資格的建立；一九〇六年以後則較為提倡以傳統德目為中心的「德育」。【五】

嚴復對傳統道德條目的肯定至晚年變得更為強烈。一九二一年，他在死前曾將一生經歷總結為以下的遺言，供後代子孫參考：一、中國必不滅，舊法可損益，而必不可叛。二、新知無盡，真理無窮，人生一世，宜勵業益知。三、兩害相權，己輕群重。由此可見他在修身方面秉持的各項基本原則，包括肯定傳統、重視合群、追求知識、鍛鍊身體、安平度世等，和他一貫對德、智、體諸育的看法相配合。【六】

嚴復對教育的態度直接影響到他對於教學的看法。他認為針對不同的學生與學科，有不同的教學方式。在教科書方面，就學科來說，嚴復認為「教科書於智育不必有，於德育則不可

【一】嚴復：〈論教育與國家之關係〉（一九〇六年），《嚴復集》，冊一，頁一六七—一六九。

【二】嚴復：〈論今日教育應以物理科學為當務之急〉（一九〇一年），《嚴復集》，冊二，頁二七八—二八六。物理科學除了物理之外，還包括化學、動植、天文、地質、生理、心理等學科。

【三】嚴復：〈論小學教科書亟宜審定〉（一九〇六年），《嚴復集》，冊一，頁二〇〇。

【四】嚴復：〈論教育與國家之關係〉（一九〇六年），《嚴復集》，冊一，頁一六八。這是嚴復在環球中國學生會的演說稿。

【五】值得注意的是嚴復在談「德育」時較強調傳統的道德原則；但是在談「新民德」時則特別突出公民資格的一面。因此在嚴復思想之中較廣義的德育應該同時包括這兩個面向。

【六】王蘧常：《嚴幾道年譜》（台北：台灣商務印書館，一九七七年），頁一三四，《嚴復集》，冊二，頁三六〇。兩者文字略有出入。

無」，就學生而言，則是「高等之學校不必有」，「中學以下，不僅德育，即智育亦不可無教科書也」。由此可見嚴復認為國人在智育方面可發明創新，有較多的自由；德育方面則應固守規範；而大學、高中生有較多的自由，中、小學生有較少的自由。

再者，智德二育的教學方法也有所不同。智育要讓學生明白其「所以然」，德育方面則要先使學生遵循紀律、實行道德條目，等到年歲增長，再慢慢地啟發其所以然。【一】其中對於德育的看法與嚴復徵引《論語》「民可使由之，不可使知之」的觀點是一致的。【二】

嚴復對教育與教學的想法顯示：他認為中國要成為一個富強與自由的國家，必須以教育方式，培養出德智力兼備的現代國民，而道德方面的重要基礎是儒家倫理，以此為根基，吸收西方思想、制度與科技成就。在此理念之下，他強調中西學應分而治之，並在每一個個體之上完成融合。

一九〇二年，嚴復在〈與《外交報》主人書〉中清楚地揭示此一想法，「中學有中學之體用，西學有西學之體用，分之則並立，合之則兩亡」。在此文之中，他一方面表示：中國應採行的教育絕非「盡去吾國之舊，以謀西人之新」，因此舊有之「經籍典章」不應廢除；另一方面他則強調西學為當務之急，而「治西學，自必用西文西語，而後得其真」。【三】

他所設計的教育體制如下：在小學教育中，教學以中學為主，減少記誦，增加講解；中學堂需錄取「中學有根柢者」，「此後便當課以西學，且一切用洋文授課。課中洋文功課，居十之七，中文功課，居十之三。」四五年之後升入高等學堂的預科，三、四年之後再分治專門學科。同時他也主張公派留學。在出國之前要對學生施以三年的訓練，前兩年專治語文，第三年研習科學。嚴復的根本想法是：

學術之事，必求之初地而後得其真，自奮耳目心思之力，以得之於兩間之見象【四】者，上之上者也。其次則乞靈於簡策之所流傳，師友之所授業。然是二者，必資之其本用之文字無疑也。最下乃求之翻譯，其隔塵彌多，其去真滋遠。【五】

一九一二年，嚴復任北京大學校長，他將此一中西學分而治之，再追求兼容並蓄的理念付諸實施。他在一九一二年四月十九日寫給熊純如的一封信中表示：

【一】嚴復：〈論小學教科書亟宜審定〉（一九〇六年），《嚴復集》，冊一，頁二〇〇—二〇一。

【二】嚴復：〈「民可使由之不可使知之」講義：癸丑仲秋丁祭在國子監演講〉（一九一三年），《嚴復集》，冊二，頁三二六—三二九。

【三】嚴復：〈與《外交報》主人書〉（一九〇二年），《嚴復集》，冊三，頁五六二。

【四】「見象」語出佛典，指得其全體。

【五】嚴復：〈與《外交報》主人書〉（一九〇二年），《嚴復集》，冊三，頁五六一。

> 比者，欲將大學經、文兩科合併為一，以為完全講治舊學之區，用以保持吾國四、五千載聖聖相傳之綱紀、彝倫、道德、文章於不墜……今立斯科，竊欲盡從吾舊，而勿雜以新。【一】

嚴復屬意由義寧陳三立（一八五三——一九三七）與桐城姚永概（一八六六——一九二三）來主其事。後陳三立堅持不就；【二】姚永概則出任北京大學文科教務長，一九一三年辭職，由夏錫祺接替。【三】

此段史料被許多學者解釋為嚴復轉向保守、不再主張融合中西文化。【四】這樣的說法是值得懷疑的。首先，在上一封信之中，他向熊純如強調，除了文科想請陳三立與姚永概主持之外，「本校餘科監督、提調，必用出洋畢業優等生，即管理員亦求由學校出身有經驗者」，【五】顯示他對西學仍然十分重視。

第二，嚴復所謂「盡從吾舊，而勿雜以新」、「為之不已，其終且至於兩亡」，其實與他在一九〇二年所提出的中西學各有其體用，而新舊學分而治之的想法是一貫的。【六】這時他沒有主張不講西學。相反地，根據北京大學檔案，嚴復當時曾向教育部提出〈文科大學改良辦法說帖〉，主張中西學要「兼治始能有益」，「兼收並蓄，廣納眾流，以成其大」。【七】

第三，嚴復在北京大學時所面臨最大的問題是經費短缺，他所謂專治舊學的想法與此亦有關連。在上述的說帖之中，嚴復也談到學校的財務危機，並表示等到經費稍為充裕，即可「覓有相當宿學，徐立專門，以待來者」【八】。很可惜目前找不到一九一二至一九一三年的史料，但根據一九一四年出版的《北京大學規程》，在此之前北京大學文科設有三個學門：中國哲學、中國文學與英國文學。這似乎顯示當時經費窘困，只能選擇性地分治中學或西學。【九】

第四，這一次將經文兩科合併，其實是呼應蔡元培在同時所提倡的大學廢除經科的構想，將儒家經典的學習分攤到哲學、史學、文學等分科之中。其中具有很強烈的脫離傳統、開創新

【一】《嚴復集》，冊三，頁六〇五。

【二】潘光哲：〈陳三立傳〉（下），《大陸雜誌》，卷九三期三（一九九六年），頁二一一—二二二。

【三】劉龍心：〈學術與制度：學科體制與現代中國史的建立〉（台北：政治大學歷史研究所博士論文，二〇〇〇年），頁八八。

【四】余英時：《中國近代思想史上的胡適》，頁一四—一五。

【五】《嚴復集》，冊三，頁六〇五。

【六】此一詮釋受謝放教授之啟發，見謝放：〈中西學「分之則並立，合之則兩亡」——嚴復文化教育思想研究〉，《嚴復與中國近代化學術研討會論文集》（福州：海峽文藝出版社，一九九八年），頁二八九—二九九。

【七】張寄謙：〈嚴復與北京大學〉，福建省嚴復研究會編：《九三年嚴復國際學術研討會論文集》（福州：海峽文藝出版社，一九九五年），頁四〇三。

【八】張寄謙：〈嚴復與北京大學〉，頁四〇三。

【九】劉龍心：〈學術與制度：學科體制與現代中國史的建立〉，頁八七—八八。

局的意義。【一】

第五，嚴復所説的舊學實際上並非所有傳統的學問，主要是他所支持的桐城派的學術路徑，主張文以載道與經世致用，而反對訓詁考據。陳三立、姚永概所代表的即為此一學風。姚去職後，由夏錫祺接替。夏引進了大批章炳麟的弟子，如黃侃（一八八六—一九三五）、馬裕藻（一八七八—一九四五）、沈兼士（一八八七—一九四七）、錢玄同（一八八七—一九三九）、康寶忠（一八八四—一九一九）、朱希祖（一八七九—一九四四）等人，北京大學文科之學風轉向考據。這些人正是嚴復所批評的：「今日號治舊學者，特訓詁文章之士已耳。故學雖成，期於社會人群無裨力也。」【二】

總之，從以上的分析可見嚴復在一九一二年寫給熊純如的信仍清楚地顯示他在思想上的一貫性。換言之，以中西學分治、在個人身上結合為一的方法，來尋求中西文化的兼容並包，達到明道致用，仍是他所追求的目標。

嚴復甚至將此一方法用在家庭教育之中。一九一五年他在寫給熊純如的信中談到他的理念：

> 復教子弟，以現時學校之難信，故寧在家延師先治中學，至十四五而後，放手專治西文，一切新學皆用西書，不假譯本，而後相時度力，送其出洋，大抵八年而後卒業，至於

所治何科，所執何業，亦就少年性質之所近而喜好者，無所專尚也。【三】

嚴復對教育與教學的觀念，與他結合傳統道德與西方價值的政治理論完全配合，兩者均為「自由秩序二者」並重。【四】這也顯示出在嚴復心目中，個人在一個自由社會中自由成長的情狀。嚴復認為一個自由社會有如一個學校，由精英分子設定教育目標與教學內容，培養學生的德、智、力，使之不斷追尋以成就一更佳之個體。此一由精英分子自上到下，培育人民之積極自由的方式，在現代中國自由傳統之中仍扮演重要的角色。

四、結論

誠如吳展良與麥勁生對嚴復的研究所顯示，嚴復畢生可謂一「求道之旅」，他的終極追求

【一】劉龍心：〈學術與制度：學科體制與現代中國史的建立〉，頁八六—八七。魏定熙（Timothy B. Weston）著，金安平、張毅譯：《北京大學與中國政治文化》（北京：北京大學出版社，一九九八年），頁六一。

【二】《嚴復集》，冊三，頁六〇五。

【三】《嚴復集》，冊三，頁六二六。又嚴復曾在一九一二年底為「小兒」請一「桐城金先生在家課中文」，見頁六〇八。

【四】嚴復：〈論小學教科書亟宜審定〉（一九〇六年），《嚴復集》，冊一，頁二〇一。

在於「明道救世」，而且他以「道通為一」的理念結合儒釋道之精義和西方的科學與哲學。【二】拙文延續此一學術路徑。筆者認為對嚴復而言，「會通為一」的大道就是以中西文化交融為基礎，建立富強與自由的中國。此一交融一方面在歷史之中已顯現端倪，但是同時也需要有批判能力的知識分子駁斥不當理論，建立新的典範以作為行為方針。嚴復的翻譯工作，他對於教育問題的思考，以及對於具有中國特色之自由主義理論的鑄造，都環繞著此一關懷。

因此，嚴復思想並不具有「兩面性」，他肯定中國倫理價值與涉及「幽冥之端」的形上世界，同時也接受西方有關追求富強與民主的技術和制度安排。對他而言，所有這些生活的方面可以互補、融合，都是建立一個理想的自由國度所不可或缺的。筆者強調嚴復環繞著積極自由來建立民主社會的想法，是他能夠將中與西、內與外結合起來的關鍵。這又與他認為以特殊的「分而治之」的教育方式，使中西學問在個人身上結合為一，達到「自奮耳目心思之力，以得之於兩間之見象」的理想，密不可分。

誠如筆者在《自由的所以然：嚴復對約翰彌爾自由思想的認識與批判》一書中所指出的：嚴復結合中西的自由理念，其背後的思想預設是兩個植根於傳統的樂觀主義：樂觀主義的認識論，以及對人性與政治可行性的樂觀。此一理念使他的自由主義與彌爾所代表的西方自由傳統有所不同，後者是基於悲觀主義的認識論與對人性和政治可行性的悲觀。從此對照來看，嚴復結合自由、富強的國度與植根於傳統價值的道德理想，無疑地帶有烏托邦思想的色彩。他不能夠針對西方自由主義者（如彌爾與柏林等人）特別注意到的危險：「人類在智性上的不可靠」（fallibility）會影響到精英分子的啟蒙工作、人類在道德上的弱點會使精英分子控制教育並追求己身私利，這樣一來，強調積極自由隱含著專制的危險。

再者，他所謂在一個人的身上所達成的中西融合，也不是一個很容易實現的理想。以嚴復來說，他深刻地瞭解國人在科學與信仰之間拉扯所產生的內心的苦悶，一九二一年八月六日，在他死前的一個多月，他寫了一封信給他的兒女，討論科學與「迷信」問題：

> 大抵青年人思想，最苦總著一邊，不知世間無論何種問題，皆有兩面，公説婆説，各具理由。常智之夫，往往不肯相下，此爭端所以日多。必待年齒到位，又學問閱歷成熟，方解作平衡判斷（Balanced Judgment）。此孔子説中庸不可能也。【二】

【一】吳展良：〈嚴復早期的求道之旅：兼論傳統學術性格與思維方式的繼承與轉化〉，《台大歷史學報》，二三期（一九九九年）；吳展良：〈嚴復《天演論》作意與內涵新詮〉，《台大歷史學報》，二四期（一九九九年）；Ricardo K. S. Mak, "Dao, Science and Yan Fu," 後收入 Cindy Chu and Ricardo Mak, eds., *China Reconstructs*, The University Press of America, 2003, pp. 11-24.

【二】《嚴復集》，冊三，頁八二四—八二五。

這似乎正是嚴復的親身體驗，在他一生之中，他的生活與思想都充滿了矛盾、緊張。他的鴉片煙癮，四度參加科舉考試與落第，他對妻兒所展現的父權心態，他在政治、學術上的徘徊、徬徨，都顯示他在中西兩面拉扯之下，為「總著一邊」所苦。在他晚年似乎也無法做出「平衡判斷」。

因此無論他的生活或思想，嚴復都無法成功地實現終其一生的理想：結合中西價值。他個人在性格上的弱點，以及他所繼承的傳統思想模式之影響都是失敗的原因。其實，近百年來許多中國知識分子，幾乎每一個人都經歷了類似的苦痛。直至今日，中西文化的結合仍是一個艱鉅的挑戰。雖然如此，嚴復對此議題所做的思考與努力，無疑地具有非常深刻的啟發性意義。

本文原刊於：劉青峰、岑國良編：《自由主義與中國近代傳統》（香港：中文大學出版社，二〇〇二年），頁二〇一——二一八。該文之縮節版刊《二十一世紀》，期六七（二〇〇一年），頁七一——七六。

中國近代「個人主義」的翻譯問題

——從嚴復談起

一、前言

在西方思想界，「個人主義」（individualism，或譯為「個位主義」）是自由民主思想的核心理念。【一】自十九世紀末葉，個人主義隨著自由民主思想的傳播，以「翻譯」【二】的方式進入中國，造成語彙與思想的衝撞，並產生意義的嬗變。最早注意到這個議題的可能是嚴復，他不但翻譯了彌爾的 *On Liberty*，並指出中西思想最不相同之處是：中國人重「一道同風」與「待人及物」，西方人則在待人及物之中，「寓所以存我者也」（亦即肯定自我主體與自我實現），由此可見中西對於群己價值的不同看法。【三】但是另一方面，嚴復又説，以個人價值為中心的西方自由理念，可以和老莊、楊朱、儒、墨思想會通，他認為能自由之人則必能超越個人的利害，自由地「從道」，而兼利人己。這樣一來，群己之間沒有根本的矛盾，而自我的實現會自然導致群體理想的完成。此一闡釋充分展現個人主義進入中國語境之後產生的糾結。至五四時期，魯迅（一八八一—一九三六）、周作人（一八八五—一九六七）、高一涵（一八八五—一九六八）與胡適在引進西方個人主義之時，都多少產生類似的現象，在中西、群己之間徬徨，無法有效地展開「兩套文化體系間的知性對話」。【四】

這種糾結的產生，或是因為對異文化的誤讀，或是出於政治意識形態所導致的曲解、挪用與批判。我們應如何來看待西方個人主義話語進入近代中國之後，因翻譯工作所具有的操弄空間而產生的複雜變化呢？劉禾所撰寫的《語際書寫：現代思想史寫作批判綱要》一書中〈個人主義話語〉一文，或許是到目前為止最具企圖心的一個作品。【五】

在這一篇文章之中，劉禾嘗試說明個人主義如何作為一種話語策略，參與「中國近代民族國家理論的創造」，探討「它如何在被翻譯、引述、重複、爭論、也就是一次又一次地被合法化和非法化的過程中，取得其特定的歷史意義」。【六】她用「跨語際實踐」（translingual practice）的概念來說明：中國近代「個人主義」的翻譯不是一種中立、透明的，或是遠離政治及意識形態鬥爭和利益衝突的行為，相反地它正是發生這一類衝突的場所。【七】

【一】Steven Lukes, *Individualism*, Basil Blackwell, 1973.

【二】此處所說的翻譯是一個廣義的用法，也包括摘述、譯介、宣揚等活動。

【三】嚴復：〈論世變之亟〉，《嚴復集》，頁一—三。

【四】周昌龍：〈五四時期知識分子對個人主義的詮釋〉，《新思潮與傳統：五四思想史論集》（台北：時報出版公司，一九九五年），頁一三—四一。趙席敻：〈自利利他的自由主義：高一涵政治思想研究〉（台北：政治大學歷史研究所碩士論文，二〇〇八年）。

【五】劉禾：〈個人主義話語〉，《語際書寫：現代思想史寫作批判綱要》（上海：上海三聯書店，一九九九年），頁二七—六四。該文原刊於一九九三年 *Positions* 之上。相關的討論亦可見 Lydia H. Liu, *Translingual Practice: Literature, National Culture, and Translated Modernity-China, 1900-1937*, Stanford University Press, 1995, pp. 77-99.

【六】劉禾：〈個人主義話語〉，《語際書寫：現代思想史寫作批判綱要》，頁二九。

【七】劉禾：〈個人主義話語〉，《語際書寫：現代思想史寫作批判綱要》，頁三六。

劉禾強調個人主義翻譯與「民族國家的大敘事之間有某種若即若離的關係」【一】，並注意到每一個翻譯情境的特殊性及其政治意涵。例如她說：「個人主義的問題曾是黃遵憲、嚴復、梁啟超等人構想的民族國家理論的一個組成部分。」【二】作者又舉杜亞泉在一九一六年所寫的〈個人之改造〉，在該文之中，個人主義既非儒家思想的死敵，又非社會主義的對立面，杜氏表示：「吾儕之社會主義當以個人主義發明之。孔子所謂學者為己，孟子所謂獨善其身，亦此義也。」杜氏一方面注意到個人與個性的改造，作為政治、文化改造之基礎，但另一方面他卻將焦點從啟蒙式的個人主義轉移到個人的局限性、群己價值之關聯，以及如何以個人主義來「發明」社會主義。【三】

在此同時，另一些作者，特別是五四運動的支持者（如高一涵、胡適），卻把個人主義與儒家傳統對立起來，並強調如何將個人變成國家的公民與現代社會的成員。換言之，在反帝國主義運動的背景之下，五四時期民族國家不是個人主義的對立面，而是由「小我」上升到「大我」的一個連續性的過程。【四】至一九二〇年代，馬克思主義的支持者，又開啟了一個新的論述方式，將個人主義視為「過時的」資產階級的意識形態，因而主張以社會主義取而代之【五】。劉文藉著以上的轉折，說明個人主義進入中國語境後所發生的變化。

簡單地說，她跟隨後現代主義者對於不同語言之間不具互譯性的觀點，強調在翻譯過程之中，人們刻意地建立起語句和意義之間「假設性的對等」。【六】因此她認為西方的 individualism

與中文的「個人主義」沒有一個本質性（有如雙語辭典般）的對應關係，而個人主義話語自進入中土以來，「從來就沒有過一個穩定的意義」【七】。她說：

> 任何尋找某種本質主義的、固定的「個人」、「個人主義」意義的努力都是徒然的。真正有意義的與其說是定義，不如說是環繞「個人」、「自我」、「個人主義」等一些範疇展開的那些話語性實踐，以及這些實踐中的政治運作。【八】

【一】劉禾：〈個人主義話語〉，《語際書寫：現代思想史寫作批判綱要》，頁四四。

【二】劉禾：〈個人主義話語〉，《語際書寫：現代思想史寫作批判綱要》，頁四五。

【三】劉禾：〈個人主義話語〉，《語際書寫：現代思想史寫作批判綱要》，頁四五—四七。

【四】劉禾注意到：「對個人範疇的思考被『小』與其潛在的高量級對應詞『大』引入一個形而上的領域……也就是說『小』並不僅是『大』的對立面，而且是『大』的等級中的一階，是兩者之間較次要的一個……個人被視之為小，國家被視之為大的情況下，從個人角度對國家所進行的批判不可能超越一個語言已經事先命名並規定好的等級關係。」頁五一。這種有本質主義之嫌的解釋只是一個面向，劉禾忽略了像嚴復、梁啟超等人，也用小己、國群與大我、小我的說法，但從儒家傳統所看到的群己關係，並不是這樣簡單的等級關係。請見下文。

【五】劉禾：〈個人主義話語〉，《語際書寫：現代思想史寫作批判綱要》，頁五八。

【六】Lydia H. Liu, *Translingual Practice*, p. xv.

【七】劉禾：〈個人主義話語〉，《語際書寫：現代思想史寫作批判綱要》，頁五三。

【八】劉禾：〈個人主義話語〉，《語際書寫：現代思想史寫作批判綱要》，頁四一。

劉文對於澄清近代中國個人主義話語有其貢獻，亦有其盲點。我們應如何研究環繞著一些透過翻譯所引進中國思想界的關鍵性的觀念（如「國家」、「國民」、「社會」、各種「主義」等）？後現代主義者的觀點對思想史研究有無意義？根據劉文的看法，思想史是由許多歧異的、不斷變遷的觀點之互動所構成；一個社會之中並沒有一些較固定與具有影響力的思路，例如「毛澤東的激進主義」與「中國自由主義」等。她企圖說明歷史之中唯一的不變就是變動不居與各種各樣的權力關係。因此她沒有討論到嚴復、梁啟超與杜亞泉、高一涵、胡適等人論述是否有連續性的一面，或有無共同預設。這些人的論點反而變成各自為本身政治目的服務的一些零散想法。

由於對話語變動性的強調，對劉禾來說，近代中國翻譯的問題之中值得研究的不是「本質性」的語彙定義，也不是原文與譯文之間有無差距（亦即精確性或誤譯的問題），以及差距如何產生等（如筆者在《自由的所以然：嚴復對約翰彌爾自由思想的認識與批判》一書所做的彌爾 *On Liberty* 與嚴復《群己權界論》的文本對比），【一】而是人們如何透過翻譯來「創造」觀念，並藉此為政治目的服務。【二】

筆者同意翻譯並非單純地像鏡子那樣映現外國的觀念，而是一個創造、再現的過程，需要注意原文與譯文兩者「雙重的文化脈絡」。【三】然而，如果想要瞭解翻譯如何創造性地嵌入原文之中所不具有的觀念，以溝通雙方或自主操弄時，我們必須要探討譯文在某種程度上能否配合原文，也就是探討譯文是否精確。

精確性的問題與翻譯的政治動機兩者不一定有關係，但劉禾卻將這兩個論點結合在一起，成為該文論述的主軸。對於劉文所強調翻譯的政治目的，我同意有其重要性，以嚴復來說，誠如史華慈所述，國家主義無疑地形塑了他的翻譯計劃，而且嚴復本身的階級、性別背景（父親為儒醫，本身任職官場卻不具科舉功名），也扮演一定的角色。【四】然而劉文似乎不夠注意到，除了政治目的之外，近代中國新觀念的翻譯也受到文化取向的影響，而正是這些比較不明顯的文化因素，特別是文化傳統所形成的對群己關係的看法，需要作深入的分析。尤有進者，從文化因素的層面，可以更清楚地看到在眾聲喧嘩的背後，還有一些脈絡較清晰的思路。以下本文將討論翻譯精確性的問題，並以嚴復為例，觀察文化因素對中國近代知識分子翻譯西方「個人主義」之影響。

【一】黃克武：《自由的所以然：嚴復對約翰彌爾自由思想的認識與批判》。

【二】劉禾說：「當概念從一種語言進入另一種語言時，意義與其說發生了『轉型』，不如說在後者的地域性環境中得到了（再）創造」，頁三六。很可惜作者沒有說明「轉型」和「創造」有何區別。

【三】這是借用單德興先生的說法。

【四】嚴復肯定資本主義，不強調平等，亦不同情下層社會的群眾運動；對女性角色的看法也很傳統。

二、翻譯的精確性問題

有一些後現代主義者宣稱「精確翻譯」的概念是錯誤的。不過，簡單地從「解構主義」的方法、普遍主義與相對主義之中間路線，或詮釋學的角度，並無法顯示精確翻譯的概念無法立足。然而，在語言哲學之中的確有人主張「精確的翻譯」是奠基於一個錯誤的預設之上，亦即：甲語言之中的一個觀念和乙語言之中的一個觀念可以互譯，因此我們能夠比較或判斷兩者的異同。這個批判性的理論可以追溯到語言學家蒯因（Willard Van Orman Quine，一九〇八—二〇〇〇）的「翻譯的不確定性」（indeterminacy of translation），此一理論雖具啟發，卻十分引起爭議。【一】

在否定語言之間的互譯性時，蒯因的出發點並非兩個語詞背後的含意必定不同，如中文的「青蛙」與英文的「frog」，各自有不同的寓意和聯想。他是以「同義性」必然不完美作為論述的起點。【二】但他也認為因為文化的重疊與人類感知的共通性，翻譯不確定性在「觀察語句」方面並不適用。【三】蒯因論點的要旨乃是不完美的同義性是一個值得注意的問題。他反對在一個物理現象（如一個姿態、手勢或聲音，或兩者以上的結合）與人類的「觀念」之間存在一種固定的、社會上形成的心理關聯，在此預設之下，不同的字或語句多少指涉相同的觀念，也因而能夠構成同義詞。【四】蒯因不同意上述的想法，也反對相同的「意義」在不同語言形式之間具有固

定的心理聯繫。【五】

對蒯因來說，此一問題甚至在相同語言之中也難以避免，而不同語言之間的翻譯，其問題更是嚴重。質言之，除了甲語言、乙語言，或丙語言能各自表述之外，並不存在著超越所有語言的共同標杆，可作為對等翻譯之基礎。因此如果要比較甲語句與乙語句，只有將乙語句放在甲語言，或丁語言的「觀念架構」之下。【六】換言之，在瞭解或翻譯外國語句時，我們不可避免採取外來的模式，強加其上。因為我們無法經由比較不同語言涵義之異同，而跨越語言的邊界。

蒯因甚至否認任何語言可以與「意義」聯繫在一起，而且語言是在概念上各自區隔的實體。很可惜，他並沒有解釋這種各自區隔的實體是如何形成，又與杭士基（Noan Chomsky，

【一】C. F. Presley, "Quine, Willard Van Orman," in Paul Edwards, ed., *The Encyclopedia of Philosophy*, Macmillan Publishing Co., Inc. & The Free Press, 1967, vol. 7, p. 54. 本節觀點承墨子刻教授指點，敬表謝意。

【二】W. V. Quine, *From a Logical Point of View*, Harvard University, 1953, p. 28.

【三】Quine, *From a Logical Point of View*, pp. 61-62. W. V. Quine, *Ontological Relativity and Other Essays*, Columbia University Press, 1969, p. 89.

【四】Suzanne K. Langer, *Philosophy in a New Key*, Mentor Books, 1954, p. 49.

【五】Quine, *From a Logical Point of View*, pp. 9, 12, 22, 47-48.

【六】Quine, *From a Logical Point of View*, p. 63. Quine, *Ontological Relativity and Other Essays*, p. 1.

一九二八—　）所謂的「普遍性的文法」（Universal Grammar）有何關係。【一】因此，對蒯因來說，在語言的變遷之中，要判定兩個語句即使是大致上同義的，都很成問題。

在此同時，蒯因也毫不猶豫地討論康德所謂「分析的真理」之概念，並假設此一觀念的意義在從德文翻譯到英文的過程之中沒有改變，他指出此一觀念背後之預設，並批評其預設之理據。在上述的討論之中，蒯因並不懷疑，這些語言學上不同的形式，很可能與康德心中本來的想法並不一致。在此，蒯因似乎違反了《墨子》（「小取第四十五」）所提出的一項重要原則：「有諸己不非諸人」。

然而，蒯因其實很瞭解企圖建立一個以精確的科學方法來討論語言問題的努力有很多限制。他也體認到他較傾向於行為主義式的「語言習性」（speech dispositions）的想法，而不那麼接受人文主義式的有關「意義」的概念，【二】使他有關「翻譯的不確定性」的想法具有暫時性的、嘗試性的性格。

上述觀點的一個預設是：在理論上無法將語言和語言以外的其他世界分開來。因此，對世界的認知依賴語言之間的差異而有所不同。但是，當他主張語言的差異與説話者將世界表述成事物與特性的不同方式交織在一起之時，蒯因也語帶猶豫。【三】

蒯因在思考另一個議題時也搖擺不定，亦即語言在描寫物理世界之時，是否和在描寫人文世界一樣，是一個受文化制約的「文字遊戲」，或者它能夠客觀地包括語言以外其他部分之世界的定理，因而能顯示在找尋真理上，帶來科學方面的進步。他傾向於前者（即文字遊戲的想法），但是卻又批評孔恩（Thomas Samuel Kuhn，一九二二—一九九六）過度傾向文化「相對主義」。【四】在今天的哲學界，史丹佛大學的羅蒂（Richard Rorty，一九三一—二〇〇七，美國實用主義的代表，也是後現代思潮的主要理論家）同樣擁抱「文字遊戲」說，可謂比孔恩還要孔恩，他企圖否定古往今來一切朝向知識真理追求的認識論研究方向。【五】但是孔恩受到諾貝爾獎得主、物理學家溫伯格（Steven Weinberg，一九三三—二〇二一）的抨擊，認為他縮小了自然科學所具有的客觀的、超越文化之特色的範圍。【六】

最重要的是，在設定他的「翻譯不確定性」的理論時，蒯因強調他只是提出一個哲學性的觀點，語言學家在從事具體的田野工作時，不必理會這樣的玄想。【七】

【一】Andriana Belletti and Luigi Rizzi, "Editors' Introduction: Some Concepts and Issues in Linguistic Theory," in Noam Chomsky, *On Nature and Language*, Cambridge University Press, 2002, pp.11-12.

【二】Quine, *Ontological Relativity and Other Essays*, pp. 26-29.

【三】Quine, *From a Logical Point of View*, p. 61.

【四】Quine, *Ontological Relativity and Other Essays*, p. 87.

【五】Richard Rorty, *Philosophy and the Mirror of Nature*, Princeton University Press, 1980.

【六】Steven Weinberg, *Facing Up: Science and Its Cultural Adversaries*, Harvard University Press, 2001, pp. 207-209.

【七】Quine, *Ontological Relativity and Other Essays*, p. 34.

因此蒯因的理論顯然不適用於歷史研究。正如傅佛果（Joshua Fogel）在評論劉禾所編輯的一個作品（*Tokens of Exchange: The Problem of Translation in Global Circulations*）時所說的：「我們不必成為一個徹底的實證主義者，才能接受一個明顯的事實，亦即有些翻譯比另一些翻譯要好，而有一些翻譯是錯誤的。」傅佛果同時也指出不少劉禾編輯該書時，不夠嚴謹、精確之處。【一】事實上劉禾也無法避免自我矛盾，她一方面反對討論精確的翻譯，或者偵察誤譯的方法論，另一方面也說一個文本在翻譯過程中將另一個語言的文本「庸俗化、漫畫化」，其中也預設了精確性的概念。【二】這樣一來，在研究近代中國翻譯問題時，學者雖然不宜忽略民族國家論述或翻譯者本身政治立場對翻譯工作的影響，但這樣的工作不必然要懷疑文本的互譯性與翻譯的精確性。再者，有關「翻譯的政治學」的一面，也無法含括翻譯工作的複雜面向。近代中國有關個人與個人主義的翻譯，其實在更多的情況之下受到文化因素的影響。以下將以嚴復為例，說明翻譯的落差，以及文化因素所產生的作用。

三、當儒家遇到個人主義：嚴復譯《群己權界論》

很多人都認為，嚴復於一九〇三年所出版的《群己權界論》是中文世界第一本宣揚自由主義、個人主義的翻譯作品。然而由於嚴復與彌爾在文化背景上的差異，嚴譯與原文之間有不少的落差。拙著曾指出嚴復尤其不易翻譯的語彙包括：privacy（個人隱私）、taste（品味）、right（權利），以及legitimate self-interest（既合理又合法的自我利益）等，環繞著柏林所謂「消極自由」的概念；【三】同時對於will（意志）、reason（理性）、judgment（判斷）、individual spontaneity（個人自然流露之思想與行為）等與個人特質相關的想法，其翻譯也很模糊。【四】拙見以為造成譯文與原文之差距的原因之一是嚴復以儒家的視角來觀看西方個人主義。

其中尤其值得注意的是彌爾受到德國人文主義與浪漫主義的影響，強調個人獨創性與差異性，並主張儘可能地縮小個人對權威的順從，亦即使個人免於受外在干涉，而能成就其獨特性。【五】這一點正是柏林所說的「消極自由」。然而在儒家傳統之中，理想的個人人格並不那麼強調原創性，而是重視每一個個體實踐人道與克服私慾的能力，成就立德、立功與立言的三不

【一】Joshua A. Fogel, "Like Kissing through a Handkerchief: Traduttore Traditore," *China Review International*, 8:1 (2001), pp. 1-13.

【二】劉禾：〈互譯性：現代思想史寫作中的一個語言盲區〉，《語際書寫》，頁四。

【三】有關柏林的「消極自由」（指免於受制於他人的權利保障）與「積極自由」（指追尋更佳之自我的自由），見 Isaiah Berlin, "Two Concepts of Liberty," *Four Essays on Liberty*, Oxford University Press, 1969, pp. 118-172.

【四】見拙著：《自由的所以然：嚴復對約翰彌爾自由思想的認識與批判》，第三章。

【五】Lovejoy 很詳細地討論在德國浪漫主義傳統中對差異的崇拜，以及如何發現多樣性具有本質上的意義。Arthur O. Lovejoy, *The Great Chain of Being*, Harvard University Press, 1964, pp. 288-314.

朽。在此觀念下，悠遊沉浸於一個私人空間並與他人有所不同，並非儒者的生活目標，也不是嚴復的生活目標。

下面兩段的翻譯充分顯示嚴復將德國人文主義的個人觀轉移為一個儒家的追求道德理想的個人觀。彌爾說：

> Few persons, out of Germany, even comprehend the meaning of the doctrine which Wilhelm von Humboldt, so eminent both as a savant; and as a politician, made the text of a treatise — that "the end of man, or that which is prescribed by the eternal or immutable dictates of reason, and not suggested by vague and transient desires, is the highest and most harmonious development of his powers to a complete and consistent whole"; that, therefore, the object "toward which every human being must ceaselessly direct his efforts, and on which especially those who design to influence their fellow men must ever keep their eyes, is the individuality of power and development"; that for this there are two requisites, "freedom, and variety of situations"; and that from the union of these arise "individual vigor and manifold diversity", which combine themselves in "originality".

嚴復的翻譯是：

日耳曼政家渾伯樂（William von Humboldt）著政界論，有曰，政教之鵠，在取其民各得之天稟而修之，使各進極其高明，而成純粹雍和之全德；是故人道所力爭，而教育所常目存者，天資學力所兩相成之特色也，為此其道有二焉，曰行己自繇，曰所居各異，二者合則異撰著，異撰著則庶功興，而非常之原舉矣。渾氏之旨，世之知者，有幾人哉。【一】

在原文之中彌爾強調：人的目的是使個人的能力得到一個最高度、最和諧的發展，而成就一個完整而一致的整體，此一整體必須表現出個人活力、歧異性與原創性。彌爾所揭示的正是德國人文主義的理想。但在嚴復的翻譯之中，此一個人主義的理想卻成為「使各進極其高明，而成純粹雍和之全德」。在中文語境之中，此一高明、「雍和」之「全德」，表現出儒家天人和睦之道德形象，很難展現西方個人主義之價值。同時，彌爾所強調的個人的歧異性與原創性，在嚴復的譯筆之下變成「異撰」、「非常之原」。但是對嚴復來說「異撰」本身不足以成為獨立的價值，必須將此一個人特色導致外在事功，亦即「異撰著則庶功興，而非常之原舉矣」，才能成為有意義的成就。此一成就自然是個人「全德」的外在展現，亦即由內聖通向外王的

【一】嚴復譯：《群己權界論》（上海：商務印書館，一九三一年），頁六七。「庶功興」出自漢代徐幹（一七〇—二一七）的《中論》「民數第二十」：「夫治平在庶功興，庶功興在事役均，事役均在民數周，民數周為國之本也。」

發展。同時，在嚴復的翻譯之中“manifold diversity”（多種的歧異性）並沒有清楚地被表達出來，彌爾對個人多元性的發展之強調因而消失了。

嚴復從儒家角度所看到的個人價值反覆地出現在譯文之中。又如彌爾說：“Among the works of man, which human life is rightly employed in perfecting and beautifying, the first in importance surely is man himself.”嚴復的翻譯則是：「今夫生人之業，所謂繼善成性以事天者，能理萬物而整齊修美之也，然其事必以修身成物為之本。」【二】

在此處彌爾強調人類整體的進步其關鍵在個人；嚴譯卻把焦點轉移到群己關係。他用源於《易．繫辭》的「繼之者善也，成之者性也。仁者見之謂之仁，知者見之謂之知」中「繼善成性」與《大學》、《中庸》中「修身成物」，不但導引出個人與宇宙的關係，也提示個人之價值是以修身為基礎，達成「成己」、「成物」的理想。在以上的翻譯之中，個人主義的觀念在儒家經典語句之下，增添了原文所沒有的儒家道德的意涵。

在此視角之下，嚴復將 individual 與 self 翻譯成「小己」，individuality 譯為「小己主義」是很自然的。此一「小己」是與「國群」、「社會」對立。嚴復在《群學肄言》的〈譯餘贅語〉中表示「小己」源於《史記》，其實與日本人所譯的「個人」類似，但嚴復不採「個人」而用「小己」，主要是因為「小己」的用詞之中隱含了由小到大、由己到群的意涵，可以配合斯賓塞的「社會有機體論」。嚴復說：

東學以一民而對於社會者稱個人，社會有社會之天職，個人有個人之天職。或謂個人名義不經見，可知中國言治之偏於國家，而不恤人人之私利，此其言似矣。然僕觀太史公言「小雅譏小己之得失，其流及上」。所謂小己即個人也。大抵萬物莫不有總有分，總曰「拓都」，譯言「全體」；分曰「么匿」，譯言「單位」。筆，拓都也；毫，么匿也。國，拓都也；民，么匿也。社會之變象無窮，而一一基於小己之品質。【二】

在中國古典文獻之中「小己」一語並不多見，除了《史記》之外，《朱子語類》也有一例。【三】《朱子語類》中的用法其實更貼近嚴復的意思。上述《史記》中的這一段話在《漢書》也曾出現，顏師古的注說：「小己者，謂卑少之人，以對上言大人耳」，由此可見這一句話的原意是指詩人諷刺上位者，小己是相對於居上位的大人，嚴復更改了此一典故，轉而用來說明群

【一】嚴復譯：《群己權界論》，頁六九。

【二】嚴復：〈譯餘贅語〉（一九〇三年），《群學肄言》，頁二。太史公之語見《史記．司馬相如列傳》。

【三】黎靖德編：《朱子語類》（北京：中華書局，一九八六年），卷六〇，頁一四四七。「問：『墨氏兼愛，楊氏為我。夫兼愛雖無差等，不合聖人之正道，乃是割己為人，滅去己私，猶足立教。若為我，乃小己自私之事，果何足以立教耶？』曰：『莊子數稱楊子居之為人，恐楊氏之學，如今道流修煉之士．其保嗇神氣，雖一句話也不妄與人說，正孟子所謂拔一毛而利天下不為是也。』」

己關係之密切性。嚴復「小己」的用法，一方面在中文世界不敵日本傳入的「個人」一語，另一方面開創出近代中國「小己、國群」與「小我、大我」的論述模式，「犧牲小我，完成大我」也在近代歷史演變之中成為日常諺語。

嚴復不但發明了「小己」、「國群」的對照，也從「小己自繇」的用法之中創造了彌爾所沒有的「國群自繇」的概念。例如彌爾說：

> ...and that the perfection of machinery to which it has sacrificed everything will in the end avail it nothing, for want of the vital power which, in order that the machine might work more smoothly, it has preferred to banish.

嚴復在翻譯中增加了原文之中沒有的一句話（見下文劃底線部分），此句為嚴復對彌爾觀點之詮釋，表現出以個人自由為基礎來追求群體力量之提升，其中就出現了「其國全體之自繇」：

> 譬如機然，其筍緘輪桿雖精且繁，而汽微材劣，則使當大任，舉巨功，其撓折隳敗，豈待時哉。然則善為國者，不惟不忌其民之自繇也，乃輔翼勸相，求其民之克享其自繇，

己乃積其民小己之自繇，以為其國全體之自繇，此其國權之尊，所以無上也。【一】

在《法意》的翻譯與按語，以及其他的著作之中，嚴復更是大量地使用「國群自繇」的概念。例如嚴復說：「特觀吾國今處之形，則小己自繇尚非所急，而所以祛異族之侵橫，求有立於天地之間，斯真刻不容緩之事。故所急者乃國群自繇，非小己自繇。」【二】彌爾思想之中並無此一想法，對他來說自由乃個人狀態，不屬於群體。然而，在中國，大約自一八八〇年代開始，有不少人將國家比擬為個人，例如曾紀澤於一八八六年所撰寫〈中國先睡後醒論〉，即將中國比擬為一個暫時酣睡之人。【三】國群自繇的概念與此一比擬應有關係，當然這也涉及嚴復出於愛國主義的情懷對國家危亡的關懷。

拙見以為：要探討嚴復對西方個人主義的翻譯，必須注意到嚴復譯文與彌爾原文之間的差異；而差異的產生，一方面固然在某種程度上因嚴復企圖以翻譯來建構一個新的民族國家之理論，解決中國所面臨的難局，但不能忽略，他以中國古典語文來翻譯西方思想，以及他以由傳

【一】《群己權界論》，頁一三四。
【二】嚴復譯：《法意》（上海：商務印書館，一九三一年），一七：五。
【三】轉引自李恩涵：《曾紀澤的外交》（台北：中央研究院近代史研究所，一九八二年），頁二七二——二七三。

統思維模式而來的語彙介紹彌爾對群己關係的看法，都承載著一種深受文化影響的視野，因而產生對彌爾的誤讀。這樣一來，大我、小我的論述模式一方面涉及翻譯者的政治動機，另一方面也涉及文化的面向。劉禾文中所提到杜亞泉、高一涵與胡適對大我、小我問題的討論，必須放在嚴復以來所開創的以儒家思想投射、批判西方個人主義的思想軌跡來觀察。

四、結論：嚴復與中國式「個人主義」的起源與發展

在二十世紀初期，嚴復努力地將英國傳統的自由主義、個人主義引進中國，他毫無疑義地可謂「中國自由主義之父」。當殷海光（一九一九－一九六九）在追溯近代中國「自由主義的趨向」時，即從嚴復譯介彌爾《論自由》開始。【一】然而從以上的討論可見，嚴復在翻譯彌爾思想之時，並沒有精確地將彌爾對個人特異之點的頌揚及其相關的思路清晰地表達出來。有些學者認為，這樣的缺陷使嚴復無法掌握彌爾對於個人的終極價值、自由與尊嚴的強調，並偏向集體主義。如果一個人的特異之點不具有最重要的意義，以及一個人無法儘可能地在最大範圍的私人領域之內盡情地發展的話，一個人是否可能具有個人尊嚴？

這涉及個人尊嚴的意義。拙見以為，強調個人特異之點，不必然是肯定個人終極價值與自由的唯一方式。誠如墨子刻（Thomas A. Metzger）教授所指出的：

我們西方人必須避免假設我們所擁抱的理想是能顯示「真正的自我」(authentic self)的唯一方式。我們大多數的人所肯定的方式是現代西方傳統所建構的自我：強調隱私；悲觀主義的認識論（懷疑知識與批判權威）；對於感情方面有酒神精神（Dionysian）與浪漫的取向，包括盧梭、杜斯妥也夫斯基、弗洛伊德等人所深入探討的有關情感、性慾、道德、宗教等傾向之關係；強調經濟的與政治的權利；以及各種哲學，它們將個人定義為具有本體論上終極意義的個體。雖然我們極力擁抱這些觀念，但是我們很難說它們是超越文化的標準，藉此可以達到「最好的」，或「最真實的」對自我的建構。【二】

嚴復對個人的肯定是儒家式的，與彌爾西方個人主義式的肯定有所不同。這種儒家式的看法認為個人的道德感是源於宇宙之中生生不已的力量（所謂「天生德於予」，《論語》「述而」），道德感的培養乃是人生終極的目的，而只能經由個人的努力才能達成。此即是儒家典籍所謂的

【一】殷海光：《中國文化的展望》（香港：大通書局，一九八一年），頁二九四。

【二】Thomas Metzger, "Continuities between Modern and Premodern China: Some Neglected Methodological and Substantive Issues," in Paul A. Cohen and Merle Goldman eds., *Ideas Across Cultures: Essays on Chinese Thought in Honor of Benjamin I. Schwartz*, Council on East Asian Studies, Harvard University, 1990, p. 267.

「為己」、「求諸己」、「為仁由己」等想法。【一】此一過程一方面必須「克己」，另一方面則需要由「成己」而「成物」，這種自我實現與成就他人的結合，正是嚴復所強調的「恕」與「絜矩」的精神。對嚴復來說，西方自由精神與此種儒家的道德理想並不衝突，所以他一方面瞭解西方自由觀念中「所以存我」的獨特性，另一方面又表示，自由即是實現「《大學》絜矩之道」：「自入群而後，我自繇者人亦自繇，使無限制約束，便入強權世界，而相衝突。故曰人得自繇，而必以他人之自繇為界，此則《大學》絜矩之道，君子所恃以平天下者矣。」【二】

這樣一來，個人作為實現修齊治平理想之載體具有崇高的價值，任何對個人實現道德主體的限制都是錯誤的。從此一儒家觀點來看，個人不必然需要具有特異性與原創性；同時不會反對個人所具有的重要地位、個人有權享有實現道德理想的自由、政府應立法保障個人權利並設定群己權界等。

跟隨此一儒家理想，嚴復所陳述的是一種「非彌爾主義式的個人自由與尊嚴」。一方面他肯定個性的發展具有終極意義，另一方面此一自由是植根於自我由宇宙而來的道德力量，來克服自我中心，並追求人道的實現與群體的福祉。此一想法接近柏林所說的「積極自由」，也必然會將目標置於群己利益的平衡與融合。

嚴復這種「非彌爾主義式對個人自由與尊嚴的強調」與梁啟超在《新民說》的想法、【三】與《先秦政治思想史》中所謂「個性中心之『仁的社會』」之理想非常類似。任公說：

認社會為個人而存在耶？認個人為社會而存在耶？吾儕所信，宇宙進化之軌則，全由個人常出其活的心力，改造其所欲至之環境，然後生活於自己所造的環境之下。儒家所謂「欲立立人欲達達人」、「能盡其性則能盡人之性」，全屬此旨。此為合理的生活，毫無所疑。墨法兩家之主張以機械的整齊個人使同冶一爐同鑄一型，結果至個性盡被社會性吞滅，此吾儕所斷不能贊同者也。【四】

梁啟超對個人主義的翻譯也是一個複雜的議題，他的想法不但有儒家的根源，也深受佛教思

【一】可參考狄百瑞著，李弘祺譯：《中國的自由傳統》（台北：聯經出版事業公司，一九八三年）。

【二】嚴復：〈譯凡例〉，《群己權界論》，頁一—二。

【三】黃克武：《一個被放棄的選擇：梁啟超調適思想之研究》（台北：中央研究院近代史研究所，一九九四年）。筆者認為：「梁氏雖然不能說是一個西方意義下的個人主義者，但他一定不是一些學者所謂的集體主義者或權威主義者。我們可以說他所強調的是『非彌爾主義式的個人自由』（non-Millsian emphasis on individual liberty），這種個人自由仍是以保障個人為基礎，因為許多個人的理想要在安定、文明與富強的環境中才能實現，因此他的思想也肯定群體安全的重要。」頁一八七—一八八。

【四】梁啟超：《先秦政治思想史》（台北：台灣中華書局，一九七三年），頁一八三—一八四。

想、日本學界的影響，並涉及他對個人「自由意志」的肯定。【二】在此我們不能充分展開討論，只藉此例來説明儒家思想與個人主義在近代中國的相逢，一方面造成格格不入，另一方面也促成中西思想的調整、融合。

我們或許可以説嚴復與梁啟超所代表的是「具有中國特色」的個人主義。他們所追求的理想不是在「消極自由」的保障之下，個人開放的創造性與特異性；而是儒家式的成己成物、群己平衡的道德成就，追求柏林所謂的「積極自由」，並企望由個體的改善導向群體的提升。嚴復、梁啟超都是在這樣的理念之下來談小己與國群或小我與大我的關係。這種源於儒家思想的小己觀念，並非像五四運動支持者或西方學者彌爾、韋伯等人所説，是服從權威，【三】不具批判性與超越意識的；更與集體主義南轅北轍。相反地，從當代中國學者唐君毅（一九〇九—一九七八）、牟宗三（一九〇九—一九九五）、余英時（一九三〇—二〇二一），到西方學者墨子刻與狄百瑞（William Theodore de Bary，一九一九—二〇一七），都指出儒家自我觀念是「內在超越」、「道德自主」，並具有「從道不從君」的批判意識。

因此，我們可以説嚴、梁對個人主義的翻譯不只是涉及文化間的誤讀與主觀的投射，也涉及中西交融的努力，以及他們對西方以個人主義為中心之現代性的批判。嚴、梁所代表對西方個人主義誤讀與批判交織而成的思想視野，無疑地表現出中國知識分子對西方自由民主傳統的排拒。此種排拒一直很流行，中國官方意識形態從馬克思主義角度對「資產階級自由化」的抨擊，是典型的例子。然而除了官方意識形態之外，民間的馬克思主義者、儒家人文主義者，甚至擁抱西方自由主義的自由主義者，都指出西方個人主義過度重視個人，忽略道德秩序與社會正義。這種信念要追遡到第一次世界大戰後，中國知識分子體認到西方文化的「危機」。杜亞泉在一九二〇年代對個人主義的反省與此密切相關。一直到今日，新儒家都抱持此一觀點。此外，香港的經濟學者胡國亨、具有馬克思主義背景的李澤厚（一九三〇—二〇二一），都從類似的角度批判西方個人主義。【三】這樣一來，嚴復對西方個人主義的懷疑與改造，不但為許多當

【一】任公認為歷史文化現象的獨特性是由於個人「自由意志」在歷史中所起的作用。由於有自由意志的因素，歷史不完全受因果律的支配。任公對「自由意志」的強調顯示他對個人價值的肯定，此一概念與「國家主義」或「集體主義」有所矛盾。見梁啟超：〈研究文化史的幾個重要問題〉，《飲冰室文集》（台北：台灣中華書局，一九七八年），冊四〇，頁三；黃克武：〈梁啟超與中國現代史學之追尋〉，《中央研究院近代史研究所集刊》，期四一（二〇〇三年），頁一八一—二一三。有關任公受佛教思想影響並批判康德對群己關係的看法，見黃克武：〈梁啟超與康德〉，《中央研究院近代史研究所集刊》，期三〇（一九九八年），頁一三八—一四〇。

【二】彌爾在《論自由》之中即以中國制度桎梏個人的發展為例：「中國對我們而言就是一個值得警惕的例子……現代〔歐洲〕的輿論是採無組織的形式，而中國的教育和政治制度是採有組織的形式，但它們在本質上都要束縛個人的思想與行為，除非我們能發揮個人的個性，確實反對此一束縛，歐洲雖有光榮的歷史與基督教，仍然可能變成另一個中國。」John Stuart Mill, "On Liberty," in *Essays on Politics and Society*, University of Toronto Press, 1977, p.274.

【三】胡國亨：《獨共南山守中國：戳破西方文化優越的神話》（香港：香港中文大學出版社，一九九五年）。李澤厚、劉再復：〈個人主義在中國的浮沉〉，《告別革命》（香港：天地圖書有限公司，一九九五年），頁一五九—一六九。

代中國知識分子所共有，也開啟了結合西方現代性與儒家思想的一種可能。

近年來張灝、杜維明、金耀基更具反省意識地，從新儒家思想與東亞現代經驗來思考此一問題。張灝認為新儒家重建儒學的首要任務是將儒家具有天賦內在本性的自我概念，整合到德國人注重自我的道德發展，和康德將每一個人作為目的之觀念中。他説：「這些自由觀念所隱含的並不是五四時期那種把民主當作一種解放制度的觀念，而是把民主當作一種由道德自律的個體組成的參與型共同體的觀念。」[一] 金耀基則跟隨著勃格（Peter Berger，一九二九—二〇一七）所謂東亞已經出現一種「非個人主義的資本主義的現代性」的説法，提出「民主的儒家」（democratically Confucian）的政治系統，認為非個人主義的儒學可以成為民主的搭配要素，並按照民主所設定的界線來界説儒學。他所構想的「民主的儒家」的政治系統，不同於強調個人主義的自由主義的民主系統，「它珍視和尊重個人及其權利，從『共同體的』或『社會的』視角出發來對個人及其權利進行界定」。金耀基並樂觀地指出這種形式的「亞洲民主」或許是一個足以替代「自由主義民主」的可行方案。[二]

金耀基所謂「非個人主義的儒學」與民主搭配之後，對個人及其權利的珍視和尊重，其實和嚴復所構想的具有中國特色的個人主義相去不遠。這樣一來，從嚴復引進自由主義、個人主義之初，他所設定的批判性的視野與融會中西的努力，有了延續性的發展。此一思路究竟是少數港台學者的臆想，抑或能在中國建立新文明的路程上具有指點江山的意義，值得進一步觀察。

本文原刊於：《二十一世紀》，期八四（二〇〇四年），頁四〇—五一。英文版為：Max K. W. Huang, "Yan Fu and the Translation of 'Individualism' in Modern China," *Contemporary Chinese Thought*, 47:3 (2016), pp. 208-222.

【一】Hao Chang, "Intellectual Crisis of Contemporary China in Historical Perspective," in Tu Wei-ming ed., *The Triadic Chord: Confucian Ethics, Industrial East Asia and Max Weber*, The Institute of East Asian Philosophies, 1991, p. 339. 亦見金耀基：〈儒學、現代性與亞洲的民主〉，《中國政治與文化》（香港：牛津大學出版社，一九九七年），頁一七五。

【二】金耀基：〈儒學、現代性與亞洲的民主〉，《中國政治與文化》，頁一七四—一七五。

思議與不可思議

——嚴復的知識觀

一、引言：嚴復知識觀的歷史定位

在中國近代思想史上，嚴復對西方科學的譯介，尤其是邏輯、實證主義哲學的系統輸入，被認為是結束「經學時代」的表徵。有一些學者認為此一過程可以視為從「獨斷論」到「理性」的發展，【一】是近代中國思想的「啟蒙」。然而嚴復的知識觀（his conceptualization of knowledge）和他對自由、民主的理解一樣，不僅是忠實地翻譯自西方的觀念，也深受本土思想環境的影響。首先，他的思想中「樂觀主義認識論」（epistemological optimism，亦即認為人心所能認識到的不但是邏輯的普遍真理與感官經驗，也是實踐的常道與宇宙的本體，甚至可以將各種真理會通起來，形成一個體系）與傳統有連續性。【二】而且，他受到傳統之中特別的一些思想傾向（如反理學、史學、經世等思潮，以及儒釋道的本體論）之影響，而以此來駁斥西方思想，追求中西融合。

在此首先要說明的是本文所謂的「知識」是最廣義的，是指justified true belief（有道理而配合真理的信念），包括哲學家馮契（一九一五—一九九五）所說的「知識」與「智慧」。【三】無論一個信念是依賴感覺、邏輯、思辨、直覺或其他的手段而獲得，都可以作為一種知識。反之，假如一個觀念是虛構的、獨斷的，或僅是一個歷史人物或歷史群體的構想的話，都不算知識，僅是意見。【四】

嚴復的知識觀有兩方面的意義。第一，誠如楊國榮（一九六七—二〇一〇）所指出的中國近代思想家「很難接受極端的經驗論立場」，嚴復等人所引介的中國近代實證主義哲學是與形上學結合為一的。【五】他們不關懷西方結合了實證論與懷疑主義的「悲觀主義認識論」思潮（epistemological pessimism，中國哲學界稱為「不可知論」），亦即認為知識的範圍只限於波普爾所謂的「第三個世界」，即能以實驗來證實或反駁的命題所構成的世界；而關於宇宙本體或「天道」（第一個世界），以及實踐規範或「人道」（第二個世界），人類無法獲得知識，在這兩方面只有個人主觀的意見。【六】這樣一來，嚴復的知識觀與西方實證主義、懷疑主義拒絕形

【一】高瑞泉：《天命的沒落：中國近代唯意志論思潮研究》（上海：上海人民出版社，一九九一年），頁一一八。

【二】見黃克武：《自由的所以然：嚴復對約翰彌爾自由思想的認識與批判》（上海：上海書店出版社，二〇〇〇年），頁二八—三〇。

【三】馮契將人類的認識分為三類：意見、知識與智慧。意見是「以我觀之」，是主觀的；知識（包括歷史的記載與科學的理論）是「以物觀之」，是客觀的；智能是「以道觀之」，是無限與絕對的。見郁振華：《形上的智慧如何可能？——中國現代哲學的沉思》（上海：華東師範大學出版社，二〇〇〇年），頁三九。

【四】墨子刻：〈道統的世界化：論牟宗三、鄭家棟與追求批判意識的歷程〉，《社會理論學報》，卷五期一（二〇〇二年），頁七九—一五二。

【五】楊國榮：《從嚴復到金岳霖：實證論與中國哲學》（北京：高等教育出版社，一九九六年），頁一四九。

【六】墨子刻：〈道統的世界化：論牟宗三、鄭家棟與追求批判意識的歷程〉。

上學的想法有所不同。在這方面他深受中國儒、道的傳統倫理、宗教，與西方進化論之影響，肯定人可以掌握超越物質世界之「人道」與「天道」，這樣的思想充分反映出樂觀主義認識論之傾向。【一】

第二，嚴復的思想與二十世紀中國思想，特別是唐君毅、牟宗三等新儒家的思想，有重要的連續性與非連續性，代表國人遭受西學衝擊之後，嘗試探索如何安頓內在世界、接引科學與民主之歷程。筆者曾指出：嚴復（和梁啟超）的文化修改方式與張之洞的中體西用論和五四時期的全盤西化論均不相同。他們不但強調先秦學說的意義，而且主張中國有關內在世界（倫理與形上智慧）的知識，與西方有關外在世界（主要是科學與民主）的知識結合為一，同時外在世界還要維繫中國「五倫」的秩序，而內在世界也要肯定西方如「所以存我」、「開明自營」等精神，由此反映出嚴、梁等知識分子在面對西學時，表現出自主性的批判精神。【二】此一「會通中西」的努力，和新儒家的志業非常類似。鄭家棟說得很對，「以唐、牟、徐為代表的一代新儒家與『五四』傳統之間沒有實質性的分歧，因為他們同樣認為民主與科學為中國文化的現實發展之所首要和必須。牟先生所提出的問題是：民主與科學的背後是有某種精神在支持的，重要是如何把精神接引過來……」【三】牟氏環繞著「無執」、「有執」、「坎陷」、「一心二門」、「內在超越」的哲學體系正是對此問題的一個回答。

從嚴復的著作之中可見，他所關懷的不但是五四學者所肯定的民主與科學，也是新儒家所思索的如何「把精神接引過來」的關鍵議題。然而嚴復與新儒家等二十世紀主流思潮不同之處，不是問題，而是回答。他直接地肯定「不可思議」的形上世界與宗教經驗，而不關心或質疑形上智慧是否可能與如何可能的問題。換言之，在二十世紀中國思想界，特別是一九二三年科玄論戰之後，科學與哲學、實證論與形上學的緊張關係，以及由之而來的「形上學是否可能」、「如何可能」的議題，不是嚴復思想的焦點。【四】

在此意義上來說，嚴復的思想世界並沒有像新儒家一樣深深地受到西方「現代科學」的衝擊，他的形上思考雖然有西方的成分，主要卻仍然跟著傳統模式。墨子刻教授說得好，他認為科學沒有興起以前，儒、釋、道等家關於人生的思想常常把人生的神聖方面跟宇宙的某些特點聯合在一起，如《論語》所謂的「天生德於予」，由此可見天地的創造性與儒家的道德觀是分

【一】嚴復的「樂觀主義認識論」與《天演論》有關，《天演論》〈導言十五〉中說「右十四篇，皆詮天演之義，得一一覆按之。第一篇明天道之常變，其用在物競與天擇；第二篇標其大義，見其為萬化之宗；第三篇專就人道言之，以異、擇、爭三者，明治化之所以進」，《嚴復集》，頁一三四九。

【二】黃克武：〈嚴復的終極追尋：自由主義與文化交融〉，《二十一世紀》期六七（二〇〇一年十月），頁一一—一六。（收入本書）

【三】鄭家棟：《牟宗三》（台北：東大圖書公司，二〇〇〇年），頁八〇。

【四】郁振華：《形上的智慧如何可能？——中國現代哲學的沉思》。

不開的。換言之，陰陽五行的宇宙觀是儒家主流（以及釋、道兩家）非常重要的範疇。科學破壞這種聯繫之後，在人生自身中尋找神聖價值的「人文主義」才有它的意義，新儒家「內在超越」的觀念反映了一種科學時代以後才興起的人文主義。【一】作為近代中國引進西方科學的第一代知識分子，嚴復沒有受到這樣的衝擊，或者說他不夠意識到此一衝擊。嚴復思想之中人生的意義仍是植根於宇宙（亦即天是外在的）。因此從嚴復到新儒家的思想發展，一方面顯示二十世紀中國思想議題的延續性，另一方面也是在科學的衝擊之下，展開「祛除生活的神秘性與神聖性」（韋伯所謂的 disenchantment）的、深化反省的思想過程。

拙文嘗試從上述的歷史脈絡來討論嚴復的知識觀，特別要釐清嚴復與新儒家在思想上的關係。筆者強調針對中西文化分歧、合流的歷史處境與會通的目標，嚴復思想在理論層面並不具有「兩面性」，無論這個兩面是指中與西、體與用、形上與形下、「價值理性」與「工具性理性」（韋伯意義之下）或科學與哲學。他肯定中國倫理價值與涉及「不可思議」和「幽冥之端」的形上世界，同時也接受西方有關追求富強與民主的技術和制度安排。對他而言，這幾方面可以互補、融合，也都是建立一個理想的自由國度所不可或缺的。筆者強調嚴復環繞著柏林所謂「積極自由」（positive freedom）來建立民主社會的想法，認為在此理想社會之中，個人經由精英所領導的教育，培養民德、民智、民力，成為現代國民之後，可以自由地追尋己身權益的想法，乃是他能夠將中與西、內與外，以及倫理、宗教與科學結合起來的關鍵。【二】這樣一來，嚴復的知識觀與他所企圖建立的自由社會的理想有內在的聯繫性，因為知識決定思想、思想決定教育、教育影響如何來造就國民的智慧與道德，此一思路是嚴復所建構之「具有中國特色之自由主義」的重要基礎。然而嚴復在文化融合方面的努力顯然並沒有解決「會通中西」的思想挑戰（此一挑戰至今日仍然存在），當「不可思議」不再是一個不經批判、反省即可接受的人生信仰之時，科玄論戰、形上智慧是否可能、如何可能等議題就搬上了思想的舞台。不過嚴復思想的意義絕非只是作為新儒家或反五四的前驅，嚴復在哲學方面的思索雖不如新儒家深入，然就思想與實踐的關係與上述「把精神接引過來」的關鍵議題來說，筆者認為與傳統密切相關的嚴復模式也有超越新儒家之處。

【一】墨子刻：〈道統的世界化：論牟宗三、鄭家棟與追求批判意識的歷程〉。

【二】如果我們借用柏林「積極自由」（指追尋更佳之自我的自由）與「消極自由」（指以權利保障，而免於受制於他人的自由）的分法，嚴復顯然較強調積極自由的一面，他雖然沒有完全忽略消極自由，然而值得注意的是柏林所謂的消極自由尤其重視尊重個人品味（taste）、個人隱私（privacy）、自我利益（self-interest）與肯定結社的合法性等，這些西方自由主義、個人主義中較獨特的面向，則不為嚴復所強調。黃克武：《自由的所以然：嚴復對約翰彌爾自由思想的認識與批判》，頁一九三。柏林的想法見：Isaiah Berlin, "Two Concepts of Liberty," *Four Essays on Liberty*, Oxford University Press, 1969, pp. 118-172.

二、嚴復的經驗主義

嚴復的知識觀包括他對經驗的重視、對知識「體系」的強調，以及透過「理」與「道」的觀念將思議與不可思議的境界會通為一等想法。

嚴復的經驗主義與他的歷史觀是聯繫在一起的。他認為歷史是一元性的演進過程，因此知識的獲取必須依賴歷史中的後驗性（a posteriori）經驗，而非先驗性（a periori）的抽象原則。他公開地反對「不察事實，執因言果，先以一說以概餘論者」的陸王心學，以及西方學者如柏拉圖（Plato）、盧梭等理論。【一】此一實際的學術傾向不但受到家中父祖輩醫學的傳承、明清以來史學與經世傳統的影響，也與西學有密切的關係。

嚴復對先驗知識的反對和他對西方歸納法的引介是結合為一的。他翻譯了穆勒的《穆勒名學》和耶方斯（William Stanley Jevons，一八三五—一八八二）的《名學淺說》等書，這兩部書的主旨都是肯定歸納法。

然而對嚴復而言，從歷史經驗與歸納法所獲得的知識在中西均有所發展，知識的內涵不限於西學。他認為實際的知識不但是四史、五經與桐城派古文等，也包括外語、文學、史地、數學、物理、化學等科學知識。在論〈西學門徑功用〉一文，嚴復很深入地以「玄學」、「玄著學」與「著學」三類，分析西學的內涵與相互關係。值得注意的是他所說的「玄學」指邏輯與數學，

「玄著學」指力學與化學，「著學」指具體的天文、地理、生物等學科，它們完全是以經驗所獲得的知識。換言之嚴復的「玄學」並非形上學意義下的玄學，實為經驗之學：

> 故為學之道，第一步則須為玄學。玄者懸也，謂其不落遙際，理該眾事者也。玄學一名、二數，自九章至微積，方維皆麗焉。人不事玄學，則無由審必然之理，而擬於無所可擬。然其事過於潔淨精微，故專事此學，則心德偏而智不完，於是，則繼之以玄著學，有所附矣，而不囿於方隅。玄著學，一力，力即氣也。水、火、音、光、電磁諸學，皆力之變也。二質，質學即化學也。力質學明，然後知因果之相待。無無因之果，無無果之因，一也；因同則果同，果鉅則因鉅，二也。而一切謬悠如風水、星命、機詳之說，舉不足以惑之矣……而心德之能，猶未備也，故必受之以著學。著學者，用前數者之公理大例而用之，以考專門之物者也。如天學，如地學，如人學，如動植之學……然而尚未盡也，必事生理之學……又必事心理之學，生、心二理明，而後終之以群學……凡此云云，皆煉心之事。至如農學、兵學、御舟、機器、醫藥、礦務，則專門之至隘者，隨有遭遇而為之可耳……而人道始於一身，次於一家，終於一國。故最要莫急於奉生，教育子孫次之，而人

【一】穆勒著，嚴復譯：《穆勒名學》（台北：台灣商務印書館，一九六五年），頁五七。

生有群，又必知所以保國善群之事，學而至此，殆庶幾矣。【二】

從以上的分類亦可見，嚴復認為這些實際的學問不是將主題分散的眾學科湊集在一起，而是層次分明地形成一個體系。此一由經驗世界所導引出的知識體系對於個人「奉生」，乃至「保國善群」都有重要的意義。嚴復對經驗知識的強調使他的思想比新儒家的思想具有更強的實踐性格與經世意涵。

三、思議與不可思議

嚴復雖然反對抽象思維，肯定經驗主義，但他並不拒絕宋明理學「會通為一」的想法。【三】他用「道通為一」的概念來表達這樣的理念，【三】意指經驗知識的「名言之域」可以和超越經驗的「超名言之域」會通為一，其關係有如枝與幹、流與源：

窮理致知之事，其公例皆會通之詞，無專指者。惟其所會通愈廣，則其例亦愈尊。理如水木然，由條尋枝，循枝赴幹，匯歸萬派，萃於一源；至於一源，大道乃見。道通為一，此之謂也。【四】

格物窮理之事，必道通為一，而後有以包括群言。故雖枝葉扶疏，派流糾繚，而循條討本，則未有不歸於一極者。【五】

而道的內涵是兼中西並超越經驗世界的：

吾生最貴之一物亦名邏各斯。（《天演論》下卷十三篇所謂「有物渾成，字曰清靜之理」，即此物也。）此如佛氏所舉之阿德門，基督教所稱之靈魂，老子所謂道，孟子所謂

【一】〈西學門徑功用〉，《嚴復集》，頁九四—九五。
【二】有關宋明理學「會通」的目標，可參閱墨子刻：《擺脫困境：新儒學與中國政治文化的演進》（南京：江蘇人民出版社，一九九六年）。
【三】吳展良：〈嚴復早期的求道之旅：兼論傳統學術性格與思維方式的繼承與轉化〉，《台大歷史學報》，二三期（一九九九年），頁二三九—二七六。吳展良：〈嚴復《天演論》作意與內涵新詮〉，《台大歷史學報》，二四期（一九九九年），頁一〇三—一七六。
【四】《嚴復集》，頁一〇四二。
【五】《嚴復集》，頁八七五。

性，皆此物也。【一】

這樣一來，嚴復預先展示了現代中國哲學的一個中心議題，亦即以一個單一原則會通科學和其他領域之知識，亦即將「思議」與「不可思議」整合為一。然而值得注意的是，嚴復所處理的議題雖然是新的，他以枝幹、源流的比喻將形下與形上兩境界會通為「道」的回答方式，卻是非常傳統的（下詳）。

對嚴復而言，歷史與人性都是可知的。在他所認識的現實世界之中，人性與歷史都朝向一個斯賓塞式的目的論，亦即一個和諧與和平的世界之發展歷程。然而，歷史是不完美的，而且人類只能以調適的方法，獲得逐漸的進步。其中有一部分原因是科學無法解釋所有的事情。就此而言，嚴復與五四時代的「科學主義」者的思想全然異趣。對他來說，超越科學的境界稱之為不可思議，這也是哲學與宗教所關懷的「體」或「終極的真實」，亦即他所說的「道」。

嚴復強調宇宙中的事事物物都有時間、空間等兩個面向。物件基於此而存在，人心則有能力來掌握這些物件。他說「人心有域」【二】，超越此一境界，則為不可思議。正如史華慈所說，嚴復肯定「神秘主義」，而拒絕彌爾那種實證主義。【三】再者，根據史華慈，嚴復的思想離斯賓塞較近，而離彌爾較遠：斯賓塞在《第一原理》一書中表示，「可知（即思議）與不可知（即不可思議）之境界無法像彌爾所說的那樣截然劃分」【四】。

嚴復與彌爾的差距，並非只是因為他耽溺於形上的玄思。對他而言，瞭解不可思議的境界非常重要。因為就像許多二十世紀中國哲學家所會強調的，作為道德之基礎（包括嚴復所強調的儒家倫理，如「孝」）與痛苦之避難所的內在生活，必須奠基於某種形上的本體論之上，如此可以避免陷入「最下乘法」、「一概不信」的物質主義（materialism）。【五】嚴復此處所指的是西方科學主義式的「無神論」。這種對物質主義的拒絕與後來新儒家「感覺到支離割裂、茫無歸著」的恐懼，也有類似之處。【六】

【一】〈《穆勒名學》按語〉，《嚴復集》，頁一〇二八。此處嚴復談到「基督教所稱之靈魂」，基督教在嚴復的形上思考究竟有何意義，仍然值得分疏。李熾昌與李天綱談到一九〇八年嚴復翻譯《聖經》「馬可福音」的前四章之事。李熾昌、李天綱：〈關於嚴復翻譯的《馬可福音》〉，《中華文史論叢》，二〇〇〇年九月。然而嚴復對於基督教的態度是有保留的，他瞭解到基督教與儒家傳統之鴻溝，而且他不認為基督教可以解決中國內在生活方面的問題。他對康有為孔教思想的批判也與此有關。

【二】《嚴復集》，頁一〇三六。

【三】史華慈有關「神秘主義」的說法是值得斟酌的，嚴復肯定不可思議的神秘經驗、宗教，但他對不可思議的探索並非全然反對邏輯思維、依賴直覺，而是像新儒那樣「盡智見德」。

【四】Benjamin Schwartz, *In Search of Wealth and Power: Yen Fu and the West*, The Belknap Press of Harvard University Press, 1979, p. 195.

【五】《嚴復集》，頁八二五。

【六】墨子刻：〈形上思維與歷史性的思想規矩：論郁振華教授的《形上的智慧如何可能？——中國現代哲學的沉思》〉，《清華大學學報》（哲學社會科學版），卷一六期六（二〇〇一年），頁五七—六六。

他說不可思議是「體」，而思議則是感官經驗。歸納法可以揭示感官經驗世界之原則。【一】西方學者掌握了歸納法，因而能發現自然與社會科學。在西方人所發現的科學理論之中，最重要的是演化論。嚴復相信，西方人在科學知識上的發現與近代西方的富強有密切的關係。而且，不容忽略的是，對嚴復來說，演化論一方面是經驗界的根本原則，另一方面也是超越性「天道」的一部分。

然而，作為新儒家的先驅，嚴復拒絕將西方發現的真理視為唯一的解決內在、外在生活之關鍵。對他而言，內在生活及其與不可思議之關連是超越了科學，而主要需要依賴中國的智慧。他說：將科學所無法解釋的現象視為「迷信」是錯誤的，哲學大師赫胥黎與斯賓塞將此領域稱為 Unknowable，並命名為 "Agnostic"。【二】

不可思議的境界是會通眾理的結果，在中西學界都有觸及。嚴復說：「老謂之道，周易謂之太極，佛謂之自在，西哲謂之第一因，佛又謂之不二法門。萬化所由起訖，而學問之歸墟也。」【三】他在評點《老子》「同出而異名，同謂之玄。玄之又玄，眾妙之門」一句時，也指出此一境界：「同字逗，一切皆從同得玄。其所稱眾妙之門，即西人所謂 Summum Genus。《周易》道通為一、太極、無極諸語，蓋與此同。」【四】

在嚴復的著作之中，對「不可思議」一概念最直接的說明是在《天演論》「論十：佛法」的案語之中，所謂「寂不真寂，滅不真滅」，乃「諸理會歸最上之一理」：

談理見極時，乃必至不可思議之一境，既不可謂謬，而理又難知，此則真佛書所謂：「不可思議」……佛所稱涅槃，即其不可思議之一。他如理學中不可思議之理，亦多有之。如天地元始、造化真宰、萬物本體是已。至於物理之不可思議，則如宇如宙……他如萬物質點、動靜真殊、力之本始、神思起訖之倫，雖在聖智，皆不能言，此皆真實不可思議者……涅槃可指之義如此，第其所以稱不可思議者，非必謂其理之幽渺難知也。其不可思議，即在寂不真寂，滅不真滅二語。世界何物，乃為非有非非有耶？譬之有人，真死矣，而不可謂死，此非天下之達反，而至難著思者耶！故曰不可思議也。此不徒佛道為然，理見極時，莫不如是。蓋天下事理，如木之分條，水之分派，求解則追溯本源。故理之可解者，在通眾異為一同，更進則此所謂同，又成為異，而與他異通於大同。當其可通，皆為可解。如是漸進，至於諸理會歸最上之一理，孤立無對，既無不冒，自無與通。無與通則

【一】值得注意的是彌爾將科學性的推理分為三種演繹、一種歸納。對他來說歸納法並不適合於政治與歷史。嚴復似乎過度強調彌爾思想中的歸納法，忽略彌爾亦主張演繹法。有關彌爾邏輯思想請見 Leo Strauss and Joseph Cropsey, eds. *History of Political Philosophy*, 3rd. Ed., University of Chicago Press, 1987, p.785.

【二】《嚴復集》，頁八二五。

【三】《嚴復集》，頁一〇八四。

【四】《嚴復集》，頁一〇七五。

不可解，不可解者，不可思議也。【一】

總之，嚴復受到道家所謂「道可道，非常道」之觀念的影響，傾向在邏輯性的命題以外來找尋默然的智能。【二】而且他以「盡智見德」、「會通為一」的精神，將形下與形上境界融合為一完整的知識體系，此一知識觀不宜稱為「神秘主義」。其實包括嚴復在內的現代中國哲學家企圖會通思想，並以默然的直覺來掌握和實踐天道與人道的統一，此一共識有非常明顯的歷史淵源，即宋明理學中「天人合一」與「知行合一」的傳統。【三】

同時，我們不能忽略，嚴復在這方面的想法也與釋、道之中宗教的傾向，以及以固有倫理道德作為現代自由社會之根基的想法聯繫在一起。嚴復一生都不排斥宗教經驗，曾說「世間之大、現象之多，實有發生非科學公例所能作解者」【四】，他也勸他的孩子：「人生閱歷，實有許多不可純以科學通者，更不敢將幽冥之端，一概抹殺。」【五】這樣一來，嚴復可以一方面提倡西方科學，同時對他而言，科學與宗教並不衝突。一九二一年夏天，在他死前的兩、三個月，他親手為已過世原配王夫人抄寫《金剛經》一部。在一封寫給兒子們的信中，不久於人世的嚴復說道：「老病之夫，固無地可期舒適耳。然尚勉強寫得《金剛經》一部，以資汝亡過嫡母冥福。」嚴復的抄寫工作並非單純的體力活動，而是有著強烈的精神感受，當他讀到《金剛經》中下面的幾段文字時深有所感：「每至佛言『無所住而生其心』，又如言『法尚應捨，何況非法』，輒

歎佛氏象數，超絕恆識。」【六】

當然我們也不會訝異嚴復相信鬼神的存在，對他來說這是不可思議的一部分。他在一九一六年寫給研究「靈學」的俞復（一八五六—一九四三）一封信，信中表示：這個世界龐大無比而充滿了不同的東西，其中存在了許多科學所無法解釋的事物。我們不能因為事無前例，就說全屬空言。他直言「孰謂冥冥中無鬼神哉」。【七】嚴復對鬼神的信仰在晚年變得更為強烈。他不但捐錢修建位於陽崎的尚書廟，不時前往祭拜、上香，甚至以扶乩求藥治病。在他的日記之中，我們看到許多以易經卜卦來算命的記載。對他而言，卜卦似乎是進入不可思議之境界的一個管道。

【一】《嚴復集》，頁一三八〇—一三八一。
【二】嚴復在評點《老子》「道可道，非常道；名可名，非常名」時說：「常道，常名，無對待故，無有文字言說故，不可思議故」，《嚴復集》，頁一〇七五。
【三】墨子刻：〈道統的世界化：論牟宗三、鄭家棟與追求批判意識的歷程〉。
【四】《嚴復集》，頁七二五（一九一八年一月十九日與俞復書）。
【五】《嚴復集》，頁八二五。
【六】《嚴復集》，頁八二四。
【七】《嚴復集》，頁七二五—七二七。

四、結論

對嚴復來說，知識的內容不但是科學可以解釋的感官經驗，即思議世界，也包括以盡智見德之直覺所導引出來的「不可思議」的世界，而道德規範是奠基於後者之上。這樣一來，我們要如何來看嚴復在中國近代思想史中從「獨斷論」到「理性」過程中的啟蒙角色呢？從科學為中心的線性發展角度，將前者（思議）稱為「進步成分」，後者（不可思議）稱為「落後」、「保守」，顯然不能解決問題。嚴復之後科玄論戰的出現，在此已埋下伏筆。嚴復雖沒有參加此一論戰，然其立場顯然較接近梁啟超與張君勱（一八八七—一九六九），而與胡適、丁文江（一八八七—一九三六）有所不同。

嚴復樂觀地認為「思議」與「不可思議」之間的衝突是可以解決的。他相信針對科學與宗教，人們不必「總著一邊」，而可以做出「平衡判斷」（Balanced Judgment）。[一] 他不但以枝幹、源流的比喻將兩者在理論層次會通為一，而且在生活層面，也可以將兩者融洽地、巧妙地交織在一起：邏輯與卜卦並行而不悖，易經與演化論相互配合。總之，形上的智慧安穩地掌控天道、人道與物質世界，而「既濟」到「未濟」的過程，也預留了既開放又充滿挑戰的未來。這背後正表現出一種強烈的樂觀主義認識論的傾向。

墨子刻先生敏銳地指出中國思想家離不開「不可思議」的超名言之域和他們思想中的烏托

邦主義有關。他說：「中國哲學是一個平天下、救世界的學問，而對它來說，在『神魔混雜』的形而下境界中找局部性不完美的進步是不夠的。以內聖外王的大同為目標的中國哲學必須找一種能完全道德化政治活動的無限力量，而這種力量的可能性只在形上的境界中。這就是說，中國哲學的思想規矩是包含兩種樂觀主義，即樂觀主義認識論和對政治可行性的樂觀主義，而這兩者不無互相依賴的關係。」【二】嚴復的知識觀也清楚地顯示他的思想中基於兩種樂觀主義的烏托邦思想。誠如筆者在《自由的所以然：嚴復對約翰彌爾自由思想的認識與批判》一書所強調的，嚴復的在人性論與知識論的樂觀主義之傾向，與強調悲觀主義認識論和政治可行性的彌爾式自由主義有格格不入之處，現代中國自由思想的困境，例如缺乏張灝所謂的「幽暗意識」與容忍精神，與此不無關係。【三】

然而困境或許也正是出路。如果我們回到前文所述「把精神接引過來」的關鍵議題，嚴復的模式或許不夠像新儒那樣，注意到科學的挑戰以及「思議」與「不可思議」的矛盾，並建構出一套精緻的哲學理論，解決衝突、會通中西；可是正如鄭家棟與墨子刻之會話所顯示的，新

【一】《嚴復集》，頁八二四—八二五。

【二】墨子刻：〈道統的世界化：論牟宗三、鄭家棟與追求批判意識的歷程〉。

【三】張灝：《幽暗意識與民主傳統》。

儒家對會通中西的回應，也有許多值得反省之處，特別是思想與實踐的關係（鄭氏所謂牟宗三將中國哲學理性化之時，反而陷入坐而論道的陷阱），以及更自覺地面對西方認識論大革命的挑戰等議題。【一】嚴復的模式雖不說明我們解決後者，因為誠如墨子刻所說，他和大部分二十世紀中國思想家一樣，不夠針對西方悲觀主義認識論的挑戰；然在思想與實踐方面，拙見以為他結合「思議」與「不可思議」的知識觀、《易經》與進化論的歷史觀、以儒釋道為基礎的人生觀，來接引西方的民主與科學，是針對中與西、傳統與現代而構思的一個巧妙的體系，此一構想在某種意義上超越了新儒家與其他二十世紀主流思潮。在面對二十一世紀之時，嚴復思想中的新舊交織性與「落後面」反而有許多令人深省之處。

本文原刊：習近平主編：《科學與愛國：嚴復思想新探》（北京：清華大學出版社，二〇〇一年），頁二四七——二五七。

【一】鄭家棟：《牟宗三》；墨子刻：〈道統的世界化：論牟宗三、鄭家棟與追求批判意識的歷程〉。亦可參見鄭家棟：《斷裂中的傳統：信念與理性之間》（北京：中國社會科學出版社，二〇〇一年），該書摘錄了墨子刻的評論，改為〈道統：中國與世界——牟宗三、鄭家棟與尋求批判意識的歷程〉，見頁五六六——六一一。

靈學與近代中國的知識轉型

——民初知識分子對科學、宗教與迷信的再思考

一、前言

清末民初中國的知識界是一個從傳統到現代的過渡階段，簡單地說，可謂經學的沒落與科學的興起，或說是「世俗化」（secularization）的發展。然而近代中國世俗化的過程頗為曲折迂迴，如果僅從線性、目的論式的進程，亦即重視物質的實證科學逐漸成為研究典範之角度來觀察，往往會忽略一些複雜的面向。[1]同時，在「啟蒙」論述的籠罩下，一些與啟蒙作用不直接相關的西學，往往甚少受到學者之關注。其實，清末民初打著「科學」的名號傳入中國的西方「先進」學問，不但有大家所熟知的正規學科，如數學、物理、化學、生物、醫學等，也有各式各樣具有神奇色彩的新知，其中以目前學科分類中屬於心理學與宗教研究的靈學、妖怪學、仙佛與鬼影照相、催眠術、轉桌術、靈魂製造機、返老還童術等，尤其膾炙人口，曾吸引了許多人的注意。這些西方奇技之引入，引發了人們對科學、宗教、迷信等議題的爭論。何謂科學？何謂宗教？何謂迷信？這些議題是清末之前的中國知識界所不曾出現的。

本文以靈學為中心來探討近代中國的知識轉型，並以此反思「世俗化」的曲折過程。本文所謂的「知識」並非實證性、物質性的科學，而是有更廣的意涵。「知識」（knowledge）與「信仰」（faith）或個人的「意見」（opinion）不同，意指「合理的觀念」或是柏拉圖所謂「有道理而能配合真理的信念」（justified true belief），而合理與不合理的區別，往往因學派、時代與文化而異。知識也包括「智慧」，亦即針對人生終極問題所提出的看法。這樣一來，科學知識或實證性的知識，只是知識範圍中的一部分。這一種對知識的定義與孔恩（Thomas Samuel Kuhn，一九二二—一九九六）所謂的「典範論」，以及知識社會學（sociology of knowledge）所主張知識是社會的「建構」也是一致的。【二】

「靈學」（spiritualism or psychical research）即「心靈學」或「靈魂之學」，是指探討靈魂、心靈溝通、特異功能、死後世界等議題的學問。【三】在上述的定義之下，靈學因同時具有信仰與

【一】世俗化即是韋伯所謂的「理性化」與「除魅」（disenchantment）的過程，意指在科學理性的引導之下，人類逐漸消除宗教迷信，進入一個理性的科學時代。Charles Taylor 與 Talal Asad 有關西方世俗化過程的研究即顯示此一過程頗為複雜。Charles Taylor, *A Secular Age*, The Belknap of Harvard University Press, 2007; Talal Asad, *Formations of the Secular: Christianity, Islam, Modernity*, Stanford University Press, 2003.

【二】Thomas S. Kuhn, *The Structure of Scientific Revolutions*, University of Chicago Press, 1962. 知識社會學的興起，發展與知識史的研究取向，請參考 Peter Burke, *A Social History of Knowledge: From Gutenberg to Diderot*, Polity Press, 2002.

【三】「靈魂」一詞為傳統詞彙，不過在古籍之中並不多見，中央研究院的「漢籍電子文獻資料庫」中有五個例子：分別見《漢書》、《三國志》、《三遂平妖傳》（馮夢龍著）、《元刊雜劇三十種》（寧希元校點）、《鏡花緣》。後來西方 soul 的觀念傳入中國，在傳教士編字典之中該字被翻譯為「魂」、「靈」或「靈魂」。例如羅存德（Wilhelm Lobscheid，一八二二—一八九三）的 *An English and Chinese Dictionary*《英華字典》（Hong Kong: Daily Press, 1866-1869）即將 soul 翻譯為「靈魂」，見頁一六三七。有關中國早期的靈魂觀念見余英時：〈魂歸來兮——論佛教傳入以前中國靈魂與來世觀念的轉變〉，收入氏著，侯旭東譯：《東漢生死觀》（上海：上海古籍出版社，二〇〇五年），頁一二七—一五三。

科學雙重色彩，其是否能納入「知識」（如心理學）的範疇就成為許多人討論的議題。這也顯示如果我們不以實證科學作為知識之定義，知識就成為一個範疇開放與邊界模糊的概念，知識史所處理的課題之重點就不在於判定何者為「真知識」、何者為「偽知識」（如「偽科學」是中國大陸許多學者所採用的概念），而是更關注於「知識」宣稱與相互辯論的歷史過程。【一】

有關「靈學」與近代中國的知識轉型一課題，二〇〇七年時筆者曾以「上海靈學會」為例，探討一九一七—一九二〇年間靈學在中國社會的起源，以及五四新知識分子在《新青年》等雜誌上對靈學之批判，然而對於上海靈學會之思想面向、後期的發展，以及靈學對中國知識界的衝擊等議題，該文則較少著墨。【二】本文將參酌一、二手史料，一方面描寫與分析上海靈學會與相關的一些現象（催眠術、扶乩等）之歷史發展及其思想立場，另一方面則以二十世紀初年中國思想界有關「靈學」議題的討論為中心，環繞著嚴復、梁啟超、胡適、陳大齊（一八八六—一九八三）、林宰平（一八七九—一九六〇）等人之觀念，探究知識轉型的過程。拙文的焦點為：近代中國靈學之源起、發展及其對於知識轉型的影響，尤其探討在靈學的衝擊之下，不同人們對科學、哲學、宗教、迷信等觀念之界定所形成的思想光譜，以及如何爭取對「科學」之詮釋權，並將自己所反對的觀點界定為「迷信」或魔術。清末民初靈學之議題對一九二三至二四年「科學與人生觀論戰」（或稱「科玄論戰」）產生了重要的影響。過去許多學者都曾研究過科玄論戰【三】，但少有人注意到無論是科學派，或這些人所批評的「玄學鬼」，在語彙與觀念上都受到靈學議題的衝擊，因而形成了從靈學辯論到科玄論戰的持續性發展。五四之後，此一爭端並未止息，科學與靈學之間的張力一直延續到今日，成為我們認識近代中國歷史文化變遷的一條重要線索。

二、中西文化交流與近代中國靈學研究的興起

近代中國的靈學研究雖有本土的淵源，然其源起則直接受到西方的影響。在十八世紀末年，奧地利人美士馬（Franz Friedrich Anton Mesmer，一七三四—一八一五）發明「動物磁

【一】「偽科學」的背後有科學主義（scientism）的預設。見涂建華：《中國偽科學史》（貴陽：貴州教育出版社，二〇〇三年）。

【二】黃克武：〈民國初年上海的靈學研究：以「上海靈學會」為例〉，《中央研究院近代史研究所集刊》，期五五（二〇〇七年），頁九九—一三六。近年來有關近代中國靈學的歷史已有一些研究，參見鄭國、泮君玲：〈關於民初中國靈學問題研究的綜述與展望〉，《科學與無神論》，期六（二〇〇八年），頁四八—五二。

【三】如林毓生：〈民初「科學主義」的興起與含義：對民國十二年「科學與玄學」論爭的省察〉，收入氏著，穆善培譯：《中國意識的危機：「五四時期」激烈的反傳統主義》（貴陽：貴州人民出版社，一九八八年），頁三〇一—三三三。葉其忠：〈從張君勱和丁文江兩人和〈人生觀〉一文看一九二三年「科玄論戰」的爆發與擴展〉，《中央研究院近代史研究所集刊》，期二五（一九九六年），頁二一一—二六七。

性說」（animal magnetism），相信動物之間的磁氣可以相互影響，藉此引發出一種睡眠狀態，並依此術來治病，這種方法後來成為現代催眠術的一個源頭。他的主要理論是人類由肉體、精神、靈魂三者所組成，肉體與靈魂不相屬，要靠精神來做媒介，而精神與靈魂可與肉體分開。【一】其後英國、法國與美國等地都有人研究催眠術，並將催眠術與心靈、精神、靈魂之研究逐漸結合在一起。至一八五〇、六〇年代，英國學者開始從事所謂「靈學研究」（psychical research），一八八二年二月二十日，「靈學研究會」在英國倫敦正式成立，這一派的學者研究心理感通或靈魂之間的溝通，認為人在死後靈魂繼續存在，而且可以透過各種方式降臨人世。這樣一來，靈學被認為是研究靈魂之間的溝通，以及探索死後世界、鬼神等現象的一門學問。英國靈學研究會的組織十分完善，存在時間也很長（直至今日）。【二】尤其重要的是，它由許多知名的學者參與、領導，因而造成廣泛的影響。一九三〇年代曾擔任英國靈學會會長的美國學者萊因（Joseph Banks Rhine，一八九五—一九八〇）繼續此一傳承，使用實驗的方法來進行超常現象的研究，並將之稱為「超心理學」（parapsychology），該詞彙甚至有取代靈學之趨勢。由於他的推廣，超心理學一詞遂在英語世界中逐漸普及。一直到現在，仍有不少學者從事這方面的研究，企圖突破現有科學之範疇。【三】

一八八〇年代以後，歐美的靈學研究傳入日本，【四】日人將 psychical research 譯為「靈學」、「靈魂之學」或「心靈研究」。【五】靈學（包括催眠術、千里眼等）在日本也有很蓬勃的發展，並引起許多辯論。中國的留日學生與旅日華僑對此也深感興趣，曾在橫濱組織「中國心靈俱樂部」（一九〇八年）、在神戶成立「中國精神研究會」（一九一一年），研究催眠術。在日本的靈學研究，以及批判靈學的想法，也從不同管道傳入中國。當時傳入中國的靈學，其內容非常複雜，難以全面歸納，大致有以下五類：一、「心靈感通」，認為人與人可以透過心靈感應，交流思想；二、催眠術；三、特異功能，宣揚有些人具有遙視、透視的能力，如千里眼、天眼通；四、妖怪學：研究妖怪與鬼物；五、「降神術」，宣傳人的靈魂可與鬼神溝通，代鬼神宣言。

【一】有關 Mesmer 在十八至十九世紀法國史上的地位，請見 Robert Darnton, *Mesmerism and the End of the Enlightenment in France*, Harvard University Press, 1968.

【二】十九世紀英國靈學研究之起源、興盛與影響，可以參見：Peter Gay, *Schnitzler's Century: The Making of Middle-Class Culture, 1815-1914*, Norton, 2002.

【三】「超心理學」意指研究超自然的現象的學問，主要包括瀕死體驗、輪迴、脫體經驗、傳心術、預言、遙視和意念力等。台灣有關特異功能、氣功、生物能場之研究甚多，如前台灣大學校長、電機系李嗣涔教授長期研究的「心電感應」和「手指識字」等，即是此一類型的研究。

【四】根據井上圓了的說法是：一八八四年從美國航行至伊豆半島下田的一位船員將美國當時相當流行的 Turning Table 表演給當地住民看，其後便傳入日本，並在明治二十年間造成風行。日本稱 Turning Table 為こっくりさん。一柳廣孝：《こっくりさんと千里眼：日本近代と心靈學》（東京：講談社，一九九四年），頁二〇—二一。

【五】羅布存德原著，井上哲次郎訂增：《訂增英華字典》（東京：藤本氏，一八八四年），書中將 psychology 譯為「靈魂之學」，頁八〇五。

這幾項又與中國傳統中的降仙童、迎紫姑、扶乩、討亡術、祝由科等結合在一起，而深深吸引國人之注意。不過，無論是在中國、日本或西方，靈學雖有一些共同被認可的核心觀念，然而並非一界定十分清楚的學問範疇，不同立場者對於靈學之內涵亦有不同的認定。同時，即使是研究上述如心靈感通、妖怪學與催眠術的人之中，也有人認為他們的研究乃正宗的「科學」，或較為狹義的「心理學」，而非靈學、宗教或魔術。

民國初年以來，在中國各地成立的一些有關催眠術、靈學研究的團體有：「上海靈學會」、「靈學研究社」、「預知研究會」、「中國心靈研究會」、「催眠協會」、「變態心理學會」、「催眠養成所」、「中國精神研究會」等，這些新興的學會或研究會不但透過報紙廣告吸引城鄉居民加入會員、購買書籍，而且透過「函授」的方式深入偏遠地區。一九二一年四月二十一日，時在上海的外國人也曾成立一個 The Shanghai Society for Psychical Research，每周三聚會，常常舉辦演講、讀書會等活動。[二]當時翻譯和出版的靈學書籍與雜誌包括《靈學叢誌》、《靈學要誌》、《心靈學講義》、《神通入門》、《靈力發顯術》、《靈力拒病論》、《靈魂體總論》、《靈力實驗法》、《新靈子術》、《心靈現象》、《靈明法》、《太靈道》、《心靈光》、《扶乩原理》等。此外，在民國初年的《東方雜誌》、《科學》、《學生雜誌》、《公餘季刊》、《新青年》、《新潮》、《道德雜誌》、《時兆月報》（基督教之雜誌）等雜誌上，也刊載了譯介和討論靈學、催眠術、千里眼、心理溝通等主題的文章，一時之間靈學議題之探討盛況空前。

民初的靈學研究，除了上述靈學從西方到日本再到中國的文化傳播之背景外，還涉及第一次世界大戰之後中國思想界、宗教界的重要發展。很多人都指出歐戰之後國人生發高度的文化自覺，如梁啟超的《歐遊心影錄》（一九二〇年）、梁漱溟（一八九三—一九八八）的《東西文化及其哲學》（一九二〇年），一方面看到西方物質文明的過度發展導致毀滅性的戰爭，另一方面則引起對自身文化的信心，希望在東方的精神文明之中尋找出路，印度的泰戈爾（Rabindranath Tagore，一八六一—一九四一）即在此背景下受邀來華訪問。然而抱持此一觀點者，不但有梁啟超、梁漱溟等知識分子，也包括宗教界的人士。宗教界出於對西方物質文明的絕望，標榜「救世」和超越墮落的物質文明，以拯救人心大壞、道德衰微，紛紛組織新的宗教與慈善團體（有些團體可以追溯到明清時代甚至更早），如同善社、悟善社、道院紅卍字會、救世新教、萬國道德會、中國濟生會等等。這些在民初社會中流行的傳統與新興的民間教團大部分以扶乩與慈善事業作為活動的主體，亦宣稱從事「靈學」研究。[二]其中，一九一七年姚濟蒼等人在北京立案的「同善社」以無生老母為宗主，會通三教原理，用氣功、靜坐方式導引信徒冥想，還大力推行扶乩、通靈等活動。同善社一度分佈全國，一九二〇年代該社成員可

【一】*North China Herald*, 1921.4.30, pp. 317, 319.

【二】酒井忠夫：《近・現代中國における宗教結社の研究》（東京：國書刊行會，二〇〇二年）。

能多達三百萬人。其會員又在上海成立了「國學專修館」，推動儒教與尊孔，【二】一九二〇年唐文治（一八六五—一九五四）即在該會會員施肇曾（一八六五—一九四五）與朋友陸勤之的鼓勵下，成立無錫國學專修館。同善社甚至推展到香港、新加坡、澳洲等地，該社至一九四九年被禁之後還在中國大陸存在了一段時間。【三】一九二一年時《新青年》編者看到同善社之勢力迅速擴張，認為該會是「靈學會的化身」，要拿出先前批判上海靈學會的精神來加以圍剿，因而在《新青年》之上轉載了《湘潭日報》黎明所撰的〈闢同善社〉一文，大力批駁。【三】該文顯然發揮了一定的影響力，幾個月以後，《民國日報》也刊登一篇周志瀛寫的〈闢同善社〉，呼應上述的觀點，並呼籲江蘇省各縣教育會應設法禁止其傳播。【四】

中國濟生會成立於一九一六年，是一個源於清末濟公鸞堂的佛教慈善機構，陳潤夫（一八四一—一九一九）與王一亭（一八六七—一九三八）曾任該會會長。該會所從事之慈善工作包括成立學校、醫院、銀行，並從事各種賑災活動。同時與濟生會有相互依存關係者為「集雲軒」，可謂濟生會的內修組織，負責信仰方面的工作。集雲軒設有乩壇，供信徒扶乩。事實上，濟生會無論是總會還是分會，都設有乩壇。論者以為將此類以扶乩作為主體的宗教行為與慈善活動相結合的組織方式，在民初頗為流行。【五】一九二〇年代，上海寧波路中旺弄濟生會的樓中即設有一乩壇，當時住在上海的陳伯熙曾與友人前往，陳氏記錄了該壇的情況：「該壇為滬上商界巨子王一亭、黃楚九、朱葆三、俞仲還等捐資所設，巨商富賈、大家婦女之往虔叩者絡繹不絕」，且前往扶乩者以單雙日分男女賓，界線分明，又不需納會費。【六】道德會則成立於一九二一年，主旨是弘揚孔孟學說、研究「三界五行」，並宣傳天命

【一】曹聚仁曾談到當時各種的研究國學之機構：「即以『整理國故』一事而論：北京大學之國學研究所，以『國學』為幟；無錫之國學專修館，亦以『國學』為幟；上海同善社之國學專修館，亦以『國學』為幟；三者雖同標一幟，其實三者必不能並立。……北京國學研究所之『國學』，賽先生之『國學』也；無錫之國學專修館，冬烘先生之『國學』也；上海之國學專修館，神怪先生之『國學』也。」見曹聚仁：〈春雷初動中之國故學〉，收入許嘯天編：《國故學討論集》（北京：國家圖書館出版社，二〇一〇年），上冊，頁八四—八五。其實，無錫唐文治之國學與同善社亦有關連。

【二】有關同善社成立的情況，見王見川：〈同善社早期的特點及在雲南的發展（一九一二—一九三七）：兼談其與「鸞壇」、「儒教」的關係〉，《民俗曲藝》，期一七二（二〇一一年），頁一二七—一五九。

【三】有關同善社的傳佈，請參見《新青年》卷九號四（一九二一年）的報導。記者在文中表示：「近來的同善社，幾乎遍國皆是了」。陳獨秀則說：包括北京、長江流域一帶與廣東都有同善社，「大有一日千里之勢」。見通信頁一—四。至於國民政府對於同善社的禁止，見 Rebecca Nedostup, *Superstitious Regimes: Religion and the Politics of Chinese Modernity*, Harvard University Asia Center, 2010, pp. 28-34.

【四】周志瀛：〈闢同善社〉，《民國日報》（上海），一九二一年十二月十一日。

【五】王見川：〈清末民初中國的濟公信仰與扶乩團體：兼談中國濟生會的由來〉，《民俗曲藝》，期一六二（台北，二〇〇八年），頁一三九—一六九。

【六】陳伯熙編著：〈濟生會之乩壇〉，《上海軼事大觀》（上海：上海書店，二〇〇〇年），頁三七一。

與感應，以挽救道德淪喪。紅卍字會則是宗教團體「道院」所設的一個慈善機關。【一】道院於一九一六年成立於山東省濟南東北的濱縣，是以扶乩來占卜吉凶、請神降臨的一個民間結社。【二】一九二二年，組織鬆散的道院已經擁有六十多個分院，並成為北京政府所認可的一個民間社團。道院的宗旨有二：一是提倡道德，實行慈善；一是消解種族、宗教之分。該會出版的刊物計有：《哲報》（*Spiritual Record*），其宗旨為：「提倡大道，泯除宗教界線……凡關於道德、宗教、哲學、靈學、慈善、格言等性質之文字，皆登載之」；【三】《道德雜誌》（一九二一—一九二四年）則以「提倡道德，研究哲靈學理」為宗旨，刊載乩壇書繪與靈驗事蹟，「以供研究靈學者之津梁」。【四】

總之，這些宗教社團和靈學研究團體結合在一起，形成了民初靈學研究之盛況，也引發了知識界的論戰，造成有關科學、哲學、宗教、迷信等概念如何重新分疆劃界的討論。

民初靈學出現所造成「科學」、「迷信」等範疇重新界定之議題顯示近代中國知識轉型之複雜多元的面貌。靈學的支持者認為靈學（如催眠術、千里眼等）不但配合傳統中一些觀念與行為，而且得到科學性的證據與解釋，因此靈學不是「迷信」，而是最先進的「科學」，是超越現有科學的新興領域。近代以來支持靈學的著名人物包括西學大師嚴復、精研佛道思想與西方醫學的丁福保（一八七四—一九五二）、律師與外交官伍廷芳（一八四二—一九二二），政治家與法學家王寵惠（一八八一—一九五八）、台灣大學教授徐子明（一八八八—一九七三），以及蔣介石的侍從秘書鄧文儀（一九〇五—一九九八）等人。【五】這顯示近代西方的「科學」概念，以及近代中國所引進的西方「科學」，並非單純地屬於實證科學，而是具有更複雜、多元的內涵。近代中國最早公開宣稱靈學為一種科學、甚至可以包含科學的一群人，為上海靈學會的支持者。

三、上海靈學會的「科學」宣稱：科學、靈學相得益彰

近代中國靈學研究的肇始要屬上海靈學會。該會成立於一九一七年的秋天，一九一八年發

【一】有關「道院」與紅卍字會的關係，據該會的說法：「道院之內。附設世界紅卍字會。專以救濟災患為職志。卍會命名。以卍字表示慈濟所及應上下四方周圍無所不包。無所不至。以普及世界。更期、無人、無我、無界、無域、無一切歧視之意。集中社會一部分人力、物力。以救人群物類之痛苦。」參見：〈道院與紅卍字會的關係〉，http://www.twrss.org/ch3_temple/ch3_1/ch3_11.html（二〇一二年十一月二十五日訪問）。

【二】陳明華：〈扶乩的制度化與民國新興宗教的成長——以世界紅卍字會道院為例（一九二一—一九三二）〉，《歷史研究》，期六（二〇〇九年），頁六三—七八。

【三】〈本報宗旨〉，《哲報》，期一（一九二二年），各刊卷首。

【四】〈道德社編輯部啟事〉，《道德雜誌》，卷一期一（一九二一年），卷首。

【五】這幾位人物的靈學思想都值得作進一步研究。

行《靈學叢誌》，以宣揚靈學研究為其宗旨。《靈學叢誌》於一九一八年出版了十期，一九一九、一九二〇年各出版了四期，至一九二一年改為季刊，出版了一期。【一】因此從一九一七至一九二〇年可謂上海靈學會的全盛時期；一九二一年之後該會性質有所轉變，學術研究之性格轉弱，再度回復到一個以扶乩、施藥與慈善工作為主的團體，一直延續到一九四〇年代的中、後期方才結束。

有關該會早期的歷史（一九一八—一九二〇年），筆者在二〇〇七年所發表之文章曾做過初步的探討。該文指出：清末在中國知識界所開始從事的靈學研究同時具有中國與西方的淵源，是以傳統扶乩為主要的活動形式，再融入西方心靈、精神研究的觀念與作法，如靈魂攝影等，而形成的一個民間團體。【二】

因此要瞭解靈學會出現的背景，需要先略為釐清扶乩的歷史。扶乩在中國傳統社會十分普遍，是一種涉及宗教、占卜與醫療等因素之活動。【三】紀曉嵐（一七二四—一八〇五）的《閱微草堂筆記》曾記載不少扶乩之事跡，其「宣示之預言事後頗多巧驗，且文法詩詞格律謹嚴，似非當時乩手所可摹擬」，【四】徐珂（一八六九—一九二八）的《清稗類鈔》（一九一七年）也對清代扶乩的情況有所介紹，其方法如下：「術士以硃盤承沙，上置形如丁字之架，懸錐其端，左右以兩人扶之，焚符，神降，以決休咎，即書字於沙中，曰扶乩，與古俗卜紫姑相類。一曰扶箕，則以箕代盤也。」【五】扶乩的參與者不但包括一般民眾，也包括士大夫，例如很多士人喜歡問科舉考試的試題與科考是否中榜。【六】又如曾任兩廣總督葉名琛（一八〇七—一八五九）的父親葉志詵（一七七九—一八六三）亦十分熱衷扶乩活動。因其父篤信道教、愛好扶乩，葉名琛特建「長春仙館」，供奉呂洞賓、李太白二仙，作為扶乩之場所。葉志詵的扶乩活動同時與他對傳統中醫的愛好，以及對於傳教士如合信（Benjamin Hobson，一八一六—一八七三）等人

【一】這是上海圖書館目前所收藏的《靈學叢誌》之卷期，以往的學者（如吳光與志賀市子）都認為該雜誌出版了兩卷十八期（見黃克武：《惟適之安：嚴復與近代中國的文化轉型》〔台北：聯經出版事業公司，二〇一〇年〕，頁一七六），而沒有注意到一九二一年該刊改為季刊，又出了一期。

【二】黃克武：〈民國初年上海的靈學研究：以「上海靈學會」為例〉，《中央研究院近代史研究所集刊》，期五五（二〇〇七年），頁九九—一三六。

【三】許地山：《扶箕迷信底研究》（台北：台灣商務印書館，一九六六年），該書初版於一九四一年，主要利用《古今圖書集成》神異典降筆部，以及筆記、小說等史料，將扶乩視為「迷信」。有關佛教與扶乩之關係，請參考范純武：〈近現代中國佛教與扶乩〉，《圓光佛學學報》，期三（一九九九年），頁二六一—二九一。

【四】陳伯熙編著：〈靈學會〉，《上海軼事大觀》，頁三七〇。魏曉虹：〈論《閱微草堂筆記》中扶乩與文人士大夫生活〉，《太原師範學院學報》（社會科學版），期三（二〇一〇年），頁六九—七四。

【五】徐珂編撰：《清稗類鈔》（北京：中華書局，一九九六年），頁四五四七。

【六】參見徐珂編撰：《清稗類鈔》，「方伎類」。例如：「康熙戊辰會試，舉子某求乩仙示題，乩書『不知』二字。舉子再拜而言曰：『神仙豈有不知之理。』乃大書曰：『不知不知又不知。』眾大笑，以仙為無知也。而是科題乃『不知命無以為君子也』三節。」見該書頁四五四九。

所譯介之西方人體知識並行不悖。【一】

清末民初時隨著西方靈學、精神研究與催眠術的傳入，許多人發現扶乩與此密切相關。徐珂就說，「新學家往往斥扶乩之術為迷信，其實精神作用，神與會合，自爾通靈，無足奇也。」【二】上海靈學會之參與者即秉持此一觀點，企圖將扶乩與西方的精神、靈魂之說結合在一起。該會源於江蘇無錫楊姓家族的乩壇。靈學會發起人之一的楊璿表示：在光緒末年，他的祖、父輩就在楊氏家族「義莊內花廳後軒」設立乩壇。楊璿開始參與扶乩之時，「（先祖）命璿執乩務，先祖立其旁，囑視沙盤，筆錄乩字」。宣統三年（一九一一年），其祖父過世，楊璿又教導其弟（楊真如）扶乩。【三】

幾年後楊璿出任無錫市立學校的校長，無暇從事扶乩，「壇遂告終」，至一九一六年他接觸到西方精神現象的研究之後，才有轉機。他說「丙辰秋，余因研究精神哲學，靈魂原理，而旁及催眠、通腦諸術，見有所謂奇妙之神秘作用，不可思議之現象者」。同時，他和他的弟弟因協助擅長催眠術之鮑芳洲從事「中國精神研究會」無錫分部的組織工作，常往來於無錫與上海之間。【四】楊璿在學習西方的精神科學、靈魂研究之後，覺得西方這一套學問其實並非「上乘之義」，不如中國固有的道術來得精妙，【五】於是重新燃起了對扶乩的興趣，再度開壇，將扶乩與新傳入的精神研究結合在一起。此一構想得到他父親的支持。

楊璿的父親楊光熙當時在上海中華書局工作，與俞復、陸費逵（一八八六——一九四一）、陳寅（一八八二—一九三四）（均為中華書局創始人）等人熟識。一九一七年的秋天，楊光熙曾陪伴陳寅前往「濟生壇」問事，剛巧該壇停乩。【六】陳寅就建議楊光熙自行設立乩壇。【七】楊光熙與他的兩個兒子商量之後，請兩人到上海協助。不久這些人就決定在上海交通路通裕里創立「盛德壇」，再共同組織一個研究「精神靈魂之學」的團體，即上海靈學會，該會並於一九一八年開始編輯《靈學叢誌》，由中華書局出版與銷售，以宣傳靈學。

有關上海靈學會之起源有一些史料記載，其中楊光熙的朋友陳伯熙很詳細地記錄了開始時的情況。他也談到扶乩與催眠術有共同之處，而靈學會即結合上述兩者來從事「學理上」的探

【一】張寧：〈合信《醫書五種》與新教傳教士醫書翻譯傳統的建立〉，中研院近史所研討會論文，二〇一一年十月十三日。

【二】徐珂編撰：《清稗類鈔》，頁四五四七。

【三】楊真如一直參與上海靈學會之活動，一九二六年曾由該會出版他所著的《精神祈禱》一書，「以養性明道，啟發良知良能」。該書免費供人索取，函索即寄。《申報》（上海），一九二六年五月十二日，二版。

【四】一九一八年時「中國精神研究會」在各地發展分會，例如《大公報》一九一八年三月二十八日刊登了該會天津支會吸收會員活動之廣告。廣告中表示：「現在精神研究會從日本來到天津，在日本租界旭街平安胡同第八號內設立支會。有志嚮學者……接踵聯袂入會者，絡繹不絕。」

【五】楊璿：〈扶乩學說〉，《靈學叢誌》，卷一期一（一九一八年），著作，頁二。

【六】「濟生壇」乃位於後馬路之乩壇，「卜休吉，開方藥者」。見陳伯熙編著：〈靈學會〉，《上海軼事大觀》，頁三七〇。

【七】楊光熙：〈盛德壇緣起〉，《靈學叢誌》，卷一期一（一九一八年），緣起及發刊詞，頁六。

索，因而與傳統的乩壇有所不同：

余友梁溪楊君宇青，固開通之士，足跡半天下，生平雅不信鬼神之說，獨於扶鸞一事篤信勿懈。嘗謂地球為不可思議之大靈物，除飛潛動植之外，大氣混混中必具有神妙不測之元素，乩之為用，能咸召此元素而使之實現，近世催眠術盛行，所列「天眼通」、「靈交神游」諸法亦不外此精神之作用，特於去冬集同志多人，就望平街書業商會中闢淨室，設沙盤，潔誠從事，曰「盛德壇」、曰「靈學會」，蓋皆乩筆名者也。壇例除星期一休息外，每夕六時至九時降真飛鸞，仙靈輪集，有求必判，並為學理上之批答，解疑析難，言簡意賅，月刊《靈學雜誌》一冊，詳記問答之詞，以供研究心靈學者之探討。【一】

楊光熙同時亦邀約中華書局的創辦人陸費逵來參與此事。【二】在〈靈學叢誌緣起〉一文，陸費逵說：「余素不信鬼神之說，十餘年來，闢佛老、破迷信，主之甚力。丁巳之秋，楊君宇青創乩壇，余從旁謄錄，始而疑，繼而信。」【三】俞復也是如此，始而由疑轉信，進而深信不疑。此處可見對陸費逵等人來說，鬼神與佛老之說本來都屬於沒有學理基礎的「迷信」。但是他們在學習了扶乩之後發現：鬼神與靈魂之說等均從扶乩之中得到證驗，可以親眼目睹，故是「真」，而非「虛」。參與扶乩活動的華襄治（曾為中華書局編寫多本中學代數與化學之教科書）

說得最清楚：「吾前之時無法以驗之，故疑信參半，今則於扶乩而徵其實焉。」【四】研究「精神學術」的楊璿則說：「仰承　濟祖師宣示鬼神論，洩造物之機，露化工之奧。於此可見監臨在上，如在左右之語為不虛矣。」【五】

其中尤其使人徵信的是，參與扶乩之人發現「乩錄」之文字十分精妙、乩畫亦十分精美，不像人們有意作偽而產生的，因而更堅信其背後驅使力量的真實性。【六】例如楊光熙在剛開始時仍有疑竇，但自行操作之後，立刻就相信鬼神之存在並非虛妄，而是有「憑」有據，他說：「於

【一】陳伯熙編著：〈靈學會〉，《上海軼事大觀》，頁三七〇。

【二】有關陸費逵與中華書局的研究不少，但少有人注意到他參與上海靈學會之事，以及靈學觀念對他教育觀念之影響。較新的研究包括俞筱堯、劉彥捷編：《陸費逵與中華書局》（北京：中華書局，二〇〇二年）與王建輝：《教育與出版——陸費逵研究》（北京：中華書局，二〇一二年）。

【三】陸費逵：〈《靈學叢誌》緣起〉，《靈學叢誌》，卷一期一（一九一八年），緣起及發刊詞，頁一。

【四】華襄治：〈《靈學叢誌》發刊辭〉，《靈學叢誌》，卷一期一（一九一八年），緣起及發刊詞，頁三。

【五】楊璿：〈靈學叢誌出版頌詞並序〉，《靈學叢誌》，卷一期一（一九一八年），頌詞，頁一。此處所指的應該是《中庸》一六章「子曰：鬼神之為德，其盛矣乎。視之而弗見，聽之而弗聞，體物而不可遺。使天下之人，齊明盛服，以承祭祀，洋洋乎如在其上，如在其左右。」朱熹集注：《四書》（台北：廣東出版社，一九七五年），頁一一。

【六】《申報》一九二二年五月十三日，一五版中有一則〈靈學會之近訊〉記載靈學會為慶祝呂洞賓仙誕，舉行祭儀，頗能反映此一情況：「是日仙佛降壇者，報有數十餘名。最奇者，凡善書善畫諸仙佛，均錫有乩筆書畫共二三十幅，間有施色者，書極渾古，畫極風流，似非凡筆所及，是誠不可思議矣。」

局中設立壇場，如儀而默禱焉。禱既畢，則與長兄苓西同持之。少頃，字出成文。余疑兄所為，而兄亦疑余所為。彼此互詢，始相驚異，至是余始確信乩學之實有憑焉。神明如監，信不誣也。」【一】此外，國民黨革命元老吳稚暉（一八六五－一九五三）也參與此事，他一方面寫信給俞復表示對靈學有所懷疑，另一方面對扶乩也深感興趣，多次到壇詢問有關音韻學的問題。據《靈學叢誌》記載，「吳君當晚到壇，謂乩上能出此種文字，實已對之心服」、「吳君神色，頓現信仰之狀態」。【二】

《靈學叢誌》的出版即是將聖德壇扶乩之內容具體地呈現出來。在該誌「簡例」之中，編者強調：「本《叢誌》乩錄各文，悉照原文，並不增損一字，間有謄寫缺漏之處，加以□號，付諸蓋闕，不敢擅補，以存其真。」【三】由此可見扶乩的內容以及對之忠實的紀錄，使靈學會成員深信靈魂與鬼神之真實存在。換言之，他們認為靈學不是「迷信」，而是較「屬於軀殼之生理衛生等學」更為精深之「屬於精神之靈魂學」。靈學之徵實性也表現在仙靈畫像、仙佛照片、靈魂攝影，或所謂「伍博士鬼影片各事」之上。其背後仍是一種利用科學性的驗證方法，亦即具有眼見為信的，以感官（視覺）為基礎的驗證之觀念。靈學會特別透過「神喻」來宣示鬼神有形有影，並可以「實驗」之方式來驗證，也可探詢曾做過實驗的知名之士：「人每謂鬼無形無影，神無方無體，不可見者鬼也，不可測者神也。而孰知鬼亦有形可象、有影可照，君如不信，亦可實驗……試問諸章佛痴、伍博士便可有確消息。」【四】

「靈魂攝影」亦稱為「鬼影」，在清末民初，最有名的一個宣傳者大概是曾任職北洋，又擔任駐外公使的伍廷芳。伍博士生前到處演講靈魂學、相信靈魂不滅，並以其在美國與鬼合攝之照片三張為證明。【五】狄葆賢的《平等閣筆記》中記載：伍廷芳遊歷美國時，曾多次參觀靈學研究，「有某博士能為鬼攝影者，曾為伍攝三影，伍後則皆鬼影焉。其鬼之大小不以遠近分，參差相錯。今附影相於後。其鬼影中，伍識一人，即英國駐美總領事，死已半年者。」【六】一九一六—一九一七年時伍廷芳曾在南京、上海演講「靈魂學」，又「出其靈魂攝影示眾」、

【一】楊光熙：〈盛德壇緣起〉，《靈學叢誌》，卷一期一（一九一八年），緣起及發刊詞，頁五。

【二】吳稚暉曾三度詢問音韻問題，分別由陸德明、江永、李登三位古代音韻學家降壇說明。〈陸氏音韻篇〉篇後按語，《靈學叢誌》，卷一期一（一九一八年），藝術，頁二；〈江氏音韻篇〉篇後按語，藝術，頁五。吳稚暉還應俞復之邀，將《靈學叢誌》交給曾翻譯井上圓了《妖怪學講義》、後任北大校長的蔡元培。蔡元培將該雜誌送給哲學研究所。蔡元培表示「於此事素未研究，尚不敢輒加斷語」。蔡元培：〈蔡孑民先生書〉，書函，頁四。

【三】〈靈學叢誌簡例〉，《靈學叢誌》，各期卷首。

【四】〈濟祖師鬼神論下〉，《靈學叢誌》，卷一期一（一九一八年），論說，頁三。

【五】有關伍廷芳的靈學可參見胡學丞：〈伍廷芳的通神學與靈學生涯〉，《政大史粹》，期二二（二〇一二年），頁一—二一。

【六】狄葆賢：《平等閣筆記》（台北：彌勒出版社，一九八四年），頁八四。狄葆賢曾經營有正書局、參與創辦《時報》，並崇信佛法。他與上海靈學會的參與者丁福保不但為朋友，也有生意上的往來。

「示背後有鬼影之照片三張，互相傳觀」。【一】對靈學會的成員來說，伍廷芳所攝之鬼影可以證明鬼神的存在。此一論調在該刊第二期乩論〈呂祖師迷信論〉（該文為扶乩之結果）中可以顯示出來。該文一方面界定迷信，「迷者，理之妄；信者，天之誠。無此理而認為真者，曰迷信」，進一步則說鬼神之道因「伍博士之鬼影」可加以證明，所以認為無鬼神之想法才是迷信：「近數年科學昌明，鬼神亦得而有證，伍博士之鬼影，豈虛也哉！然則鬼神誠有跡可證。有而謂無，則所謂迷信者，罵人自罵耳。」【二】靈魂攝影一直是上海靈學會十分重視的技術，並視為能證驗靈魂存在的一種方法，在許多活動之中都有仙鬼照片之展示。【三】不過也有人參加過「靈魂攝影」活動之後，認為不足徵信，應是人為作偽。【四】

靈學會所提出的靈魂理論涉及對於科學、宗教、迷信的重新解釋，並影響到人們對教育的看法。中華書局之創辦人陸費逵的〈靈魂與教育〉一文，即嘗試解釋經由扶乩可「確認」靈魂之存在，故教育之主旨即是在教育人之靈魂，其重點如下：一、宇宙之間有一主宰即中國人所說之「天」與歐人所說之「God」。二、人以靈魂為本體，軀殼為所憑藉。心理學所謂之「意志」與生理學所謂之「腦知覺」，均為靈魂之表現或作用。三、人死之後仍有「苦樂」，視其「業力」之高下，或為仙佛，或為善鬼與惡鬼。四、靈學乃是「採宗教之精神，非用宗教之儀式」，它可以解釋各種宗教之現象、解決宗教之紛爭，並將各宗教統一在一個靈學的知識體系之內，再採用「種種科學」，作為教育之指導原則。下面這一段話最能表現陸費逵的看法，顯示靈學能夠統合宗教與科學，並對教育有所貢獻，並非他以往所認定之「迷信」：

> 今既知天地間確有主宰，確有鬼神，靈魂確能存在，死後確有苦樂，而以人生業力為其本原，則宗教之理，人生之道，無不迎刃而解。此義既定，則採各教教義，以助我化民可也，採各教育家學說，以助我教育亦可也。更集合種種科學，種種物質文明，以為我用，亦無不可也。【五】

【一】步陶：〈靈魂學〉，《申報》，一九一七年六月十四日，一一版；〈伍廷芳講述研究靈魂之大要〉，《申報》，一九一六年八月十七日，一〇版。

【二】〈呂祖師迷信論〉，《靈學叢誌》，卷一期二（一九一八年），論說，頁二三—二四。

【三】例如一九二一年十月十八日靈學會在新世界開鸞，同時「該會攝得靈魂照相數十種，定於是日陳列展覽」，《申報》，一九二一年十月十八日，一五版。一九二二年二月六日在靈學會之祀天典禮與新春團拜，「由招待員導觀乩筆所書之書畫，及仙靈照像，謂係在川舉劉湘為總司令，時攝出藍天蔚、趙又新二鬼影，及各種仙鬼照相，共有五十餘張云云」，《申報》，一九二二年二月六日，一五版。

【四】全無：〈靈魂攝影〉，《申報》，一九二三年六月八日，一九版。「所謂靈魂攝影者，實為畫師描影，由畫形而攝之於乾片，安得謂之靈魂攝影乎！」

【五】陸費逵：〈靈魂與教育〉，《靈學叢誌》，卷一期一（一九一八年），論說，頁八—一五。該文亦同時刊登於中華書局一九一二年所開始辦的一個教育雜誌《中華教育界》卷七期一之上，並收入陸費逵：《陸費逵文選》（北京：中華書局，二〇一一年），頁一九四—一九九。

陸費逵有關靈魂與教育的理論與他所從事商務印書館、中華書局的出版事業（編輯《教育雜誌》、《中華教育界》，出版大量的教科書）有密切的關係，不過在目前有關陸費逵教育思想的研究之中，這一部分的想法不是受到忽略，就是被批評為「不科學」。【一】

俞復在〈答吳稚暉書〉中也清楚地談到靈學有如以往之微生物學或電學尚未徵實之前的狀況，值得探究，因此靈學可以重新界定科學的範疇，並對科學未來的發展做出重要的貢獻。他強調兩者相得益彰，「靈學之成科，而後科學乃大告其成功」。【二】上述的觀點顯示俞復認為科學與靈學並不矛盾，靈學的進步會促成科學的發展。《靈學叢誌》的一位讀者秦毓鎏（一八八〇—一九三七，曾任革命團體華興會副會長、同盟會員）在閱讀該文之後，甚至認為靈學範圍其實更廣，能夠含括科學：「萬事萬物，無一非靈之作用……豈惟並行不悖，所謂科學者，直靈學之一端耳。」【三】

靈學會的科學宣稱也在於將其所從事之學理性的扶乩活動和宗教性、慈善性的扶乩活動作一區隔。開始之時，靈學會的扶乩主要在詢問學理性的議題，強調「啟瀹性靈，研究學理，為宗旨。其他世事，概不與聞」，「以乩為師，而講求學理，傳授心術」。【四】例如，「陸君費逵之問鬼神、星球、宗教諸說；丁君仲祜之問靈魂不滅說」、蕭森華問《易經》、楊真如問佛理、胡韞玉（一八七八—一九四七）問《說文》之轉注；其次是問時勢，如陸費逵問歐洲戰爭何時可了。不過也有以扶乩來詢問生活方面的事情，如陸費逵問中華書局之前途與債權紛爭，乩詩指示「勸勉息訟忍辱負重，自有剝復之機」，陸氏因而能渡過此一危機；【五】吳鏡淵（一八七五—一九四三）乞求為其母「剖示病因，賜方療治」。【六】然而，自第一卷第四期，該會藉著乩諭修正壇規，再度強調取消方藥與休咎兩項，並集中於學理的探究；學理之內容則以靈魂、鬼神、哲理、道德、處身等五項。這樣一來，靈學會強化了知識性與個人修養性，卻削減了涉及個人玩樂、功利、疾病與吉凶的傳統扶乩功能。再者，其他的乩壇或靈學組織往往與慈善、救濟活動結合在一起，上海靈學會初期則不重視慈善方面的功能。換言之，上海靈學會的出現及其在「科學」上的宣稱，使民初靈學團體區分為兩個類型，此一區別當時即有人注意到：一類強調

【一】例如參見王建輝：《教育與出版——陸費逵研究》，頁一〇九—一二五。作者認為：「陸費逵的教育思想當中也有不科學的地方……他的人性教育又主張以宗教精神羼入，『採宗教之學說為精神之訓練』」，頁一二五。

【二】俞復：〈答吳稚暉書〉，《靈學叢誌》，卷一期一（一九一八年），雜纂，頁二—三。

【三】〈秦效魯先生書〉，《靈學叢誌》，卷一期二（一九一八年），書函，頁四。

【四】見〈靈學會簡章〉，《靈學叢誌》，卷一期一（一九一八年），卷末。楊璿：〈扶乩學說〉，《靈學叢誌》，卷一期一（一九一八年），著作，頁五。

【五】陳伯熙編著：〈靈學會〉，《上海軼事大觀》，頁三七一；另參見楊光熙：〈盛德壇緣起〉，《靈學叢誌》，卷一期一（一九一八年），緣起及發刊詞，頁六。有關一九一七—一九一八年中華書局的經營危機，見王建輝：《教育與出版——陸費逵研究》，頁二〇—二六。

【六】〈純佑真人吳母叩方判案〉，《靈學叢誌》，卷一期二（一九一八年），釋疑，頁二—三。

學理性，「考驗鬼神之真理，闡就造化之玄妙……所以瀹人之性靈」；另一類則偏重道德勸說與慈善事業，「意在大慈大悲，使世人道德，日益進化……以補救世道挽回人心為要義……所以規人之言行」。【二】悟善社、同善社、中國濟生會等屬於後者；上海靈學會則屬於前者。不過上海靈學會此一種學術之理想僅僅堅持了大約兩年多的時間。

一九二一年《靈學叢誌季刊》曾登載筆名「薛」所著〈靈學研究法〉一文，刊於卷首。這一篇文章是該雜誌之中最具理論建構之企圖的一篇文章。該文提出靈學需從科學、哲學與宗教等三種方法來從事研究，這三者分別稱為「唯實主義」、「唯理主義」與「唯行主義」。作者強調：「靈學會是專為研究設底，不是為壇務設底」，顯示該會仍堅持學理性、勸善性，卻不直接從事特定的慈善工作。根據該文，靈學首先應採取科學的研究法，「必由實驗得其原理」，「精選材料，審慎窮其原委」，以求確鑿可信。其次是哲學的方法，在這方面需利用思考與直覺的方法，同時要「博覽群集，淹通各科學說」，最後綜合，「如絲貫珠串，無阻窒拘泥處」。第三是宗教研究法，此處其實是指靈學研究自身需具有宗教的信念與勉勵勸化的精神，以求「自他兩受利益」。簡言之，作者將靈學定義為一種將宗教勸化的情懷與科學、哲學研究結合在一起的活動。其宗旨為：

> 重在研究靈學原理，非強人信仰鬼神，而增無益之舉，所以啟瀹性靈，長進智慧，禁

淫祠、祛邪見、破迷信、崇道德、維風化、明倫常。藉因果報應之實證，作濟物利人之覺筏。

作者企圖指出靈學可以破除真正的「淫祠」、「邪見」與「迷信」，進而增長智慧與移風易俗、提倡道德。換言之，靈學是結合了科學、哲學與宗教之研究方法，又能經世濟民的一種學術活動。【二】這樣一來，靈學不但企圖「解釋世界」，也希望「改造世界」，是一個規模宏大的理論體系。

《靈學叢誌》於一九二一年停刊，其後上海靈學會組織擴張，性質上又轉變為較類似濟生會、紅十字會等之慈善組織。《申報》曾報導一九二三年前後靈學會組織擴張至擁有數個分壇之盛況：

西人視靈學為一種科學，頗有研究之價值。自伍博士使美回來，攝有鬼影，滬人士奇

【一】這是悟善社所發行《靈學要誌》卷一期一（一九二〇年）〈靈學要誌緣起〉一文中，對於《靈學叢誌》與《靈學要誌》之宗旨所做的區隔，該文的結論是「二者實相輔不相悖也……同工而異曲，分流而合源」，頁二。

【二】薛：〈靈學研究法〉，《靈學叢誌季刊》，卷一期一（一九二一年），頁一四—一六。

> 之，組織集靈軒，頗多聯袂入會者。後遷設望平街書業公會，名曰靈學會盛德宗壇；由是盛德東壇、盛德西壇、盛德南壇、盛德第二南壇相繼成立。東壇在新北門外民國路、西壇在霞飛路、南壇在大南門內、第二南壇在南張家衖王蓉生家。王因去年得香檳票頭彩，故崇信益堅，且施衣施藥助賑，所費不貲，近有擬設學校，以資研究。【一】

至一九二四年靈學會由王一亭（一八六七—一九三八）出任會長，此時該會似乎已轉型為慈善組織，辦理乞丐收容所、免利貸款，又設立粥場、興辦聖德學校，也創辦了《靈學精華》月刊等。【二】此後該會一直參與慈善工作，至少至一九四三、四四年之時仍存在，曾參與祀孔與助學等活動。【三】

總之，上海靈學會所從事學術性的靈學研究，大概只持續了兩年左右，因史料缺乏，我們難以確定後期之轉變如何產生，不過該會顯然從一開始就與傳統求神問卜，探問休咎、方藥，祈求中獎等世俗的願望糾纏在一起，加上會員所詢問的鬼神之議題從扶乩之中難以有太多突破，後來隨著組織的擴張而喪失了原有的學術研究的理想、回歸傳統乩壇，此一轉變似乎並不太令人感到意外。不過，他們的理念，亦即堅持靈學與科學不相矛盾，兩者相得益彰，因此宗教、科學與哲學三者可以結合為一的理念仍具有思想史上的意義。他們提出各種憑據來支持此一科學之宣稱，例如，扶乩與靈魂攝影等符合「科學」之證據，證明了靈魂、鬼神確實存在，

「此中儘有真理，足與我人以研究」，並非一般人所認定的「迷信」。同時，靈學研究不但可能促成科學、哲學之進步與發展，而且有助於國民之教育，解決了宗教方面之爭議，對人類的未來具有重大的意義。不過即使如此，靈學之證驗性主要奠基於扶乩中藉乩錄而呈現之諭示，而此一活動究竟是靈魂、鬼神存在之證明，抑或扶乩者心理機制之呈現，它究竟可否被視為是「科學」，一直受到爭議。

四、中西靈學之融通：嚴復對科學、宗教、迷信關係之思考

近代中國靈學研究的一個重要特色是受到西方學術之啟發，而展開中西文化之貫通。不過仔細探究上海靈學會所刊行《靈學叢誌》之內容，其中提及西方靈學的部分並不多，更遑論較深度的中西結合之嘗試。以第一期來說，只有楊璿的〈扶乩學說〉一文簡單地介紹該術在外國「流行」的情況。他說一八五二年，一名美國希的溫夫人在英國試驗「搖桌之術」，又說「能

【一】〈靈學西壇將攝取鬼影〉，《申報》，一九二三年六月八日，一八版。
【二】《申報》，一九二四年四月十六日、四月二十日、四月二十八日、五月七日、十月十六日、十一月二十三日。
【三】《申報》，一九四三年九月二十九日，三版；一九四四年六月十七日，三版。

由搖桌以預言未來之事」：

> 令求卜者以指按有字之紙片上，循序點之，術者則靜坐其旁，寂思默念，以感通神靈，突於無意中輒加暗號於桌上，或打桌、或推桌、或抽桌，動作多端，以為標識。其事播揚至遠，及於法國巴黎，喧傳一時，遂引起學人研究云。【一】

此處所說的希的溫夫人是 Maria B. Hayden（一八二六—一八八三），其所試驗之「轉桌術」則為 Table-Turning。對楊璿來說，中西之理是相通的，「蓋理之在人，本無古今之異，中外之隔」。又上述陸費逵的〈靈魂與教育〉一文，也介紹了美國「靈智學會會長古代智識學校校長夫賽爾氏」有關將肉體、精神、靈魂調和發達之教育理論，並感嘆「世之先覺，慨世道之衰，而有反古修性之志者，固東西皆然也」。【二】除此之外，該刊介紹西方靈學之處並不多。其中，比較重要、又具理論意涵的是嚴復在閱讀《靈學叢誌》之後，寫給俞復與侯毅的兩封信。【三】這兩封信被刊於《靈學叢誌》卷一期二與期三之上。從這兩封信的內容，並配合嚴復其他的言論，我們可以瞭解嚴復如何藉由自身的經驗與中西學理來會通靈學，並肯定其意義。

嚴復為近代中國引介西學的重要人物，對於新觀念在中國的傳播有重大的影響。曾經留學英國，並擔任北大首屆校長的嚴復是少數在《靈學叢誌》上支持靈學的新知識分子。他對科學、靈學、宗教、迷信等議題有獨特的觀點。

嚴復對靈學的態度與陸費逵、俞復等人類似，然更為深刻。要瞭解嚴復對靈學的看法，首先要瞭解他的宗教背景。嚴復所生長的福建福州地區宗教氣氛一直很濃厚。他的友人陳寶琛和沈曾植（一八五〇—一九二二）均篤信扶乩，鄭孝胥（一八六〇—一九三八）相信靈魂之說，【四】陳衍（一八五六—一九三七）的《石遺室詩話》也談到當時福建士人所作的許多「乩

【一】楊璿：〈扶乩學說〉，頁一〇。

【二】陸費逵：〈靈魂與教育〉，頁一五。

【三】侯毅（一八八五—一九五一），字疑始，一字雪農，江蘇無錫人。詩文師事嚴復、樊雲門，一度主編《輿論報》之「瀚海」。篆刻師法古璽漢印，造詣頗深，並參以磚瓦文字意趣，樸厚古逸，有《疑始詩詞》。陳衍的《石遺室詩話》（台北：台灣商務印書館，一九六一年）曾介紹他的詩句，又說「遊學英倫，嚴幾道弟子，嗜詩」，卷一五，頁一〇a。一九一二年之時侯毅任職於海軍部，曾參與海軍部的交接工作。一九二四年侯毅曾發表〈籌安盜名記〉，文中表示嚴復在處理此事時曾與他商量，據他所知嚴復參與此事實為不得已，藉此「為侯官辯誣，亦為天下明是非」。侯毅：〈籌安盜名記〉，《精武雜誌》，卷四三（一九二四年），頁四—六；卷四四（一九二四年），頁二—五。

【四】一九一八年四月二十九日，鄭孝胥在日記中記載：「得嚴又陵書，極持靈魂不死之說，於余所謂『無知之靈變而不滅，有知之靈逝而不留』者猶未瞭解也。」中國歷史博物館編，勞祖德整理：《鄭孝胥日記》（北京：中華書局，一九九三年），第三冊，頁一七二五。

詩」等。【一】嚴復即生長於此一環境，而自幼受到佛教、道教與其他民間宗教的影響。在佛教方面，他的第一任妻子王氏是一個虔誠的佛教徒。在她過世之後，每年其忌日，嚴復與長子嚴璩都以禮佛的方式來紀念王氏。嚴復也偶爾抄寫、誦讀佛經。【二】嚴復的宗教情操最明顯地反映在他晚年籌建「尚書祖廟」一事。嚴復的家鄉有一座明代時建立的廟宇，奉祀南宋抗元殉國的忠臣陳文龍（一二三二—一二七七）。陳文龍在福建是作為水上航行安全的庇護神受到人們祭拜，曾被封為「水部尚書」，奉祀他的廟宇被稱為「尚書廟」。嚴復在家鄉時，偶爾會去尚書祖廟「行香」，【三】當時該廟已略顯殘破。一九一九年元月，嚴復親自撰寫〈重建尚書祖廟募緣啟事〉，並動用幾乎他所有的社會關係，重新修建該廟。他自己捐了一千元，又請福建督軍李厚基（一八六九—一九四二）捐了三千元，後來總共募到捐款十多萬銀元作為「祠廟基金」，並成立了三十六人的董事會，進行重修。一九二〇年一月七日，嚴復的日記記載「本日，陽崎尚書廟上樑」【四】。重修後的尚書祖廟美輪美奐，面積達到三千八百多平方公尺，大殿門額嵌有青石四方，上刻嚴復親自書寫的「尚書祖廟」四個大字。大殿內有楹聯十多幅，皆出自名人筆，有郭尚先（一七八五—一八三二）、林鴻年（一八〇五—一八八五）、林則徐（一七八五—一八五〇）、王仁堪（一八四八—一八九三）、陳寶琛、嚴復、鄭孝胥、葉大莊（一八四四—一八九八）、李厚基、薩鎮冰（一八五九—一九五二）等人。【五】其中嚴復撰寫了幾幅對聯，一幅是：「入我門來，總須捫心納手，細檢生平黑籍。莫言神遠，任汝窮奸極巧，難瞞頭上青天。」另一幅是「守官誠死封疆，此義豈共和而可廢。是宋代忠貞，若論殉國從容，垂七百載英聲，何愧文陸？保民乃登祀典。惟公為社會所同依，有陶江祠宇，長祝在茲陟降，俾千萬年浩氣，永奠甌閩。」【六】尚書祖廟建成之後他曾到廟中扶乩，「服羅真人符三道」，嚴復為此寫了四首詩謝神，其標題是「陽崎尚書廟扶乩，有羅真人者降，示余以丹藥療疾，賦呈四絕」，內文則有「多謝靈丹遠相畀，與留衰鬢照恆河。……而今廟貌重新了，帳裡英風總肅然。」【七】由此可見嚴復宗教信仰之虔誠，就其信仰內容來看，乃傳統佛道或所謂的民間信仰的混合體。此

【一】有關陳衍所論鬼神之風對晚清詩壇之影響、福建詩人之扶乩降壇詩等，參見陳衍：《石遺室詩話》，卷一六，頁一一三，文中記載「淨名社」降神於福州時，作了多首的「驂鸞詩」。陳珊珊：《陳衍詩學研究——兼論晚清同光體》（台南：成功大學中國文學系博士論文，二〇〇六年），頁一九四。

【二】黃克武：《惟適之安：嚴復與近代中國的文化轉型》，頁二八—三〇。

【三】如一九一八年十二月十七日、一九一九年一月十三日，嚴復在日記中記載「到尚書廟行香」。《嚴復集》，冊五，頁一五二八—一五二九。

【四】《嚴復集》，冊五，頁一五三五。

【五】〈福州陳文龍尚書廟〉，《互動百科》，http://www.hudong.com/wiki/%E7%A6%8F%E5%B7%9E%E9%99%88%E6%96%87%E9%BE%99%E5%B0%9A%E4%B9%A6%E5%BA%99（二〇一二年八月十日訪問）。

【六】嚴復：〈陽崎陳文龍祠大柱聯語〉，孫應祥、皮後鋒編：《嚴復集補編》（福州：福建人民出版社，二〇〇四年），頁一八三—一八五。

【七】《嚴復集》，冊二，頁四一二；冊五，頁一五三八。

外，在嚴復的日記之中，我們也看到不少有關卜卦的紀錄，顯示他對以占卜來預知未來頗感興趣。【一】

嚴復的宗教觀念不完全受到傳統影響，也與他對科學與靈學的思考有關係。嚴復在一九一八年一月所寫的〈與俞復書〉中，很詳細地介紹了西方靈學研究的進展與中西相互發明之處。他首先說明為何神秘之事會成為研究的對象：「世間之大、現象之多，實有發生非科學公例所能作解者。何得以不合吾例，憪然遂指為虛？此數十年來神秘所以漸成專科。」

其次，嚴復指出有三個有關力、光、聲而難以解答的科學問題：第一，「大力常住，則一切動法，力為之先；今則見動不知力主」；第二，「光浪發生，恆由化合；今則神光煥發，不識由來」；第三，「聲浪由於震顫；今則但有聲浪，而不知顫者為何」。嚴復又舉了兩個有關哲學、心理學的難題：「事見於遠，同時可知。變起後來，預言先決。」這些問題雖有一些研究，卻尚未「明白解決」，因此有待探索。

嚴復對俞復發起靈學會來解決未知之難題深表敬佩。他說：「先生以先覺之姿，發起斯事，敘述詳慎，不妄增損，入手已自不差，令人景仰無已。《叢誌》拾冊，分俵知交，半日而盡。則可知此事研究，為人人之所贊成明矣。」最後，嚴復為了呼應盛德壇所從事的扶乩是可信的，他舉了陳寶琛在一八八七年從事扶乩且預言十分準確的經驗，來證明「孰謂冥冥中無鬼神哉」。【二】

一九一八年二月，嚴復收到第二期雜誌之後，又寫了一封信給侯毅，這一封信則詳述英國一八八二年所創設的英國靈學會。他認為該會研究成果豐碩，「會員紀載、論說、見聞，至今已不下數十巨冊……會中巨子，不過五、六公，皆科哲名家，而於靈學皆有著述行世。」根據這些作品所述，「離奇弔詭，有必不可以科學原則公例通者，縷指難罄」。他並寫到皇家學會高級會員、曾任英國靈學會之會長的巴威廉（William Fletcher Barrett，一八四四——一九二五，曾任 Dublin 大學物理學教授），在英國的一個刊物 *Contemporary Review* 上寫了一篇介紹靈學研究的文章。這一篇文章原名："The Deeper Issues of Psychical Research"，《東方雜誌》也在一九一八年由羅羅翻譯了這一篇文章，文中強調：「物質的平面，非宇宙之全體。外部意識的自我，亦非人格之全體。」【三】嚴復詳細地介紹該文所闡釋靈學之內容，又說靈學並非「左道」：

> 會中所為，不涉左道，其所研究六事：一、心靈感通之事。二、催眠術所發現者。

【一】現存嚴復日記中，辛亥年的日記有兩冊，一冊記事、一冊記卜卦。「卜卦有卦象和對卦爻的解釋……據釋詞可知，其中有不少是嚴復應他人之求而代為占卜的卦。」編者：〈日記說明〉，《嚴復集》，冊五，頁一四七七。

【二】《嚴復集》，冊三，頁七二五——七二七。

【三】羅羅：〈心靈研究之進境〉，《東方雜誌》，卷一五期九（一九一八年），頁七九——八六，引文見頁八六。這一篇文章也被收錄到《催眠術與心靈現象》（上海：商務印書館，一九二三年），頁三五——四八。

三、眼通之能事。四、出神離魂之事。五、六塵之變，非科學所可解説者。六、歷史紀載關於上項者。所言皆極有價值。終言一大事，證明人生靈明，必不與形體同盡。又人心大用，存乎感通，無孤立之境。

嚴復接著將西方靈學之中靈魂感通的觀念與傳統看法作一比較：「其言乃與《大易》『精氣為魂，感而遂通』，及《老子》『知常』、佛氏『性海』諸説悉合。而嵇叔夜形神相待為存立，與近世物質家腦海神囿之談，皆墮地矣。」【一】

其中《易經》的觀念是指《易經．繫辭上傳》所謂：「原始反終，故知死生之説。精氣為物，游魂為變，是故知鬼神之情狀。……易無思也，無為也，寂然不動，感而遂通天下之故。」【二】「知常」出自《老子》一六章：「致虛極，守靜篤，萬物並作，吾以觀復：夫物芸芸，各復歸其根。歸根曰靜，是曰復命，復命曰常。知常曰明，不知常，妄作凶。」「性海」為佛教語，指真如之理性深廣如海。由此可見嚴復將西方靈學與《易經》、《老子》與佛法等相提並論。嚴復的想法並不例外，當時有一些類似的觀點，如清末舉人、工詩詞書畫的余覺（一八六八—一九五一）在寫給陸費逵的信中説：「靈學者，實為凡百科學之冠，可以濬智慧，增道德，養精神，通天人。《易》言知鬼神之情狀，其惟聖人乎！則靈學者，即謂之聖學可也。」【三】

嚴復又介紹了人鬼交際現象，在中國數千年以來是靠巫覡，國外則用中人（medium），如英國的霍蒙（D. D. Home）與摩瑟思（S. Moses）。【四】在西方為了通靈採取的方法類似中國的扶乩，即是：

西人則以圍坐撫几法，於室中置圓几一，三人以上同坐。齊足閉目，兩首平按几上。數夕（此字疑有誤，或為「分」）之後，几忽旋轉，或自傾側，及於室中牆壁、地板作種種聲響。乃與靈約，用字母號碼，如電報然，而問答之事遂起。

文中所述即是楊璿所談到的「轉桌術」。嚴復指出無論是扶乩或轉桌術，參與者必須「以沖虛

【一】《嚴復集》，冊三，頁七二一。嵇康在〈養生論〉中主張「形恃神以立，神須形以存」，嚴復不同意此一觀點。

【二】在中國將《易經》「精氣為物，游魂為變」之説與西方靈學連結在一起，是不少人會想到的觀念。例如徐子明（一八八八—一九七三）也有類似的意見。他在與友人書信之中曾説：「可向靈學會（Society for Psychical Research）借書，藉明吾人肉體外有真我在（Survival of Personality），不亦樂乎？《論語》雖有『未知生焉知死』之訓，而無害於《周易》之『精氣為物，游魂為變』之語也。」徐子明：〈復郁德基書〉，《宜興徐子明先生遺稿》（台北：華岡出版部，一九七五年），頁二九五。

【三】〈余冰臣先生書〉，《靈學叢誌》，卷一期三（一九一八年），書函，頁八。

【四】此處所指的是 Daniel Dunglas Home（一八三三—一八八六）與 William Stainton Moses（一八三九—一八九二）。

請願之誠相向，而後種種靈異從而發生」，就此而言西方的轉桌術似乎要比中國的扶乩更能避免「人意干涉」：

> 愚意謂以扶乩與圍坐相持並論，似我法待人者為多，不若圍坐之較能放任。即如乩中文字，往往以通人扶之，則亦明妙通達；而下者不能。此不必鸞手有意主張，而果效之見於乩盤者，往往如是。其減損價值，亦不少也。

上文顯示嚴復很謹慎地指出許多降靈之事涉及了人們心中有意或無意之干預，導致影響其結果。但是他仍然相信以虔誠的態度來祈求，會發生靈異之事。

嚴復並根據巴威廉的文章介紹了西方轉桌術的一個故事，來說明靈魂在生前亦可脫離軀殼而獨立作用：

> 游魂為變之事，不必死後乃然，亦不必羸羸病之軀而後有此。嘗有少年，在家與其父彈毬，罷後困臥。夢至舊遊人家，值其圍坐，乃報名說事，告以一日所為。後時查詢，一一符合。由此而言，則入乩者政〔按：原文如此〕不必已死之神鬼。

在介紹了上述的故事之後，嚴復從兩方面來解釋此一現象。首先他接受巴威廉的解釋，認為「此等事不關形質，全屬心腦作用」，但另一方面「吾身神靈無窮，而心腦之所發現有限」。【一】同時，嚴復也採用巴威廉文章之中所用的光學與電學的比喻來說明目前人們無法瞭解的靈魂之感通：

> 譬如彩虹七光，其動浪長短，存於碧前赤後者，亦皆無盡；而為功於大地者，較之七光所為，尤為極巨。惟限於六塵者，自不足以見之耳。雖世變日蕃，脫有偶合，則亦循業發現，此如無線電、戀占光線，其已事也。【二】

嚴復在此闡述一套理論，將人分為腦、心、靈魂等層次，腦所能控制的是軀殼，心靈則能脫離軀殼。扶乩或轉桌術即是生人或死人的靈魂佔入他人軀體而產生之現象。簡單地說，嚴復接

【一】巴威廉的看法受到美國心理學家詹姆士（William James，一八四二——一九一〇）的影響。這一點嚴復並未仔細說明，然根據〈心靈研究之進境〉，詹姆士認為：「吾人之心知，不限於腦，而實受腦之限制。腦者，非心知之本源，不過為一種機官，用以表顯心知之作用。」羅羅：〈心靈研究之進境〉，頁八一。

【二】此處之「六塵」為佛教詞彙，指眼、耳、鼻、舌、身、意等六根所相應的六種對境，也是六識所感覺、認識的六種境界。「戀占光線」應該是X光線之另一譯名。

受英國靈學會會長巴威廉的想法，在《靈學叢誌》之上肯定有一個脫離物質的腦之外的心靈世界，且此一心靈在死後繼續存在，故死亡不是生命的終點。

嚴復不但介紹西方靈學之理論，而且認為這一套理論與中國傳統的許多觀點是相配合的。在扶乩或轉桌術的過程中，所起作用的包括：「吾國向有元神會合之說」、「古所謂離魂，與修煉家所謂出神，皆可離軀殼而有獨立之作用……此事皆吾先德所已言」、「如莊子所謂官知止而神欲行，及薪盡火傳諸說」。

最後嚴復談到以往他對「靈魂不死」的學說原來存有懷疑，他本來採取的是赫胥黎所秉持的「不可知論」(agnosticism)，亦即「於出世間事存而不論」的立場；但隨著年齡的增長，他開始接受「靈魂不死」之說。嚴復接受靈學的觀點顯然不是無跡可循。其實，早在一八九八年，他翻譯赫胥黎《天演論》之時，即用佛教的「不可思議」的觀點來說明「涅槃」。對他來說，靈學所研究的課題正是屬於「不可思議」之範疇。

嚴復從赫胥黎「不可思議」的角度來論證靈學之價值，更增加了靈學所具有的學術性，他並依此重新定義了科學、宗教與迷信三者。嚴復強調宇宙中的事事物物都有時間、空間兩個面向。物件基於此而存在，人心則有能力來掌握此類物件。他說「人心有域」，【二】超越此一境界，則為「不可思議」。不可思議包括：

「不可思議」之物，則如云世間有圓形之方，有無生而死，有不質之力，一物同時能在兩地諸語，方為「不可思議」。此在日用常語中，與所謂謬妄違反者，殆無別也。然而談理見極時，乃必至「不可思議」之一境，既不可謂謬，而理又難知，此則真佛書所謂「不可思議」。而「不可思議」一言，專為此設者也。佛所稱涅槃，即其不可思議之一。他如理學中不可思議之理，亦多有之，如天地元始、造化真宰、萬物本體是已。至於物理之不可思議，則如宇如宙。宇者，太虛也（莊子謂之有實而無夫處。處，界域也。謂其有物而無界域，有內而無外者也）。宙者，時也（莊子謂之有長而無本剽。剽，末也。謂其有物而無起訖也。二皆甚精界說）。他如萬物質點、動靜真殊、力之本始、神思起訖之倫，雖在聖智，皆不能言，此皆真實不可思議者。【二】

對嚴復來說，瞭解不可思議的境界非常重要。因為就像許多二十世紀中國哲學家所強調的，作為道德之基礎（包括嚴復所強調的儒家倫理，如「孝」）與痛苦之避難所的內在生活，必須奠基於某種形上的本體論之上，如此可以避免陷入「最下乘法」、「一概不信」的物質主

【一】《嚴復集》，冊四，頁一〇三六。
【二】《嚴復集》，冊五，頁一三七九—一三八〇。

義（materialism）。【一】嚴復此處所指的即是西方科學主義式的「無神論」、唯物主義。這樣一來，科學的範疇要超過物質或感官經驗，亦可研究心靈世界、死後世界。這種對物質主義的拒絕，與歐戰後梁啟超、梁漱溟等人的反省，和後來新儒家感覺到生命中支離割裂、茫無歸著的恐懼，以及上述宗教界中諸多新興宗教的觀點，也有相通之處。【二】

一九二一年嚴復寫給他的接受新式教育之孩子們的一封信，很能表達出他對科學、迷信、宗教等議題的看法，亦反映出科學、迷信之爭在一九二〇年代是一個熱烈討論的議題，很多家庭之內的矛盾即由此而產生。嚴復首先強調世間事物，無論何種問題，皆有兩面，各具理由，需做平衡判斷，不可「總著一邊」。其次他則批評他的孩子以科學知識當作唯一的標準，將祭祀先人、禮佛與同善社等宗教活動皆視為迷信，是不恰當的：

> 璿年尚稚，現在科學學校，學些算數形學之類，以為天下事理，除卻耳目可接，理數可通之外，餘皆迷信無稽，此真大錯，到長大讀書多見事多時當自知之耳。吾所不解者：你們何必苦苦與同善社靜坐法反對？你們不信，自是與之無緣，置之不論不議之列可耳。
>
> 吾得大哥一信，中言五月廿二日嬤生忌日，其意頗怪四五兩弟。今將此信剪下，與汝看之。吾不知大哥所云無謂語言，的係何語。大概又是反對迷信等因。如其所云，汝真該打。

嚴復強調宗教之中可能有迷信的成分，但不一定全都是迷信：

> 迷信一事，吾今亦說與汝曹知之：須知世間一切宗教，自釋、老以下，乃至耶、回、猶太、火教、婆羅門，一一皆有迷信，其中可疑之點，不一而足；即言孔子，純用世法，似無迷信可言矣。而及言鬼神喪祭，以倫〔按：疑為論〕理學Logic言，亦有不通之處。

嚴復的觀點是科學或唯物論不是最終的權威、宗教有其價值，因而不能將一切的「幽冥之端」斥為迷信。他勸他的孩子：「汝等此後……不必自矜高明，動輒斥人迷信也」。【三】

總之，嚴復依據本身的宗教經驗、他對西方靈學與科學之認識，來重新界定宗教、迷信與科學之關係。他早在一九一二年教育部舉辦的一個題為〈進化天演〉的演講之中，強調以下的看法：

一、宗教是人類社會一定存在之現象。「有社會必有宗教，其程度高下不同，而其有之也

【一】《嚴復集》，冊三，頁八二五。

【二】墨子刻：〈形上思維與歷史性的思想規矩：論郁振華的《形上的智慧如何可能？——中國現代哲學的沉思》〉，《清華大學學報》（哲學社會科學版），卷一六期六（二〇〇一年），頁五七—六六。

【三】《嚴復集》，冊三，頁八二四—八二五。

則一。然則宗教者，固民生所不可須臾離者歟。」宗教起源於初民社會，當時開始出現宗教家，「有篤信主宰，謂世間一切皆有神權，即至生民，其身雖亡，必有魂魄，以為長存之精氣者」。

二、隨著演化，社會中也出現了「研究物情，深求理數之人」，稱為「學術家」。

三、學術的擴張（包括科學的進步）會導致宗教範圍之縮小，乃至兩者之間的衝突。嚴復指出：「宗教、學術二者同出於古初，當進化程度較淺之時〔按：應指宗教〕範圍極廣，而學術之事亦多雜以宗教觀念，無純粹之宗風，必至進化程度日高，於是學術之疆界日漲，宗教之範圍日縮。兩者互為消長，甚至或至於衝突，此至今而實然者也。」

四、雖然宗教、學術兩者在發展過程中必然會起衝突，不過學術擴張所導致的其實不是宗教範圍的縮小，而是宗教之中迷信部分的縮小，而使宗教之內容「日精」。嚴復說：「學術日隆，所必日消者特迷信耳，而真宗教則儼然不動」；「宗教日精，由迷信之日寡也，宗教、迷信二者之不可混如此也」。

五、這樣一來，學術與宗教並無根本的矛盾，反而可以互相補足、相互提升。嚴復認為學術無論如何進步，都有無法完全解釋之處，而學術所無法解釋之處，即是宗教所以產生之處。【二】換言之，所有的社會之中只要有「不可知者」的領域存在，就會透過宗教來解釋不可知的現象，那麼宗教就不會被人們所放棄。嚴復說：「蓋學術任何進步，而世間必有不可知者存。不可知長存，則宗教終不廢。學術之所以窮，則宗教之所由起。」

六、從以上的理論來推論，科學、宗教、迷信三者的關係即是「由是而知必科學日明，而後宗教日精，宗教日精由迷信之日寡也」。【二】

嚴復所提出科學、宗教、迷信之關係的看法與《新青年》作者如胡適、陳獨秀等人所強調宗教即是迷信、科學與迷信兩不相容的知識觀是很不相同的。嚴復肯定宗教的意義，並賦予宗教與科學不相矛盾、宗教與迷信相互排斥的界定，在近代思想史上代表了五四主流論述之外的另一個聲音，許多宗教界人士無疑地較支持他的說法，而後來「科玄論戰」中玄學派所秉持的觀點，亦與此一思路有密切的關係。

【一】這也是嚴復引西方學者的話，「西哲常云：『宗教起點，即在科學盡處』」，《嚴復集》，第二冊，頁三二八。原文應是 "Religion begins where science ends"。

【二】〈進化天演〉是嚴復於一九一二年夏天由北京教育部所舉辦的一場演講的講稿，其內容於一九一三年三月刊登於《今文類鈔》期二，以及同年四月十二日至五月二日北京《平報》（題為〈天演進化論〉），兩者文字略有差別。引文均見嚴復：〈天演進化論〉（一九一三年），《嚴復集》，第二冊，頁三〇九—三一九（根據《平報》）。另一版本為〈進化天演——夏期演講會稿〉，孫應祥、皮後鋒編：《嚴復集補編》，頁一三四—一四七（根據《今文類鈔》）。

五、催眠術與靈學之糾結及其「科學」宣稱

在民國初年，除了上海靈學會的支持者宣稱靈學與科學相輔相成之外，當時許多支持催眠術的人也宣稱催眠術具有科學性。【一】催眠術與靈學相關，多被視為是靈學中的一種，不過它也有自身的發展脈絡。這主要是因為許多與靈學有關的活動往往需要依賴催眠的方法來進入一種特殊之狀況，讓人產生冥冥之中若有神力的感覺，可以藉此聲稱靈魂、鬼神的存在，所以民國初年許多靈學研究之機構亦教授催眠術。上海靈學會與其他靈學研究者的支持者之中也有不少人看到催眠術與扶乩之間的關連性。【二】無論如何，民初之時催眠術與靈學關係密切、相伴而生。【三】

許多討論催眠術的作品都會注意到催眠術與靈學的關係。楊錦森（一八八九—一九一六）在《東方雜誌》上所翻譯的一篇〈論心理交通〉，以及愈之（胡愈之，一八九六—一九八六）所翻譯的〈夢中心靈之交通〉二文，嘗試「以科學的方法」說明催眠術或夢境與心理溝通之關係。兩者均將催眠術與靈學結合在一起。【四】他們的理論是：一、人類的心靈或基督教所謂之靈魂，可超越肉體並脫離肉體而存在，「吾人肉體之中有一無形之物，其物不為吾人肉體所束縛，自具有感覺與行事之能力。」【五】二、在此世界外，更有一不可見、不可知之世界，作為靈魂（與神鬼）溝通之場域。三、在夢中或受催眠之時比較容易進入此一境界，而進行心靈之

溝通。這是因為人在受催眠之時，其心靈不為肉體所控制，能不受時與地之限制，而自由行動。例如能見到異地景物，或「令別一靈魂，佔據其肉體」【六】。四、心靈溝通是依賴類似電力或神經中樞發出「震動」來傳遞，「其方寸靈犀間，時有一種想像之電，息息相通……雖睽隔萬里，亦能互遞消息，而無所阻塞也。」【七】文中並舉出許多具體之事例，如述說異地見聞、逆知未來、知人所思等，來證明所言不謬。不過作者只將此種溝通限定在活人，「至於與死者之交

【一】有關近代中國催眠術，參見張邦彥：《精神的複調：近代中國的催眠術與大眾科學》（台北：聯經出版事業公司，二〇二〇年）。

【二】例如，海寧的史文欽，「為書數千言，論催眠之理，以為其事與乩相類」，見〈裘葆良先生書〉，《靈學叢誌》，卷一期二（一九一八年），書函，頁二。吳稚暉也將催眠術和靈學會的鬼神之說結合在一起，「昨聞仲哥乃郎，又以催眠鬨動於甘肅路。鬼神之勢大張，國家之運告終」，見俞復：〈答吳稚暉書〉附錄，《靈學叢誌》，卷一期一（一九一八年），雜纂，頁四。此外，在道院的刊物《道德雜誌》亦有相同的討論。見樹中：〈扶乩的學理說明〉，《道德雜誌》，卷一期一，附錄，頁一三—一六。該文作者引用井上圓了、古屋鐵石，以及東西心理學家的理論來解釋扶乩，其中也談到扶乩與催眠術之關係。

【三】李欣：〈中國靈學活動中的催眠術〉，《自然科學史研究》，卷二八期一（二〇〇九年），頁一二—二三。

【四】這兩篇文章均收入東方雜誌社編印：《催眠術與心靈現象》。

【五】東方雜誌社編印：《催眠術與心靈現象》，頁五六。

【六】東方雜誌社編印：《催眠術與心靈現象》，頁六〇。

【七】東方雜誌社編印：《催眠術與心靈現象》，頁七三。

通……此則今尚無真確之證據，使人深信其必有」【一】。

愈之所翻譯的〈夢中心靈之交通〉沒有談到催眠術，只提到夢境，他將此種心靈之交通說成是「靈通」，「英國之洛琪（Oliver Lodge）氏等，已承認遇此種特殊夢象時，夢者之心靈，確能與醒者互相交通，且無空間之限制。此種交通現象，名之曰『靈通』（Telepathy）；靈通之現象，今雖未得完滿之解釋，而其真實，已為少數學者所公認矣。」【二】上述的說法都是將催眠術作為引發心靈溝通的狀況，因此在受催眠時，「往往具超越之感覺力，能觀察遠處之事物」，此種「域外自我」，即是「天眼通」、「他心通」等現象出現的原因【三】。

上述的說法將催眠術視為靈學的一個部分。不過也有一些人表示其所從事之催眠術與靈學無涉，這些人甚至刻意地與靈學會的靈魂、鬼神之說保持距離。民國初年，在中國流行的許多較為專業的催眠術是從此一傳承而來，宣稱其為科學（或「心靈學」、「心理學」、「精神研究」），而非靈學。

有關催眠術傳入日本的經過，一柳廣孝的專書《催眠術の日本近代》有深入的探討。大致而言，一八七三年時「傳氣術」、「催眠術」二詞彙已經被收錄在東京大學所印行的《哲學詞彙》之中。在日本，催眠術是由留學生如榎本武揚（一八三六—一九〇八），以及來日本的外國人所傳入的。【四】大約在一八八〇年代開始，許多日本學者開始研究催眠術。【五】初期之時並無催眠術之名稱，而被稱為「幻術」。一八八九年有一個醫生馬島東伯用催眠術來治病，得到良好的效果，催眠術的名稱方才出現。馬島在一八八八年曾與東京帝大的井上圓了（一八五八—一九一九）在熱海討論催眠術，後來井上組織「不可思議研究會」，並在一八九五年出版《妖怪學講義》（導論部分後由蔡元培譯為中文，於一九〇六年由商務印書館出版），從科學、哲學、心理學與宗教角度解析妖怪等不可思議之現象，以打破對妖怪之迷信。【六】根據余萍客所述，該書是因為井上圓了與催眠師中村環熟識，「該書中有許多地方是推求催眠術的原理」而做。【七】此外，小野福平（著有《小野催眠學》〔一九〇五年〕）、福來友吉（一八六九—一九五二，心理學家）、高橋五郎（一八五六—一九三五）等人也是心靈研究的先驅人物。福來友吉在一九〇六年以〈催眠術の心理学的研究〉作為其博士論文；一九〇八年任職東京大學助理教授。一九一〇年，福來友吉於日本各地發覺御船千鶴子（一八八六——一九一一）、

【一】東方雜誌社編印：《催眠術與心靈現象》，頁五〇。
【二】東方雜誌社編印：《催眠術與心靈現象》，頁六九。
【三】東方雜誌社編印：《催眠術與心靈現象》，頁四四。
【四】一柳廣孝：《催眠術の日本近代》（東京：青弓社，一九九七年），頁一六—一七。
【五】參見一柳廣孝：《こっくりさんと千里眼：日本近代と心靈學》。
【六】有關井上圓了及其妖怪學對中國的影響，參見鄒振環：《影響中國近代社會的一百種譯作》（北京：中國對外翻譯出版公司，一九九六年），頁二〇九—二一二。
【七】余萍客：《催眠術函授講義》（上海：中國心靈研究會，一九三三年），卷一，頁四一。

長尾郁子（一八七一——一九一一）、高橋貞子（一八八六——？）、三田光一（一八八五——一九四三）等號稱有透視與「念寫」（一種超能力，能將心中的影像印在相紙或傳給別人，英文為 thoughtography）的超能力之人，並於公共場合進行實驗，引發廣大爭議與討論；此為日本歷史中的「千里眼事件」。【一】一九一三年福來友吉出版《透視と念寫》，引起更大的爭議，被認為宣傳迷信，而隨後遭東大停職。然而，日本社會中心靈、精神研究之風氣持續發展。上述日本明治時代的時代氛圍又影響到當時留日的中國學生，他們接受了「催眠術」的譯名，再將之傳入中國。

一九〇九年，在橫濱的中國人余萍客、劉鈺墀、鄭鶴眠、唐新雨、居中州等人創辦了「中國心靈俱樂部」，此一團體同時研究「心靈學」與「催眠術」。至一九一一年，該組織又改名「東京留日中國心靈研究會」，英文名是 Chinese Hypnotism School（中國催眠學校），並發行《心靈雜誌》，會員人數激增。一九一四年，該組織成立心靈學院。一九一八年，該會在上海成立分會。一九二一年，該會結束了在東京的會務，專心在中國推廣催眠術，並將會名改為「中國心靈研究會」。據余萍客表示，僅「中國心靈研究會」至一九三三年，就出版了書刊、講義三千餘種，而其會員更有八萬之眾。【二】

余萍客是催眠術在中國流傳的靈魂人物。他說：「為什麼中國今日催眠術的聲浪竟能到處傳播，研究的人竟如雨後春筍般的增加呢？這可以說是全是中國心靈研究會提倡之功。」【三】該會最主要是利用出版定期刊物、書籍、教授講義來傳播催眠術，並依照學習對象、學習方法、學習之時間長短，分別設立不同部門，廣募學員，並宣稱可以治療各種疾病。余萍客在《催眠術函授講義》即強調催眠術「不是飄渺虛無，不是毫無根據的，而是處處有著科學的憑藉做他產生的背景」。【四】他解釋催眠與睡眠不同，是靠著暗示、誘喚而使人出現的一種特殊的精神狀態：

> 催眠術是由會通催眠術的施術者運用適於催眠之暗示及手段誘喚受術者的精神，呈現一種特殊的狀態。這時受術者沉靜了普通狀態時種種亂雜的觀念，而成無念無想的心境，除了施術者一人外，不和第三者發生關係；施術者發出種種暗示……施於受術者，他毫不躊躇忠實地而出現種種催眠現象。……能使人一時喚呈這種精神的特殊狀態的即是催眠術。【五】

【一】中文之中對此事件之介紹與解析，見章錫琛：〈日本新千里眼出現〉，《東方雜誌》，卷一〇期四（一九一三年），頁一二。章錫琛：〈千里眼之科學解釋〉，《東方雜誌》，卷一〇期七（一九一四年），頁一〇。章氏認為千里眼之奇妙現象乃出於「催眠狀態」。

【二】余萍客：《催眠術函授講義》，卷一，頁四九。

【三】余萍客：《催眠術函授講義》，卷一，頁四七。

【四】余萍客：《催眠術函授講義》，卷二，頁一。

【五】余萍客：《催眠術函授講義》，卷二，頁二。

同時，余萍客表示利用催眠術可以治療各種疾病。他在該書第三卷中有「催眠術治療法」，仔細地介紹精神醫療法之原理與方式。他所宣稱能治療的疾病有五十多種，包括神經衰弱、淫蕩癖、懶癖、盜物癖、虐待生物癖、嫖賭癖、潔癖等。催眠術可治療各種疾病之宣稱在報紙廣告中尤其普遍，例如一九一八年一月七日《大公報》催眠術函授的廣告即宣稱：「能治藥石無効之病癖，能令精神上生無限之慰藉」。

在中國心靈研究會出版與催眠術相關的文本之中均宣稱催眠術為一「精神科學」，且其「科學性」早被「世界公認」。[一]藉著催眠術，像余萍客等催眠專家企圖解釋上述上海靈學會所從事的扶乩活動、鬼神、靈魂等現象。余氏說以前很多人認為陷入催眠狀態「是神靈依憑其身，是『人』與『神』交通的現象」，實際上此一說法「含有多量的迷信的成分……現在是沒有人去採用的了」。[二]再者，催眠也與靈魂之說無關，是一種心靈科學中的現象。[三]對他們而言，中國下層社會所從事的降青蛙神、請竹籃神、關亡問米、圓光、扶乩等都與鬼神無關，而「包含在催眠學理的範圍內」。這樣一來，像余萍客等催眠師，雖然也號稱研究精神作用或心靈現象，其實上他們並不認同上海靈學會等人有關靈魂與鬼神的觀點，他們認為鬼神之說實為「迷信」。余萍客在一九三一年的書中說：

這類事件，向來祇流行在一般下級民眾中，智識階級從未曾下過功夫……自然會對於這般運用精神的催眠現象，看做神鬼降臨偏於迷信方面的事跡了。【四】不過有趣的是余萍客也發現催眠與個人的感受力有關，而指出信仰催眠、相信神佛之人較易進入催眠狀態。

總之，中國心靈研究會有意地將催眠術與靈學作一區隔，他們強調催眠術乃是一先進的科學，人人可學會。一九三四年上海心靈科學書局所出版的《羅倫氏催眠術二十五課》即強調催眠術可以應用於教育與治療，是「一種研究人類精神的超自然力之利用的方法」，這顯示「催眠術乃是一種科學的事實……不論誰都可以學得成功的」。【五】

余萍客所代表的中國心靈研究會的觀點並不是特例，當時從類似角度解析催眠術為科學的人不少，只不過這一些理論所提出的科學宣稱各有不同。盧可封與梁宗鼎是將催眠術的心理學

【一】見一九一六年中國心靈研究會編：《催眠術專門研究》，冊四，頁五四。轉引自李欣：〈中國靈學活動中的催眠術〉，頁一九。

【二】余萍客：《催眠術函授講義》，卷二，頁三五。

【三】余萍客：《催眠術函授講義》，卷二，頁四五。

【四】余萍客：《催眠術函授講義》，卷一，頁四七。

【五】羅倫氏（L. W. Lawrence）：《羅倫氏催眠術二十五課》（上海：心靈科學書局，一九三四年），頁二—三。

闡釋與儒家修身理論結合在一起。

盧可封在一九一七年的《東方雜誌》上發表〈中國催眠術〉一文，提出他對催眠術的看法。【一】盧可封為上述「中國心靈研究會」的會員，一九一六年夏季畢業，此文乃應日本催眠術協會之考試而作。文中表示他受到許多日本催眠大家之影響，其中最為服膺者是東京帝大畢業的催眠專家村上辰午郎。【二】不過他也有一些自己的心得。盧氏認為催眠術是一種「精神作用」或「精神力量」，具有哲學與心理學之學理基礎，且符合中國先哲之論說。他說：「徒以神怪視之者，直不學無術，孤陋寡聞之人而已」【三】。

他也和余萍客一樣，運用催眠術來解釋中國流行於民間的各種現象。例如他解釋「降仙童」：「予習催眠術後，乃知此完全為催眠，絕無神怪之可言；羣童所以忽能武技者，則催眠變換人格（化身）之效也」【四】。他同時也解釋扶乩，「此術亦催眠之效也，變換扶乩者之人格為所請之仙耳；歐美有百靈舌（Planchette）者亦類此也」【五】。此外，盧可封以催眠來解釋的活動還有：討亡術、圓光術、祝由科、竹籃神、八仙轉桌、筋鬭術等。最後作者指出，催眠術是一門既有學理根據、又具實用價值之學科。

盧可封對催眠術所做的解釋一方面是從科學（主要是心理學）角度之論述，另一方面也與他對哲學、倫理學的看法交織在一起。他認為催眠之理論在《易經》、《中庸》、《太極圖說》有關太極與陰陽之說之中已有所闡明。因此「催眠中之透視、默化種種神妙之事」，乃至神遊

（千里眼）等都是出於「至誠」之精神。再者，《中庸》所謂「誠則明矣、明則誠矣」，則是「最正大之預期作用說也」：

至誠之道，可以前知。又曰：至誠如神；又曰：與天地合其德，與日月合其明，與四時合其序，與鬼神合其吉凶；此其修養之至，一觸即發，隨時皆可以得催眠之效【六】。

他將此套理論稱之為「儒者催眠學」【七】。最後，他提到催眠術對人類的意義：一、藉催眠術解決學問方面的問題，這一點很類似上海靈學會藉扶乩來做學術研究；二、藉催眠術從事教育工作，「令愚者明、拙者巧、頑廉懦立，效若桴鼓」；三、催眠術可治病、改癖；四、其教育、醫

【一】此文亦收入《催眠術與心靈現象》。

【二】村上辰午郎有不少催眠術之著作，對催眠術的普及有很大的貢獻，參見一柳廣孝：《催眠術の日本近代》，頁一七五——一八〇。

【三】東方雜誌社編印：《催眠術與心靈現象》，頁二七。

【四】東方雜誌社編印：《催眠術與心靈現象》，頁一八——一九。

【五】東方雜誌社編印：《催眠術與心靈現象》，頁二〇。

【六】東方雜誌社編印：《催眠術與心靈現象》，頁一七。

【七】東方雜誌社編印：《催眠術與心靈現象》，頁一五。

療功能可以助長家庭幸福；五、幫助個人「養生壽身，投機營業」。【一】

梁宗鼎具有礦學方面的專業知識，撰有不少關於金礦、石炭、鋼鐵方面的著作。他的「催眠學」與盧可封之意見類似。一九一六年他在《東方雜誌》上發表了〈催眠說〉一文，他的理論不像盧可封那麼複雜、周密，不過同樣地從西方科學理論與儒家道德修養兩方面來討論催眠術。

首先他追溯催眠術在西方與日本的歷史，在多年發展之下，「此術已認為獨立之科學矣」【二】。他指出催眠術其實就是《列子》中所說的「化人」，能夠「變物之形，易人之性」【三】，它利用的兩種心理之機制，一是暗示，一是默契。前者，「催眠學，即所以研究此『暗示』與『默契』之原理之科學者也」【四】。除了心理上的指示之外，催眠術還需利用生理上的方法，包括利用觸覺、聽覺與視覺來使被術者達到催眠之狀態【五】。

梁宗鼎認為催眠之所以能起作用，最後依賴對「腦」的作用。因為腦控制人的身體，「人體各部之運動，均唯此腦是賴……人如無此腦，則人之靈性失矣」【六】。他進一步說明腦的內部構造，及其與催眠術之關係。他說：大腦中有兩大部分，一為「天君筋」，一為「善惡筋」，這兩者有如宋儒所說的所謂天理、人欲之「二我」。天君筋所發出之命令，各部分奉若神明；善惡筋即是慾望面，而兩者「恆爭起落，每構成種種之思潮」【七】。催眠家的作法就是控制「天君筋」，「間接司令，以致鉤深索隱，治療疾病」；同時克制「善惡筋」，來避免因疾病而產生之疾病或惡行【八】。

如果説盧可封、梁宗鼎的催眠理論夾雜了西方科學與儒家的道德理念，那麼趙元任（一八九二—一九八二）對催眠術的看法則基本上是從西方心理學出發所做的詮釋。他在一九一七年《科學》上所發表了〈催眠學解惑〉。【九】文中他開宗明義地説：「催眠學今日之科學的地位，實為心理學之一部分。所謂心理學者，非指十九世紀以前之哲學的心理學，乃指近世科學的實驗與理論心理學也。」他指出催眠術的基礎主要有二，一是暗示作用，讓受術者產生錯覺、幻覺與人格變換；二是所謂的「神經斷離説」（theory of mental dissociation），而兩者密切相

【一】東方雜誌社編印：《催眠術與心靈現象》，頁二七—三〇。

【二】東方雜誌社編印：《催眠術與心靈現象》，頁二。

【三】東方雜誌社編印：《催眠術與心靈現象》，頁一。

【四】東方雜誌社編印：《催眠術與心靈現象》，頁三。

【五】東方雜誌社編印：《催眠術與心靈現象》，頁四。

【六】東方雜誌社編印：《催眠術與心靈現象》，頁七。

【七】東方雜誌社編印：《催眠術與心靈現象》，頁七。

【八】東方雜誌社編印：《催眠術與心靈現象》，頁八。

【九】趙元任：〈催眠學解惑〉，中國科學社編：《科學》，卷三期八—九（一九一七年），頁九三八—九四九。

關。【二】他表示：

> 人在平常醒時，其遇一暗示，輒生各種抵抗力，抵抗力強則暗示無效。若用法除去各種抵抗情形，則暗示易於實行。催眠狀態者，抵抗消除而暗示效力因以增進之狀態也。……
>
> 催眠狀態之解說最有信用者，為神經斷離說（theory of mental dissociation）。此說大意謂平常睡時腦細胞相接之處（synapse）平常之感觸皆不能通過，而腦之全部休息。在催眠狀態，則術者常常與之言語或接觸其體部，故被術者腦中凡關於暗示之觀念者仍與他器官相連，而他部之腦細胞則全息。故一念生而無他念與之對抗，此暗示之所以得力也。【三】

趙元任在《科學》上的文章嘗試以他所接觸到的一種特殊的西方科學理論來解釋「神秘奧妙」的催眠學，並將催眠與「招魂、闢亡等術……迷信與詐妄諸事」有所區隔。不過值得注意的是趙元任所介紹的只是諸多西方理論中的一種，而且有學者認為是影響力較小的一種。當然，這也是一直到今日尚未出現一種對於催眠術的確切解釋所致。

上述四種對於催眠術「科學」性質的宣稱中，余萍客的理論特別環繞著暗示與誘喚的心理機制與其醫療效果，認為催眠術是一種有科學根據的精神療法，是「心靈科學」中的一種；盧可封則嘗試建立一個具有中國特色而與儒家修身、《易經》宇宙觀相配合的催眠理論，並聲稱可治病、改癖，並用於教育、學術之上，故推到極致可以「克己復禮，而天下歸仁焉；端拱南面，而天下歸化焉」；梁宗鼎的說法中，催眠即是控制大腦的天君筋與善惡筋，以暗示與默契來做到存天理、去人欲，並治癒各種疾病。這三種解釋都不同意靈學會所謂傳統的扶乩或降仙童可以證明鬼神與靈魂的存在，他們勿寧相信這些都是在催眠狀態之下所表現出來的行為，無足為怪。其中盧可封與梁宗鼎一方面否認鬼神與靈魂的存在，另一方面又將儒家的修養觀念與中庸的「誠」的哲學投射到催眠術之上。至於趙元任的說法主要是源於西方的一種理論，企圖建立「催眠學在科學上之地位」，他的說法與《新青年》有相類似之處。總之，這幾種對於催眠術的理論一致強調靈學中的現象可以透過催眠術得到一「科學」的解釋或驗證。換言之，靈學中的鬼神之說是迷信，但催眠術，即使它所觸及的心理機制、精神療效尚無法得到周延之解釋，則是一種科學。

【一】此一理論應是源自法國心理學家珍妮特（Pierre Janet，一八五九—一九四七）。參見 http://www.hypnosis-online.co.uk/theoriesofhypnosis.htm（二〇一一年十月十八日訪問）。

【二】趙元任：〈催眠學解惑〉，頁九四八。

六、《新青年》對靈學之批判：科學與迷信之二分

上海靈學會成立之後大力宣揚靈學，又透過報章報導諸如「靈魂照相」等事，此舉引起許多人的反感。一九一八年五月至一九一九年四月，《新青年》之上發表了許多批判靈學的文章，其中魯迅的話很有代表性，他說：

> 現在有一班好講鬼話的人，最恨科學，因為科學能教道理明白，能教人思路清楚，不許鬼混，所以自然而然的成了講鬼話的人的對頭。於是講鬼話的人，便須想一個方法排除他。其中最巧妙的是搗亂。先把科學東扯西拉，羼進鬼話，弄得是非不明，連科學也帶了妖氣。……《靈學雜誌》內俞復先生答吳稚暉先生書裡說過：「鬼神之說不張，國家之命遂促！」……據我看來，要救治這「幾至國亡種滅」的中國，那種「孔聖人張天師傳言由山東來」的方法，是全不對症的，只有這鬼話的對頭的科學！——不是皮毛的真正科學！——。[一]

胡適很同意魯迅對靈學的看法。胡適自幼受到他父親「理學家的自然主義的宇宙觀」影響，力倡「格物窮理」，家中大門上貼著「僧道無緣」的字條。後來他讀到司馬光「形既朽滅，神亦飄散」與范縝「神滅論」，「成了一個無鬼無神之人」。[二] 胡適源於傳統的無神論又與他對

西方科學的認識結合在一起。他不但批判扶乩、鬼神之說，也對靈學研究抱持著譏諷的態度。他在一九二一年寫〈《紅樓夢》考證〉，碰到一個不可解之處，曾調侃地說：「這謎只好等上海靈學會把曹雪芹先生請來降壇時再來解決了」【三】。胡適其實並不在乎死後靈魂之存滅，他所相信的是「社會的不朽」、「大我的不朽」。一九一九年他所寫的〈不朽——我的宗教〉一文最能反映他對此議題的看法。對他來說，人一生最重要的事情是現世的所作所為，而非來世之果報，因此真正能留下來的遺產是個人對社會的正負面影響。他說：

> 我的宗教的教旨是：我這個現在的「小我」，對於那永遠不朽的「大我」的無窮過去，須負重大的責任；對於那永遠不朽的「大我」的無窮未來，也須負重大的責任。我須要時時想著，我應該如何努力利用現在的「小我」，方才可以不辜負了那「大我」的無窮過去，

【一】魯迅：〈熱——三十三〉，《魯迅全集》（北京：人民文學出版社，一九八一年），卷一，頁二九八——三〇二。

【二】胡適：《四十自述》（台北：遠東圖書公司，一九六六年），頁三四——三八。

【三】胡適早年在《競業旬報》上發表的小說〈真如島〉中即抨擊扶乩迷信。見胡適：《四十自述》，頁六六。胡適：〈《紅樓夢》考證〉，收入氏著：《中國章回小說考證》（上海：上海書店出版社，一九八〇年），頁二三一。

方才可以不遺害那「大我」無窮未來？【一】

胡適所謂的小我與大我之關係與大我之不朽，一方面受到嚴復所譯介的斯賓塞、赫胥黎「社會有機體」論之影響，另一方面也受到儒家「三不朽」、祖先祭祀等觀念之啟發（胡適說該文是「當我母親喪事裡想到的」）。這一種對「大我」的想像與中國傳統之儒家、佛教之觀念有一定的關連，而與西方自由主義者、個人主義者對「自我」的想像有所不同。【二】

胡適從此一「不朽」的觀點批評西方靈學中所謂死後「靈魂不滅」的看法。一九二六年胡適到英國倫敦訪問，與曾篤信靈學之歷史學家狄更生（G. Lowes Dickinson，一八六二—一九三二）討論到這個問題，他重申自己的「社會不朽論」：

下午到 Dr. Burns 家喫茶，會見 G. Loues〔應為 Lowes〕Dickinson，談甚久。久想見他，到今天才會見他。他今年六十五歲了，精神還好，思想仍新。此是最可愛的。他早年作 *Religion* 一書，攻擊舊宗教。但我今早車上讀 Sir Oliver Lodge's *Survival of Man*，開篇引他在 Harvard 的講演中語，似他那時頗信「靈學」的話，我頗詫異。今天喫茶後，他同我同出門，我們同到 Russell Square，路上談起。他說，前時頗關心死後靈魂滅否的問題，現在更老了，反不覺得此問題的重要了。他問我，我說，全不愁此事。即使我深信死後全歸於

盡，我決不介意；我只深信一生所作為總留下永永不滅的痕跡：善亦不朽，惡亦不朽。他很以為然。【三】

由此可見胡適對英國靈學會如 Oliver Lodge 的觀點雖有所接觸，卻不以為然。

除了魯迅與胡適之外，在《新青年》批判靈學的作者中，心理學家、北大教授陳大齊（一八八六—一九八三）的〈闢靈學〉（一九一八年）、〈心靈現象論〉（一九一九年）等文寫得最有系統，集結為《迷信與心理》一書。後來他又在《晨報》上撰寫〈有鬼論成立的一大原因〉（一九二三年），繼續批判有鬼的言論。

陳大齊，字百年，浙江海鹽人。早年留學日本，就讀東京帝國大學文科哲學門，專攻心理學，獲文學士學位（一九一二年）。他曾任浙江高等學校校長、北京大學教授、系主任、代理校長。一九四九年赴台灣，協助蘇薌雨（一九〇二—一九八六）創建國立台灣大學心理學系，又任台灣大學文學院、台灣省立師範學院教育系教授。一九五四—五九年擔任政治大學校長，

【一】胡適：〈不朽〉，收入季羨林主編：《胡適全集》（合肥：安徽教育出版社，二〇〇七年），卷一，頁六六七—六六八。
【二】黃克武：〈胡適與赫胥黎〉，《中央研究院近代史研究所集刊》，期六〇（二〇〇八年），頁四三—八三。
【三】胡適著，曹作言整理：《胡適日記全集》（台北：聯經出版事業公司，二〇〇四年），冊四，頁六〇一—六〇二。

亦曾出任國民黨中央評議委員等。【一】

陳大齊的《迷信與心理》一書以心理學的知識解釋一些心靈的現象。他在一九七二年時回顧其一生學術成就，撰有〈耕耘小獲〉一文，其中曾述及該書是他早年在心理學方面的重要成果，對破除迷信，「不無小助」：

當五四運動前後，旅居北方的新知識分子，方以提倡科學精神為要務之一。上海方面扶乩之風盛行，且有人組織靈學會，宣揚其神妙。乃撰〈闢靈學〉一文，依據心理學學理，加以剖析與說明，謂除了有意作為〔疑為「偽」〕者以外，沙盤中所書，出自扶乩者的下意識作用而不為扶乩者所自覺，並非真有神仙降臨。此文頗為儕輩所重視，其後又應邀作了若干次有關心理異常現象的公開講演。該文及講稿，曾輯成一書，名曰《心理與迷信》〔按：應作《迷信與心理》〕，於迷信的破除，不無小助。【二】

該書的各篇文章都環繞著以科學（心理學）來破除迷信之主旨。針對《靈學叢誌》作者聲稱扶乩現象為「聖賢仙佛」降臨，陳大齊則以扶乩者之變態心理來做解釋。他強調變態心理中的「自動作用」為無意識身體筋肉的運動，催眠中人能夠在無意識中手部做動作，或是扶乩過程手部動作都與此有關。他甚至認為這些無意識動作是一種病症，即身體某部分忽然喪失感覺所致。

陳大齊更進一步舉出西方類似實驗來證明，像是Planchette以及magic pendulum等都是古羅馬時即存在。人們藉此術來愚人，遇有問卜者則代禱上帝，藉由擺盪之運動以宣神意。他說西方已有推翻這些現象的實驗，證明這些現象均為手的「自動作用」。另外一現象為Thought-reading（測思術），藏物者將物品藏於他室後，以布掩矇住被術者之眼，引被術者至藏物室尋找物品。陳大齊解釋此現象為受藏者筋肉無意識的自動運動影響使然，引導受術者至藏物處。因此可知這些現象都是出於卜者之助，而出現無意識運動的結果。

再者，針對盛德壇之扶乩者並無學識，卻能回答音韻學等問題，陳大齊解釋為扶乩者生活中無意間接觸過音韻相關文章或知識，潛意識之下腦部自行記憶下來，在扶乩之時因而能將所記之事說出，就如同夢境一般。另外，扶乩者為何在乩書中不說是自己所知，而是由「聖賢仙佛」所傳達的旨意？陳大齊指出此為中國人天性喜為古人之奴，扶乩者下意識以古人作為頂冒

【一】有關陳大齊的生平與學術可參考沈清松：〈陳大齊〉，收入《中國歷代思想家（二三）：陳大齊．太虛．戴季陶》（台北：台灣商務印書館，一九九九年），頁一—三六。

【二】陳大齊：〈耕耘小獲〉，中國人民政治協商會議浙江省海鹽縣委員會文史資料工作委員會編：《陳大齊先生專輯》（海鹽：中國人民政治協商會議浙江省海鹽縣委員會文史資料工作委員會，一九八八年），頁一四—一五。

招牌，假託古人之言，實為個人之意見。【一】

在〈有鬼論成立的一大原因〉，陳大齊説人們對鬼神的想法常常出自幻覺、錯覺、作夢、精神病等，然而最根本的是出於人們心中的希望，例如希望與死去的親人再次團聚，或希望自己討厭的人受到「冥罰」，並將想像誤認為事實所致。他説：「智識幼稚的人，想像活潑，且易以想像為事實——這條原理便足以説明有鬼的希望之所以能產生有鬼論。……希望愈切，想像愈活潑，則誤認愈易。因此古人想像中的鬼變成事實的鬼，而有鬼的希望便成了有鬼的主張。」【二】

陳大齊雖然反對上海靈學會的靈學研究，但是他對英國靈學會倒是比較支持的，認為他們所從事的是科學研究，是以科學的方法如觀察與實驗，來瞭解心靈現象。只是英國靈學會「實驗的方法欠精密，所以所下斷案不免和迷信同一結果了」。【三】

總之，陳大齊觀點是奠立在：宗教或是靈魂、鬼神等信仰即是迷信，而迷信與科學兩不相容。他明白地表示：

> 科學和迷信，兩不相容，迷信盛了，科學就不能發達。我們要想科學進步，要想人在社會上做一個更有幸福的人，就不能不打破這罪大惡極的迷信。這些提倡迷信的人，有的簡直是有意作偽，有的還算是無意作偽……我們這些略有科學知識的人，就不能不聊盡提

撕警覺之責。【四】

陳大齊的文章受到不少人的歡迎，而發揮了一定的影響力。在《晨報副刊》翻譯了羅奇爵士〈心靈學〉的譯者小峰，在文後案語即表示受到陳大齊的影響因而提醒讀者：鬼神傳說歷史悠久，但仍缺乏根據，靈學會中人認為靈魂不滅，恐怕言之過早。【五】

除了陳大齊之外，陳獨秀、錢玄同、劉半農（一八九一——一九三四）等人也寫了批判文章。錢玄同呼應陳大齊的觀點，並替吳稚暉澄清，說他並不相信盛德壇的鬼神之說。錢玄同認為道教為上古極野蠻時代生殖器崇拜之思想，使兩千年來民智日衰，「民賊」利用靈學來愚民，卻大致不出道教範圍，就如同一九〇〇年的拳匪事件。對他來說，靈學支持者與義和團十

【一】見陳大齊：〈闢「靈學」〉，《新青年》，卷四號五（一九一八年），頁三七〇——三八五。
【二】陳大齊：〈有鬼論成立的一大原因〉，《晨報五周年紀念增刊》，一九二三年十二月一日，頁二七。
【三】陳大齊：〈心靈現象論〉，《北京大學日刊》，一九一九年五月二十一日，三版。
【四】黎明：〈闢同善社〉，《新青年》，卷九號四（一九二一年），頁一。文中轉引陳大齊的話。
【五】羅奇爵士著，小峰譯：〈心靈學〉，《晨報副刊》，一九二四年六月三十日，二版。

分類似。【一】

陳獨秀等人的說法在馬克思主義盛行之後又與唯物主義結合在一起，此後，從「唯物—唯心」的角度來批判宗教迷信一直是中國馬克思主義者尊奉的信條。一九三一年馬克思主義者艾思奇（一九一〇—一九六六）以唯物辯證法繼續批判靈學，「逐漸確立了科學的清晰界線」。其後類似的討論一直延續下來。吳光在一九八一年指出：「五四運動前夕，由《新青年》發動和進行的反對鬼神迷信的鬥爭，既是一場無神論反對有鬼論、唯物論反對唯心論、科學反對迷信的思想鬥爭，也是一場關係國家民族前途命運的政治鬥爭。……它廣泛傳播了近代自然科學知識和唯物主義思想，它深刻揭露了封建勢力張鬼神以害國、藉迷信以愚民的醜惡面目，……它『徹底破除迷信，大力提倡科學』的革命精神將永放光輝！」【二】李延齡在二〇〇〇年的文章延續此一思路，他說：「這場論戰是新文化運動時期，民主、科學同專制、迷信直接衝突的表現，也是我國古代唯物論和唯心論、無神論與有神論之間的鬥爭在新的歷史條件下的繼續和發展」，「這場鬥爭維護了科學的尊嚴，推進了思想解放，在歷史上起了進步作用」。【三】

《新青年》雜誌的文章從對靈學的批判，引發出對於宗教、迷信的圍剿，確定了「迷信發達，科學就沒有進步」的觀念。《新青年》諸文對迷信的批判與蔡元培所謂以美育取代宗教，科玄論戰中科學派對宗教、玄學的攻擊，以及後來國共兩黨的反迷信政策等有密切的關係。民國時期的國民政府因而推動許多反對迷信運動，例如廟產興學、禁止迎神賽會等，認為宗教力量會摧毀國家，並企圖以黨國體系所主導的國家意識來取代宗教。【四】在中共方面，一九四九年之後雖在憲法中明訂宗教寬容，然基於馬克思主義的無神論，仍積極推行各種的反迷信運動。

七、思想的延續：從靈學辯論到科玄論戰

以上拙文描寫了一九一七年以來，隨著上海靈學會出現所產生有關科學、宗教、迷信等議題的辯論。在中國近代思想史上，五四啟蒙論述無疑是主流論述，嚴復的觀點則與代表五四精神之《新青年》作者如魯迅、胡適、陳大齊等人的看法有明顯的不同。嚴復對於宗教、靈學都採取一種較為寬容的態度。在知識界，與嚴復觀點最為接近的可能是梁啟超，以及其他幾位後

【一】陳獨秀：〈有鬼論質疑〉，《新青年》，卷四號五（一九一八年），頁四〇八—四〇九。錢玄同、劉半農：〈隨感錄〉，《新青年》，卷四號五（一九一八年），頁四五六—四六八。

【二】吳光：〈論《新青年》反對鬼神迷信的鬥爭〉，《近代史研究》，期二（一九八一年），頁二〇三。

【三】李延齡：〈論五四時期無神論與靈學鬼神思想鬥爭的時代意義〉，《長白學刊》，期四（二〇〇〇年），頁八九、三四。

【四】Rebecca Nedostup, *Superstitious Regimes.* 例如一九二八年九月六日《申報》刊登了上海市教育局所擬定之「破除迷信辦法」。

來在科玄論戰中支持「玄學派」的學者，如張君勱、張東蓀（一八八六—一九七三）、林宰平等。但是梁啟超等人的觀念與嚴復的想法仍有差異，他們兩人雖均肯定科學以外的知識範疇、也肯定宗教的意義，但梁任公卻很不認同扶乩以及中西靈學研究，並婉轉地批評嚴復的觀點。

梁啟超認為人類的知識除了物質性的、實證性質的科學知識之外，也包括非科學的、處理精神與人生觀方面議題的知識。他說：「人類從心界、物界兩方面調和結合而成的生活，叫做『人生』……人生問題，有大部分是可以——而且必要用科學方法來解決的。卻有一小部分——或者還是最重要的部分是超科學的。」【一】他所謂超科學的部分，意指「歸納法研究不出」、「不受因果律支配」，【二】包括由情感而來的愛與美，以及宗教信仰等具有神秘性格的生活經驗，任公指出「一部人類活歷史，卻什有九從這種神秘中創造出來」【三】。

梁啟超將宗教定義為「各個人信仰的對象」，而十分肯定信仰的價值。他認為：「信仰是神聖的，信仰在一個人為一個人的元氣，在一個社會為一個社會的元氣」【四】。同時，梁啟超提出了所謂「智信」（即「信而不迷」）與「迷信」的區別，而佛教是屬於前者。【五】這樣一來，宗教，尤其是佛教，不但可以提供一套瞭解宇宙與歷史的本體論，並洞悉人類精神之特質。

梁啟超對於「智信」與「迷信」的區別很類似嚴復所說的「宗教」（嚴復有時說「真宗教」）與「迷信」之區別。不過嚴復所說的宗教和梁啟超所說的智信在範圍上仍有不同。嚴復所謂的宗教範圍較廣，包括佛教、道教與基督教等探索「不可思議」之議題而提出解答之各種宗教。

梁啟超所謂的智信則主要是指佛教，但不是全部的佛教，而是指大乘佛教。梁任公認為小乘佛教乃是「迷信」：「夫佛教之在印度、在西藏、在蒙古、在緬甸、暹羅恆抱持其小乘之迷信，獨其入中國，則光大其大乘之理論乎」。【六】這主要是因為：「凡宗教必言禍福，而禍福所自出，恆在他力，若祈禱焉，若禮拜焉，皆修福之最要法門也。佛教未嘗無言他力者，然只以施諸小乘，不以施諸大乘。」【七】對梁啟超來說，講求「歆之以福樂」、「慴之以禍災」的教義只是權法而非實法。【八】

梁啟超所肯定的大乘佛教強調悲智雙修、轉迷成悟，亦即是知而後信：「吾嘗見迷信者

【一】梁啟超：〈人生觀與科學：對於張丁論戰的批評（其一）〉，收入丁文江、張君勱等著：《科學與人生觀》（台北：問學出版社，一九七七年），頁一七三—一七四。

【二】梁啟超：〈研究文化史的幾個重要問題〉，收入《飲冰室文集》之四〇（台北：台灣中華書局，一九七〇年），頁七。

【三】梁啟超：〈人生觀與科學：對於張丁論戰的批評（其一）〉，頁一七八—一七九。

【四】梁啟超：〈評非宗教同盟〉（一九二二年），《飲冰室文集》之三八，頁一九、二四。

【五】梁啟超：〈論佛教與群治之關係〉，《飲冰室文集》之一〇，頁四六。

【六】梁啟超：《中國學術思想變遷之大勢》（台北：台灣中華書局，一九七四年），頁四。

【七】梁啟超：〈論佛教與群治之關係〉，頁五〇。

【八】梁啟超：《中國學術思想變遷之大勢》，頁七四。

流，叩以微妙最上之理，輒曰：『是造化主之所知，非吾儕所能及焉』」，「佛教不然」，【二】「他教之言信仰也，以為教主之智慧，萬非教徒之所能及，故以強信為究竟。佛教之言信仰也，則以為教徒之智慧，必可與教主相平等，故以起信為法門。佛教之所以信而不迷，正坐是也。」【三】換言之，對梁任公來說，所謂的智信是以宗教而兼有哲學之長的中國大乘佛教，「其證道之究竟也在覺悟；其入道之法門也在智慧；其修道之得力也在自力」【三】。在此對照之下，基督教則曾經被梁任公視為是迷信：「耶教惟以迷信為主，其哲理淺薄，不足以饜中國士君子之心……耶教以為人之智力極有限，不能與全知全能之造化主比。……耶教日事祈禱，所謂借他力也。」【四】

簡單地說，任公認為與追求覺悟、智慧、自力相矛盾者都是迷信，同時「倘若有人利用一種信仰的招牌來達他別種的目的」，這也不能算是信仰。【五】在中國最顯著的例子是依附於佛道教的扶乩。梁任公在一九二一年《清代學術概論》討論晚清佛學之時，曾檢討此一現象：

> 中國人中迷信之毒本甚深，及佛教流行，而種種邪魔外道惑世誣民之術，亦隨而復活；乩壇盈城，圖讖累牘；佛弟子曾不知其為佛法所訶，為之推波助瀾。甚至以二十年前新學之鉅子，猶津津樂道之。率此不變，則佛學將為思想界一大障。雖以吾輩夙尊佛法之人，亦結舌不敢復道矣。【六】

一九二二年梁啟超為北京哲學社演講〈評非宗教同盟〉時又提到：

天天上呂祖濟公乩壇，求什麼妻財子祿的人，我們姑且不必問他們的信仰對象為高為下，根本就不能承認他們是有信仰……現在彌漫國中的下等宗教——就是我方纔說的拿信仰做手段的邪教，什麼同善社咧，悟善社咧，五教道院咧……實在猖獗得很，他的勢力比基督教不知大幾十倍；他的毒害，是經過各個家庭，侵蝕到全國兒童的神聖情感。……中國人現在最大的病根，就是沒有信仰，因為沒有信仰——或假借信仰來做手段……所以和

【一】梁啟超：〈論佛教與群治之關係〉，頁四六。

【二】梁啟超：〈論佛教與群治之關係〉，頁四六。

【三】梁啟超：《中國學術思想變遷之大勢》，頁七六。

【四】梁啟超：《中國學術思想變遷之大勢》，頁七六。一九〇二年之後，梁任公對基督教的看法也產生了一些變化。在一九二二年他說他反對一部分的基督教，他除了反對天主教「贖罪卷」的作法之外，「對那些靠基督肉當麵包，靠基督血當紅酒的人……都深惡痛絕」；「基督教徒……若打算替人類社會教育一部分人，我認為他們為神聖的宗教運動。若打算替自己所屬的教會造就些徒子徒孫，我說他先自污衊了宗教兩個字。」梁啟超：〈評非宗教同盟〉，頁二二三—二二四。

【五】梁啟超：〈評非宗教同盟〉，頁二二〇。

【六】梁啟超：《清代學術概論》（台北：台灣中華書局，一九七四年），頁七四。

> 尚廟裡頭會供關帝、供財神，呂祖濟公的乩壇，日日有釋迦牟尼、耶穌基督來降乩說法。像這樣的國民，說可以在世界上站得住，我實在不能不懷疑。【一】

由此可見，任公對於依附佛教而出現的扶乩與圖讖都視為迷信，其中「呂祖濟公的乩壇，日日有釋迦牟尼、耶穌基督來降乩說法」應該指的就是上海靈學會等靈學團體的扶乩活動，而「二十年前新學之鉅子，猶津津樂道之」所指的無疑就是嚴復支持上海靈學會之事。這樣一來，梁任公雖在肯定科學之外的知識範疇，以及肯定宗教之價值等方面與嚴復十分類似，然他並不支持上海靈學會的活動，而將之視為迷信。【二】

一九二一年嚴復過世，《靈學叢誌》也停刊了，不過此後有關靈學的譯介、辯論的文章並未在思想界完全銷聲匿跡，例如《東方雜誌》仍然刊登了一些有關靈魂通信、鬼靈談話、讀心術、天眼通的文章；一九二二年九月十六日《晨報副刊》上刊登了一篇〈《靈學叢誌》的笑話〉，以調侃的筆法諷刺：「在這科學昌明的時代，居然有人（？）大說其鬼話；非但在嘴裡說說罷了，還敢印成什麼《靈學叢誌》來騙人。這種東西，實在稱他們是『人』還嫌罪過，因為他們只有三分人氣，那七分早已變成鬼了。」【三】

一九二〇年代以後直接討論靈學的文章已逐漸減少，【四】至一九二三——二四年「科玄論戰」開始，思想界似乎有了一個新的討論議題。過去有許多學者曾研究過此一論戰，然而卻少有人注意到科玄論戰其實是以一九一七——一九二〇年間有關靈學的討論作為重要的背景。就定義來說，根據張東蓀的說法，「玄學」（metaphysics）是指哲學中的「本體論與宇宙論」，在西洋史上，有一段期間「玄學只是神學」，「最初的意思是與科學相反」；後來哲學一天一天地發達，玄學的意味產生變遷。張東蓀也瞭解到「哲學與科學的界限，是難分的」，例如牛頓的絕對運

【一】梁啟超：〈評非宗教同盟〉，頁二〇、二四——二五。

【二】值得注意的是佛教界人士中也有人批判扶乩與上海靈學會，只是他們的態度與梁啟超所提出的看法有所不同。例如印光法師認為扶乩活動有優點、也有缺點：「近來上海乩壇大開，其所開示改過遷善，小輪迴，小因果等，皆與世道人心有大裨益。至於說天說佛法，直是胡說」；印光對《靈學叢誌》也有類似正反併陳的評價：「中華書局寄來《靈學叢誌》三本，係三四五期所出，因大概閱之，見其教人改過遷善，詳談生死輪迴，大有利益於不信因果及無三世之邪執人。至於所說佛法，及觀音文殊普賢臨壇垂示，皆屬絕不知佛法之靈鬼假託。」引自王見川：〈近代中國的扶乩、慈善與「迷信」——以《印光文鈔》為考察線索〉，康豹、劉淑芬主編：《第四屆國際漢學會議論文集：信仰、實踐與文化調適》（台北：中央研究院，二〇一三年），下冊，頁五三一——五六八。

【三】遊：〈《靈學叢誌》的笑話〉，《晨報副刊》，一九二二年九月十六日，三——四版。

【四】一九二〇——四〇年代一些基督教會所辦的雜誌中仍有批判靈學的文章。例如，〈死人會說話嗎？：某靈學雜誌所刊之岳飛降靈字跡此為魔鬼惑人之詭計〉，《時兆月報》，卷二三期三（一九二八年），頁一二；康德爾：〈靈學漫談〉，《時兆月報》，卷三五期四（一九四〇年），頁七——一一。這些文章是從基督教神學立場批判佛道扶乩，以及基督教內部相信靈學之觀點。

動論，即有人認為「是哲學而不是科學」。【一】不過對其他人如張君勱、梁啟超來說，玄學可以更廣泛地界定為討論「科學以外之知識」，如善與美等人生或精神價值。【二】就此而言，靈學所討論的議題與玄學確有重疊之處，只是科玄論戰中有意地將宗教議題排除在外，而集中討論科學與本體論、宇宙觀以及人生價值等玄學議題之關連。科學派的人認為玄學派的人與靈學的支持者站在同一陣線，故將之稱為「玄學鬼」；玄學派之中則有人援引靈學中有關心靈、宗教、超自然方面的觀點，強調在感官世界、自然科學之外，有很廣闊的精神、宗教與美感的世界。

科學派的觀點是將支持科學與反對科學做二元對立式的區別。他們認為像梁啟超那樣質疑「科學萬能」的言論實際上是「替反科學的勢力助長不少的威風」。胡適在為《科學與人生觀》一書寫序時說道：

> 我們不能說梁先生的話和近年同善社、悟善社的風行有什麼直接的關係；但我們不能不說，梁先生的話在國內確曾替反科學的勢力助長不少的威風。……我們試睜開眼看看：這遍地的乩壇道院，這遍地的仙方鬼照相，這樣不發達的交通，這樣不發達的實業，——我們那裡配排斥科學？……我們當這個時候，正苦科學的提倡不夠，正苦科學的教育不發達，正苦科學的勢力不能掃除那迷漫全國的烏煙瘴氣……信仰科學的人看了這種現狀，能不發愁嗎？能不大聲疾呼來替科學辯護嗎？【三】

可見對胡適來說，反科學的勢力即為傳統求神問卜與相信《太上感應篇》的人生觀，也是同善社、悟善社等成立之乩壇道院，以及上海靈學會所宣傳的靈魂照相等，而梁任公等人的言論乃為其辯護，而助長其發展。此一思路明顯反映了科學、迷信二分法的思維方式，同時也是對梁啟超思想的一種誤解。

科學派將張君勱、梁啟超等對手視為靈學派同路人的觀點，尤其反映在丁文江的〈玄學與科學——評張君勱的「人生觀」〉一文。在這一篇文章中，丁文江一開頭就創造了「玄學鬼」的稱呼，作為對手的代名詞。他說：「玄學真是個無賴鬼……玄學的鬼附在張君勱身上，我們學科學的人不能不去打他……玄學的鬼是很利害的；已經附在一個人身上，再也不容易打得脫。」【四】對丁文江來說，鬼的比喻實際上是代表無根據的幻想；他說張君勱的問題在於「一半由於迷信玄學，一半還由於誤解科學」【五】。他也用鬼的例子來說明真與假的區別：「譬如有一個

【一】張東蓀：〈勞而無功——評丁在君先生口中的科學〉，收入丁文江、張君勱等著：《科學與人生觀》，頁三一九—三二一。

【二】張君勱：〈再論人生觀與科學並答丁在君〉，收入丁文江、張君勱等著：《科學與人生觀》，頁九七—九八。

【三】胡適：〈科學與人生觀序〉，收入丁文江、張君勱等著：《科學與人生觀》，頁六—八。

【四】丁文江：〈玄學與科學——評張君勱的「人生觀」〉，收入丁文江、張君勱等著：《科學與人生觀》，頁一五。

【五】丁文江：〈玄學與科學——評張君勱的「人生觀」〉，頁三三。

人說他白日能看見鬼——這是他的自覺，我們不能證明他看不見鬼，然而證明的責任在他，不在我們。況且常人都是看不見鬼的，所以我們說他不是說謊，就是有神經病。」【一】

丁文江強調科學就是將世界上的事實分類，再瞭解「他們的秩序」。對他來說，「心理上的內容都是科學的材料」，因此他反對所謂「物質科學」與「精神科學」的區別。【二】丁文江也否認宗教的價值，他說在歷史上科學一直與神學鬥爭，到二十世紀以後才逐漸受人尊敬。

張君勱則反駁丁文江，認為他「中了迷信科學之毒」、「迷信科學，以科學無所不能，無所不知」，乃責人為鬼怪：

> 以吾友在君之聰明，乃竟以我言為異端邪說，一則曰無賴鬼，再則曰鬼上身，三則曰義和團，四則曰張獻忠之妖孽……自己中了迷信科學之毒，乃責人為鬼怪，為荒唐，此真所謂自己見鬼而已。【三】

從上文可見雙方互稱為「鬼」、互控為「迷信」。這一種語言的風格也是在靈學辯論之中所衍生出來的。

玄學派的觀點中與靈學支持者最接近之處有兩點：一是認為科學有其限度：人類心靈、人生問題均有其複雜性，這些「精神元素」不受「科學」支配，而是「超科學」的；二是認為宗教不能等同於迷信，而有其價值。他們所肯定的西方學者，除了大家所熟知的柏格森、倭伊鏗、杜里舒（Hans Driesch，一八六七—一九四一）之外，還有肯定靈學與宗教經驗的美國學者詹姆士。【四】此外，直接援引靈學或心靈研究來支持張君勱的文章是林宰平的〈讀丁在君先生的『玄學』與『科學』〉。

林宰平學養深湛，他不僅精通法律學、篤信佛教，也對於哲學、詩詞、書畫頗有研究。他與梁啟超、熊十力（一八八五—一九六八）、梁漱溟是好友，一九四九年後曾擔任過中國佛教協會的理事。

林宰平認為科學可分為自然科學與精神科學，而後者應研究心理現象，如「神秘的潛在意識」，以及諸種變態心理」，尤其應注意心的複雜作用。林宰平又說，「英國心靈學會搜集許多神異的事實」、「日本井上圓了研究所謂妖怪學」應該亦屬於科學的範疇。至於「靈學的主張，雖然不免近於怪誕」，需詳審面對，然而科學家亦應「不存成見的態度」來加以看待。此種對科學與靈學之關係的觀點，亦即各種神秘現象可以作為科學研究的對象，以科學方法加以探討，

【一】丁文江：〈玄學與科學——評張君勱的「人生觀」〉，頁二六。

【二】丁文江：〈玄學與科學——評張君勱的「人生觀」〉，頁二三—二四。

【三】張君勱：〈再論人生觀與科學並答丁在君〉，頁四六。

【四】張君勱：〈再論人生觀與科學並答丁在君〉，頁六四。

這樣一來科學與靈學並無矛盾。【二】該文發表之後，心理學家唐鉞（一八九一——一九八七）提出質疑，他說：「靈學雖然得少數學者如洛奇（Sir Oliver Lodge）輩的崇信，但是大多數的科學家都不承認靈學所用的方法是真正的科學方法，所以不稱他做科學」；但是唐鉞同意妖怪學如視為「非常現象」，用科學的角度（如變態心理）來研究其條件與性質，則可以是科學。【三】

科玄論戰發生在靈學爭論之後的兩三年，他們所討論科學與人生觀的議題和靈學並沒有直接的關係，但雙方的參與者在討論問題時，無論在語彙或思考方式上，都延續了靈學辯論中所觸及之議題，繼續爭取對於科學、宗教、迷信等關鍵概念之詮釋。

八、結論

本文描述清末民初隨著靈學、催眠術研究的興起，中國思想界對於相關問題的激辯，造成知識板塊的重組，尤其影響到科學、宗教、迷信三種觀念之重新界定。其中《新青年》所代表的科學、迷信二元對立的觀點，挾著西方文化的優勢與對「現代」的憧憬，可謂聲勢十分浩大。中國的精英分子，包括中國國民黨員、中國共產黨員與中國自由主義者，除了一部分例外（如對宗教抱持肯定與寬容的玄學派的支持者，與接受基督教或佛教的政治人物），均採取堅定地支持科學、批判靈學、批判宗教的立場。在此情況之下，同情靈學的知識分子則是較為少數的。至於游離於科學與靈學之間的催眠術，其支持者雖自認屬於心理學之範疇，然一直具有神秘、奇技淫巧之特點，又涉及商業性的醫療或魔術表演行為，並無法受到學界完全的認可。

大致上我們可以將當時的看法區分為兩條思路：一是所謂「五四啟蒙論述」，主張科學與宗教、迷信的二分法，將靈學劃入定義明確的「迷信」之範疇。另一類是「反五四啟蒙論述」，其中以嚴復所代表的觀點較具學理之意涵。嚴復認為科學在追求真理、掃除迷信方面雖有價值，然科學有其限度、宗教有其價值，「宗教起點，即在科學盡處」；這樣一來，科學、宗教、迷信三者並無一固定之範疇，而是在一個動態的辯證之中相互釐清、彼此界定，科學可掃除迷信，並使宗教「日精」。梁啟超大致肯定嚴復對科學、宗教（他稱為信仰或智信）、迷信之關係的看法，反對二元對立的觀點，但他對於與扶乩相關的傳統宗教與現代靈學，則抱持批判的態度，將之劃歸「迷信」。至於梁啟超的好友林宰平十分支持張君勱的主張，而且對於靈學、妖怪學研究較為同情，認為這些神秘議題之研究可擴充人類知識範疇，與科學並不矛盾，是「精神科學」或心理學研究的對象。由此看來，五四啟蒙論述之陣營似乎在論點上較整合，而反五四啟蒙論述之內部則頗為分歧，這可能也是旗幟鮮明的五四論述在中國近代史上能成為

【一】林宰平：〈讀丁在君先生的「玄學與科學」〉，收入丁文江、張君勱等著：《科學與人生觀》，頁二〇八、二二六。

【二】唐鉞：〈科學的範圍〉，收入丁文江、張君勱等著：《科學與人生觀》，頁四一四—四一五。

主流論述的一個關鍵原因。無論如何，從靈學辯論到科玄論戰，雙方激烈地爭辯，卻難以達成共識。這也顯示民初以來有關科學與靈學、玄學的討論，其實是一場雙方不曾交鋒（或少有交鋒）的論戰。在五四知識分子大力批判之下，藏身於各種宗教、學術團體之內的靈學、扶乩、催眠術等活動，在所謂庶民生活中從來不曾銷聲匿跡，且不乏知識分子參與其中（如法輪功、一貫道、各種氣功修習的團體等均有不少知識分子之參與）。靈學與各種各樣的宗教信仰在現代世界中無疑地仍具有強勁的生命力，這代表著人們對神秘世界與生死問題的永恆追尋，也象徵著一個難以為現代科學所完全「馴服」的徬徨心靈。民初以來，從靈學辯論到科玄論戰雖然深化了我們對科學、哲學、宗教、迷信等議題之認識，卻也顯示中國近代的知識轉型並未完成。如同 Charles Taylor 對西方世俗時代（secular age）的研究一樣，中國近代的世俗化也是一個充滿矛盾與迂迴發展的歷史過程，而且此一過程可能是永無止境的。

本文原刊：《思想史》，期二（二〇一四年），頁一二一—一九六。後刊於張壽安主編：《晚清民初的知識轉型與知識傳播》（北京：北京師範大學出版社，二〇一八年），頁四〇—九六。

近代中國文化轉型的內在張力——嚴復與五四新文化運動

一、前言

從一八九五年至一九二五年的三十年是近代中國思想與文化的「轉型時代」，大致上是指甲午戰敗後所展開的維新、革命運動，至五四新文化運動，學者主張批判傳統、追求民主與科學的一段時間。【一】根據張灝教授的說法，所謂「轉型時代」是指「中國文化由傳統過渡到現代、承先啟後的關鍵時代」，其主要的變化是伴隨著報刊、學校、學會等傳播媒體的大量湧現，與新知識階層的出現，而有各種新思想論域的產生，並導致文化取向的危機。【二】根據墨子刻教授，在此轉型過程之中，中國知識分子受到西力之衝擊，而發現採用西方的「方法」可以實現許多固有的「理想」（如大公無私、君民一體、三代之治）；源於傳統的思想動力，在中西交織互動、交融互釋下，使人們擺脫了因挫折而產生的「困境」，樂觀地去追求中國文化的創新與轉化。【三】

此一傳統至現代的文化轉型至少表現在以下三個方面：一、政治體制上，從「天下」到「國家」，或說從摧毀「帝國」、推翻專制，到走向民主、共和。不過在此過程之中，中國人很難完全放棄「天下」的理想，並無法忍受中國在世界上遭到「邊緣化」的命運。根據中國人的理想，天下應該是「賢人」在位，而中國必須成為世界核心的一部分。【四】二、思想文化上，從「經學」獨霸的局面到尊崇「科學」，亦即依賴科學來解決自然與人生的諸多問題；此一轉變亦涉及了宇宙觀的變化，經學是以「天地人」、「陰陽」的宇宙觀為基礎，而科學則打破此一宇宙與個人的關連性，「由靈返肉，由天國回向人間」，嘗試建立一個以「人的尊嚴」為基礎的「世俗化」（secularization）的、科學的宇宙觀。【五】不過即使是科學昌明的今天，宗教信仰從來不曾銷聲匿跡。誠如哈力士（Sam Harris）在《信仰的結束》（*The End of Faith*）一書所述，在現代社會之中，隨著科學、民主的進展，宗教信仰並未退居生活的邊緣，反而仍持續活躍於現代世

【一】有關晚清思想變化的詳細討論參見：黃克武、段煉：〈「過渡時代」的脈動：晚清思想發展之軌跡〉，《兩岸新編中國近代史．晚清卷》（北京：社會科學文獻出版社，二〇一六年），頁八七一—九一三。

【二】張灝：〈中國近代思想史的轉型時代〉，《時代的探索》（台北：聯經出版事業公司，二〇〇四年），頁三七—六〇。王汎森等著：《中國近代思想史的轉型時代》（台北：聯經出版事業公司，二〇〇七年）。

【三】Thomas A. Metzger, *Escape from Predicament: Neo-Confucianism and China's Evolving Political Culture*, Columbia University Press, 1977.

【四】墨子刻：〈序〉，黃克武：《自由的所以然：嚴復對約翰彌爾自由主義思想的認識與批判》，頁 i-ix。有關中國賢能政治之實踐，請參閱貝淡寧：《賢能政治：為什麼尚賢制比選舉民主更適合中國》（北京：中信出版集團，二〇一六年）。

【五】余英時：《從價值系統看中國文化的現代意義》（台北：時報文化出版公司，一九八四年），頁四〇。有關科學在近代中國的歷程，如中國的思想與制度背景（如自然觀）如何促使國人接受西方科學而締造了中國現代科學之經過，可以參見艾爾曼的著作。Benjamin A. Elman, *On Their Own Terms: Science in China, 1500-1900*, Harvard University Press, 2005.

界，並影響到人們的思想與行為。【一】三、從語言與翻譯的角度來看，一八九五年之後也是大量翻譯書刊，尤其是日譯西書，將日本創造的「新漢語詞」（即「和製漢語」），包括日人接受中文西學文獻與江南製造局出版書刊中的新詞彙）經由翻譯傳入中國的「導入期」，這些轉譯自日本的西學書刊（如梁啟超的譯介，當時被稱為「東學」）與嚴復等直接從西文所翻譯的西方經典，在語彙與思想內涵上相互衝擊、彼此競爭，而為現代思想的傳播奠定了重要的基礎。【二】大致而言，中國現代的學術語彙在一九〇八年顏惠慶（一八七七—一九五〇）為商務印書館所編輯的《英華大辭典》時已系統地進入中文世界。【三】在文化轉型的過程之中，語言的轉變較為徹底，今日中國書寫語文主要均為白話文。在上述政治、學術與語言等三個面向的變化下，傳統文化產生了巨大的變化，然而近代中國的文化轉型並非單純之「西化」，或所謂翻開歷史新的一頁，而是在西方文化與明治日本轉譯西方的思想衝擊之下，產生「中學和西學之異同及其相互關係」的困惑中，【四】摸索、探究中國的未來。【五】這種困惑與爭辯表現出中學與西學、傳統與現代、神聖與世俗等的張力（tension），而成為新文化誕生之契機。在近代中國最能展現此一內在張力者首推清末民初的啟蒙思想家嚴復，嚴復一方面在晚清時以「一名之立，旬月踟躕」的精神譯介自由、民主、科學，成為啟蒙先驅，「播殖」了五四的「種子」，【六】另一方面他又肯定儒家倫理（尤其是孝道）、佛道智慧，堅持以桐城古文接引西學，表現出新舊、中西交融之特色。本文以嚴復思想對五四思想形成的影響，及他對五四新文化運動的批判，來探討現代中國文化轉型的曲折過程。

【一】Sam Harris, *The End of Faith: Religion, Terror, and the Future of Reason*, W. W. Norton & Company, 2004.

【二】黃克武：〈新名詞之戰：清末嚴復譯語與和製漢語的競賽〉，《中央研究院近代史研究所集刊》，期六二（二〇〇八年），頁一—四二。沈國威：《近代中日詞彙交流研究——漢字新詞的創制、容受與共享》（北京：中華書局，二〇一〇年）。沈國威：《一名之立 旬月踟躕：嚴復譯詞研究》（北京：社會科學文獻出版社，二〇一九年）。陳力衛：《和製漢語の形成とその展開》（東京：汲古書院，二〇〇一年）。

【三】W. W. Yen（顏惠慶），*English and Chinese Standard Dictionary*（《英華大辭典》），Commercial Press Limited, 1908. 本辭典由嚴復作序，分為上下兩冊，共收錄約十二萬條英文詞彙，其中包含許多專業科技名詞及術語，為後世專業名詞的翻譯、學術術語之傳播打下基礎。此一辭典在中國近代思想史上有重要的意義。

【四】余英時：《中國近代思想史上的胡適》，頁一〇。

【五】有關明治日本思想界對中國的影響，環繞著梁啟超的角色，已有不少的研究。可以參閱狹間直樹編：《梁啟超·明治日本·西方》（北京：社會科學文獻出版社，二〇〇一年），日文本為：《共同研究梁啟超：西洋近代思想受容と明治日本》（東京：みすず書房，一九九九年）。Joshua Fogel, ed., *The Role of Japan in Liang Qichao's Introduction of Modern Western Civilization to China*, University of California Press, 2004.

【六】較早注意到嚴復對五四新文化運動之影響的人可能是梁啟超。他在一九二二年談到〈五十年中國進化概論〉即指出甲午至五四運動前夕，「學問上最有價值的作品要推嚴復翻譯的幾部書，算是把十九世紀主要思潮的一部分介紹進來」，當時國人雖難以領略，不過此後五四新文化運動的「種子」卻是從以嚴譯為代表的「這一期播殖下來」。梁啟超：〈五十年中國進化概論〉，《飲冰室文集》（台北：台灣中華書局，一九七八年），卷三九，頁四四。

二、五四先驅：嚴復對西學之譯介

對清末民初許多的讀書人來説，嚴復毫無疑問地是一位西學的導師，他從一八九五年開始撰寫文章與翻譯西書，「在文學上的優越性使他廣泛地影響士人階層及其思想，因而有效地為國人接受西學導其先路」。【一】誠如王世杰（一八九一—一九八一）所說：「在清末民初，確能瞭解西洋政治及社會思想之人，曾作直接譯介工作而不假手於日人之轉述者，余意以嚴復為最。此人譯作對於吾國當時新舊學人具有甚大之影響力。」【二】五四時代活躍於中國思想界的趨新人物，如梁啟超、魯迅、胡適、陳獨秀、吳虞（一八七二—一九四九）、蔡元培、孫寶瑄（一八七四—一九二四）、錢玄同等人無不受其影響。【三】嚴復的影響首先在《天演論》的翻譯促成新一代科學宇宙觀的建立，以及介紹當時西方最流行的社會科學、哲學作品。梁啟超、胡適、魯迅與蔡元培等人接受西方的科學觀念，尤其是演化理論，都受到嚴復譯作之啟迪。梁啟超在一八九七年所撰寫的〈與嚴幼陵先生書〉表示：「知天下之愛我者，捨父師之外，無如嚴先生；天下之知我，而能教我者，捨父師之外，無如嚴先生。」【四】在嚴復的介紹下，梁認識到「為數百年來學術界開一新國土者，實倍根與笛卡兒」【五】。有論者認為：「嚴復對於梁啟超後來發展的影響遠比其師康有為對他的影響來得深刻」【六】。張朋園（一九二六—二〇二二）則指出，「嚴譯《天演論》及所撰四篇傳誦一時的文章，對『筆端常帶感情』的梁啟超有所影響，後來梁氏在日本廣泛接觸此一學說，其個人所撰文字，多以進化論為理論架構，社會達爾文主義才在中國社會發生了重大的影響。」【七】由此可見嚴復對梁啟超之影響，而梁氏的著作又影響了許多人。胡適也是一個很好的例子，他從中學開始就閱讀嚴復的譯作，「幾年之中，這種思想像野火一樣，延燒著許多少年的心和血。『天演』、『物競』、『淘汰』、『天擇』等等術語都漸漸成了報紙文章的熟語，漸漸成了一般愛國志士的『口頭禪』。……我自己的名字也是這種

【一】此乃嚴復英文著作 Yen Fuh, "A Historical Account of Ancient Political Societies in China" 編輯所下的案語，*The Chinese Social and Political Review*, 1:4 (1919), pp. 18-23.

【二】王世杰著，林美莉編輯校訂：《王世杰日記》（台北：中央研究院近代史研究所，二〇一二年），下冊，頁一二九三—一二九四。

【三】蘇中立、涂光久主編：《百年嚴復——嚴復研究資料精選》（福州：福建人民出版社，二〇一一年），頁二四七—三一一。蘇中立：《百年天演：《天演論》研究經緯》（福州：福建人民出版社，二〇一四年），頁二四〇—二五九。

【四】梁啟超：〈與嚴幼陵先生書〉，《飲冰室文集》，卷一，頁一〇六—一一一。

【五】梁啟超：〈近世文明初祖二大家之學說〉，《飲冰室文集》，卷一三，頁一。

【六】Benjamin I. Schwartz, *In Search of Wealth and Power: Yen Fu and the West*, The Belknap Press of Harvard University Press, 1979 (1964), p. 83.

【七】張朋園：〈社會達爾文主義與現代化：嚴復、梁啟超的進化觀〉，食貨月刊社編輯委員會編：《陶希聖先生八秩榮慶論文集》（台北：食貨出版社，一九七九年），頁一九三—一九四。

風氣底下的紀念品。」【一】魯迅也佩服嚴復「究竟是『做』過赫胥黎《天演論》的，的確與眾不同：是一個十九世紀末中國感覺敏銳的人」【二】。他在閒暇之時喜歡和朋友一起吃花生米，比賽背誦《天演論》的篇章。【三】後來魯迅又接受了日人丘淺次郎（一八六八—一九四四）所譯介的「進化論」，使他懂得了什麼是真正的生物進化論及此一理論的適用範圍，不過丘淺次郎雖影響了魯迅對進化論的認識，然並未改變魯迅進化論之倫理內核（亦即反對「任天為治」、「有強權而無公理」的叢林法則），這一點和嚴復在翻譯赫胥黎《天演論》一書時的立場是一致的。【四】

蔡元培在一八九九年一月二十八日的日記記載「讀嚴復所譯赫胥黎《天演論》二卷」，他並精確地摘述書中的要旨：「大意謂物莫不始於物競，而存於天擇，而人則能以保群之術爭勝天行……是故天行、人治，終古相消長也。然而近日名數質力之學已精，而身心性命道德治平之業，尚不過略窺大意，則推暨之程，不容自阻，而勝天為治之說，終無以易也。」【五】《天演論》一書對蔡元培有重要的影響，使他瞭解「練心之要，進化之義」，並進而貫通中西學說，「豁然撥雲霧而睹青天」：

> 得閱嚴幼陵氏之說及所譯西儒《天演論》，始知練心之要，進化之義，乃證之於舊譯物理學、心靈學諸書，而反之於《春秋》、《孟子》及黃梨洲氏、龔定盦諸家之言，而怡然理順，渙然冰釋，豁然撥雲霧而睹青天。【六】

蔡元培又說他對西方哲學的認識也是受到嚴復、譚嗣同等「先覺」的影響。他說：「五十年來介紹西洋哲學的，要推侯官嚴復為第一」：

> 他譯的最早、而且在社會上最有影響的，是赫胥黎的《天演論》（Huxley: *Evolution and Ethics and Other Essays*）。自此書出後，「物競」、「爭存」、「優勝劣敗」等詞，成為人人的口頭禪。嚴氏在案語裡面很引了「人各自由，而以他人之自由為界」、「大利所在，必其兩利」等格言。又也引了斯賓塞爾最樂觀的學說。大家都不很注意。【七】

【一】胡適：《四十自述》（台北：遠東圖書公司，一九六六年），頁四九—五〇。

【二】魯迅：〈隨感錄二十五〉，《熱風》，收入《魯迅全集》（北京：人民文學出版社，一九八七年），冊一，頁二九五。

【三】許壽裳：《亡友魯迅印象記》（北京：人民出版社，一九七七年），頁七—八。

【四】黃克武：〈何謂天演？嚴復「天演之學」的內涵與意義〉，《中央研究院近代史研究所集刊》，期八五（二〇一四年九月），頁一七六—一七七。

【五】高平叔：《蔡元培年譜長編》（北京：人民教育出版社，一九九八年），卷一，頁一四〇。

【六】蔡元培：〈剡山二戴兩書院學約〉（一九〇〇年），《蔡元培文集》（台北：錦繡文化出版社，一九九五年），卷二教育（上），頁二六。

【七】蔡元培：〈五十年來中國之哲學〉（一九二三年），《蔡元培文集》，卷五哲學，頁三七六。

當時和蔡元培一樣在日記中記載細讀《天演論》，又寫下讀後心得的人是孫寶瑄，他在友人介紹下從一八九七年夏天開始得知嚴譯《天演論》，十二月初第一次見到《治功天演論》一書，初四日開始閱讀，記下「《天演論》宗旨，要在以人勝天」，其後陸續閱讀，而開始質疑佛典中「化身度世」的觀念，寫道：「執天演無魂之說，則無托生，亦無佛，安有度之者？」【一】由此可見一種相信「無鬼神」的、新的宇宙觀開始在孫寶瑄思想中萌芽。

五四新文化運動的支持者、《新青年》編輯之一的錢玄同與嚴復的想法頗不相符。他一方面大力批評「桐城謬種」（評林紓），並受章太炎影響，認為嚴譯「其有顛倒原文，淆亂真意之處」，【二】但他也廣泛地閱讀嚴復譯作，並受其影響。一九〇六年錢玄同讀到嚴復在《中外日報》所撰寫的〈有強權無公理此語信歟〉，認為其觀點是「暮鼓晨鐘」，同時他又透過嚴復所著《英文漢詁》學習英文文法，後來他在書店購買「嚴譯《天演論》初刻本」；並購買嚴復的文集《侯官嚴氏三種》、兩次購買《侯官嚴氏叢刻》，「兩本相配，始成全璧」。【三】

除了趨新人物之外，一些地方上的小知識分子或思想上較為守舊之人也讀嚴譯，而認識新知。溫州讀書人張棡（一八六〇—一九四二）在光緒二十七年（一九〇一年）四月十五日的日記寫到友人戴小泉「本日午後，忽遣傭來，送到嚴復新譯《原富》甲部二冊與余，中多新理新義，閱之不覺耳目一擴，即手書覆謝，並囑其向南洋公學代買《天演論》及《原富》乙、丙部也。南洋公學小泉次令郎在彼處肄業，故可就之代購耳。」【四】另一位溫州讀書人劉紹寬

（一八六七—一九四二）一九〇二至一九〇三年的日記則記載他閱讀嚴復的〈原強〉、《穆勒名學》與《群學肄言》等作品。他談到與友人討論《群學肄言》：「子蕃謂《群學肄言》英斯賓塞爾著，侯官嚴復譯。理不甚新，惟多用科學語，故覺其新耳。余謂不覺其新者，以其所言皆切理饜心也。夫切理饜心，皆為人人心中應有之言，而不覺其生厭者，正為其新耳。」（光緒二十九年十一月初十日）【五】劉紹寬和他的朋友一方面開始接觸到新的科學語彙，同時也為其所

【一】孫寶瑄：《忘山廬日記》（上海：上海人民出版社，二〇一五年）。如一八九七年農曆七月初八日「杏孫為余道嚴又陵天演學宗旨，謂聖人治天下，如園夫治園，天行而物競，治法出焉，入世教也，故彼堅持無鬼神之説」，見上冊，頁一二〇、一五〇—一五七。杏孫為盛宣懷（一八四四—一九一六）。

【二】錢玄同：《錢玄同日記（整理本）》（北京：北京大學出版社，二〇一四年），上冊，頁三四〇、八九。

【三】錢玄同：《錢玄同日記（整理本）》，上冊，頁二八、一一七、三四七；中冊，頁六一四、七〇七、七三九、七四九。

【四】張棡：《溫州文獻叢書：張棡日記》（上海：上海社會科學院出版社，二〇〇三年），頁七六。張棡其實對五四新文化運動採取排拒的立場，在思想上較傾向「學衡派」，他贊同胡先驌對胡適的批評，「讀胡先驌評胡適之《中國五十年文學》，駁辯痛快，語語切理。蓋天生一不肖之胡適，天自然生一上哲之胡先驌以抵抗之。」（《張棡日記》，一九二六年七月二十二日）他在日記中記載他幾乎期期都閱讀《學衡》。有關張棡與五四新文化運動的關係，尤其是他排拒新文化運動之立場，參見瞿駿：〈新文化運動的「下行」——以江浙地方讀書人的反應為中心〉，《思想史》，期六（二〇一六年），頁四七—九八。

【五】溫州市圖書館編：《劉紹寬日記》（北京：中華書局，二〇一八年），冊一，頁三二七—三二八、三四九、三五一。

說服，而採納了新的觀點。

江蘇無錫的錢穆（一八九五—一九九〇）也是此類的地方性的邊緣知識分子，他提到一九一一年他到秦家水渠小學任教，該校教師秦仲立介紹他閱讀嚴復翻譯的《群學肄言》、《穆勒名學》，兩人並交換讀後感想，「余自讀此兩書，遂遍讀嚴氏所譯各書，然終以此兩書受感最深，得益匪淺」【一】。

嚴復著作之所以吸引讀者的目光，主要就是因為《天演論》等作品所帶來新的科學宇宙觀，使他們以一種新的眼光面對未來。【二】清末民初之時無論改革派或革命派均從「天演公例」、「進化公理」來鼓吹自己的主張。改良派的康有為與梁啟超將天演觀念與「公羊三世說」結合，主張階段性的「三世進化」。【三】鄒容（一八八五—一九〇五）在《革命軍》（一九〇三年）中說：「革命者，天演之公例也；革命者，世界之公理也；革命者，爭存爭亡過渡時代之要義也；革命者，順乎天而應乎人者也；革命者，去腐敗而存良善者也；革命者，由野蠻而進文明者也；革命者，除奴隸而為主人者也。」【四】

以「天演公例」為基礎的思維模式也帶來一種全球性的視野，看到世界各種族、各國家之間的競爭與比較。嚴復最早從中西文化對比之方式，揭示中國的落後與西方的進步，而開始鼓吹民主與科學的核心價值，奠定了五四以來中國現代文化發展之基調。他在一八九五年的〈論世變之亟〉寫道：

> 中國最重三綱，而西人首明平等；中國親親，而西人尚賢；中國以孝治天下，而西人以公治天下；中國尊主，而西人隆民；中國貴一道而同風，而西人喜黨居而州處……。【五】

嚴復指出西方文化的強盛在於其系統性，其命脈不是表面上的「汽機兵械」、「天算格致」，而是內在的一種精神：

> 苟扼要而談，不外於學術則黜偽而崇真，於刑政則屈私以為公而已。斯二者，與中國理道初無異也。顧彼行之而常通，吾行之而常病者，則自由不自由異耳。【六】

嚴復上文中所謂的「黜偽而崇真」即是五四時期所謂的「賽先生」（science），而「屈私以為公」

【一】錢穆：《八十憶雙親 師友雜憶合刊》（台北：東大圖書公司，一九八三年），頁六九—七〇。

【二】黃克武：〈何謂天演？嚴復「天演之學」的內涵與意義〉，頁一二九—一八七。

【三】參見張朋園：《梁啟超與清季革命》（台北：中央研究院近代史研究所，一九九九年），頁一一二—一一七。

【四】鄒容、陳天華：《革命的火種：鄒容、陳天華選集》（台北：文景書局，二〇一二年），頁四。

【五】《嚴復集》，頁三。

【六】《嚴復集》，頁二。

則是「德先生」（democracy）。【一】

在科學方面，嚴復認為其主旨即是「黜偽而崇真」，亦即追求真理，而此一真理是否合乎道德則不在考慮之範圍，他明確表示「科學之事，主於所明之誠妄而已，其合於仁義與否，非所容心也」。【二】

他注意到中西雙方都有「即物窮理」、「格物致知」的學術傳統，然而西方近代以來：

言學則先物理而後文詞，重達用而薄藻飾。且其教子弟也，尤必使自竭其耳目，自致其心思，貴自得而賤因人，喜善疑而慎信古。其名數諸學，則藉以教致思窮理之術；其力質諸學，則假以導觀物察變之方，而其本事，則筌蹄之於魚兔而已矣。故赫胥黎曰：「讀書得智，是第二手事，唯能以宇宙為我簡編，民物為我文字者，斯真學耳」。此西洋教民要術也。【三】

相對來說，中國研究學問則強調上述的「讀書得智」或「讀書窮理」，尤其是專注於以古書為準的詞章考據之學：

中土之學，必求古訓。古人之非，既不能明，即古人之是，亦不知其所以是。記誦詞章既已誤，訓詁注疏又甚拘，江河日下，以致於今日之經義八股，則適足以破壞人材，復何民智之開之與有耶？且也六七齡童子入學，腦氣未堅，即教以窮玄極眇之文字，事資強記，何裨靈襟！其中所恃以開濬神明者，不外區區對偶已耳。所以審覈物理，辨析是非者，胥無有焉。【四】

中國又以這種學術標準來選拔人才，因而出現科舉制度所選拔之人才「十九鶻突於人情物理」，

【一】以傳統的公私觀念來理解「民主」是近代中國轉型時期民主觀念的一個重要特色。參見黃克武：〈近代中國轉型時代的民主觀念〉，收入王汎森等著：《中國近代思想史的轉型時代》（台北：聯經出版事業公司，二〇〇七年），頁三五三—三八二。

【二】嚴復：〈譯事例言〉，《原富》（上海：商務印書館，一九三一年），頁六。此種將科學與道德加以區分的看法，使嚴復的科學觀與五四時期的「唯科學主義」（Scientism）有所不同。科學主義者主張科學是絕對真理，而且是獲得真理的唯一途徑，他們對自然科學方法具有強烈的信任，認為可以將其應用到所有領域，如在哲學、社會學和人文學之上，此一觀點可以稱為「知識統攝道德的科學觀」。D. W. Y. Kwok（郭穎頤），*Scientism in Chinese Thought, 1900-1950*, Biblo & Tannen, 1965. 安大玉：〈五四時期中國的科學主義〉（台北：政治大學歷史系碩士論文，一九九九年）。有關近年來學界對「唯科學主義」的各種研究，參見 Grace Yen Shen（沈德容），“Scientism in the Twentieth Century,” in Vincent Goossaert, Jan Keily and John Lagerway eds., *Modern Chinese Religion II: 1850-2015*, Brill, 2015, Vol. 1, pp. 91-140.

【三】《嚴復集》，頁二九。

【四】《嚴復集》，頁二九。有關嚴復對科學之譯介，參見沈國威：《嚴復與科學》（南京：鳳凰出版社，二〇一七年）。

而不切實用。嚴復的結論是「是故欲開民智，非講西學不可；欲講實學，非另立選舉之法，別開用人之塗，而廢八股、試帖、策論諸制科不可」。【一】同時，為了「開民智」需要提倡科學教育，「中國此後教育，在在宜著意科學，使學者之心慮沉潛浸漬於因果實證之間，庶他日學成，有療病起弱之實力，能破舊學之拘攣，而其於圖新也審，則真中國之幸福矣。」【二】

此一體認也讓嚴復注意到學術與政治乃彼此相關，亦即西方的學術進步是以一套政治體制為背景，而歸結到「以自由為體，以民主為用」的政治架構與價值觀念。【三】他又翻譯穆勒的《群己權界論》，介紹自由主義的政治哲學。【四】這一種對西方體制精髓的深入認識超越了同時代的許多學者，「中國西學第一者」【五】的美名並非浪得虛名。

從西方自由、民主理念出發，嚴復對中國君主專制提出嚴厲的批評，他認為此制「正所謂大盜竊國者耳。國誰竊？轉相竊之於民而已。」嚴復所提出政權合法性之來源一是孟子的「民貴君輕」，一是「民之自由，天之所界也」、「國者，斯民之公產也，王侯將相者，通國之公僕隸也」的「公僕說」、天賦人權論與社會契約論。【六】

上述強調民主、科學、反專制的想法是清末民初國人「走向共和」的重要精神支柱。嚴復思想的衝擊力與他所採取的全球性的視野，以及中西文化對比的手法有關，他一方面頌揚西方的優點：「西之人以日進無疆，既盛不可復衰，既治不可復亂，為學術政化之極則」，另一方面則抨擊中國制度與文化的落後，只能陷入「一治一亂、一盛一衰」的困局。【七】林毓生認為嚴復於一八九五年所發表的〈論世變之亟〉、〈救亡決論〉、〈闢韓〉等文：「這種以——不是黑的就是白的——二分法來衡量中西制度與文化的價值與功效的方式，已經隱含著極強的反傳統的信息——它事實上是現代激進反傳統主義的濫觴。（這樣的對比，發展到了極端，自然要認為西方文明全是好的，中國文明全是壞的，自然要變成整體主義的反傳統主義與全盤西化論了。）」【八】的確，五四時期思想家對傳統的批判，常常採取二元對立的模式。例如陳獨秀在

【一】《嚴復集》，頁二九。

【二】《嚴復集》，頁五六五。

【三】《嚴復集》，頁一一。

【四】黃克武：《自由的所以然：嚴復對約翰彌爾自由思想的認識與批判》；Max K. W. Huang, *The Meaning of Freedom: Yan Fu and the Origins of Chinese Liberalism*, The Chinese University Press, 2008.

【五】此乃康有為語（一九〇〇年），蘇中立、涂光久主編：《百年嚴復——嚴復研究資料精選》，頁二七五。

【六】嚴復：〈闢韓〉（一八九五年），收入《嚴復集》，頁三二—三六。參見蕭高彥：〈嚴復時刻：早期嚴復政治思想中的聖王之道與社會契約〉，《思想史》，期八（二〇一八年），頁四七—一〇八。

【七】《嚴復集》，頁一。

【八】林毓生：〈二十世紀中國激進化反傳統思潮、中式馬列主義與毛澤東的烏托邦主義〉，林毓生主編：《公民社會基本觀念》（台北：中央研究院人文社會科學研究中心，二〇一四年），冊二，頁八〇〇、八二二—八二三。林毓生同時也瞭解，嚴復思想「潛伏著全盤化反傳統主義與全盤西化的傾向，但他自己卻未走向那個邏輯的極端。基本上，社會達爾文主義所提示的戰略觀點，阻止了這一可能」。

一九一五年所撰寫的〈東西民族根本思想之差異〉即以二元對立的論述方式，來討論東西方思想的主要差異：西洋民族以個人為本位，東洋民族以家族為本位；西洋民族以法治為本位，東洋民族以感情為本位；西洋民族以實力為本位，東洋民族以虛文為本位；西洋民族以科學為本位，東洋民族以想像為本位等。【一】陳獨秀在一九一九年《新青年》所撰寫的〈本志罪案之答辯書〉指出：

本志同仁本來無罪，只因為擁護那德莫克拉西（Democracy）和賽因斯（Science）兩位先生，才犯了這幾條滔天的大罪，要擁護那德先生，便不得不反對孔教、禮法、貞節、舊倫理、舊政治；要擁護那賽先生，便不得不反對舊藝術、舊宗教；要擁護德先生又要擁護賽先生，便不得不反對國粹和舊文學。大家平心細想，本志除了擁護德、賽兩先生之外，還有別項罪案沒有呢？若是沒有，請你們不用專門非難本志，要有氣力有膽量來反對德、賽兩先生，才算是好漢，才算是根本的辦法。【二】

一九一六年李大釗在《新青年》發表〈青春〉一文，主張面對老朽、瀕滅之「支那」，希望追求民族國家之「回春」，也用相同的邏輯，「由歷史考之，新興之國族與陳腐之國族遇，陳腐者必敗，朝氣橫溢之生命力與死灰沈滯之生命力遇，死灰沈滯者必敗。青春之國民與白首之國民遇，白首者必敗，此殆天演之公例，莫或能逃者也。」【三】此種藉著「天演公例」來討論中西文化優劣的論述方式，認為生物固然有生死，國家或文明之興亡亦如有機體之有生死，再由此提出反傳統之主張，可以追溯到嚴復的著作。【四】換言之，五四時期將民主、科學與反傳統三者結合在一起，作為建設新中國之藍圖，是由嚴復的作品開其端，而至五四時期由《新青年》等雜誌的撰稿人繼承並發揚光大。由此可見嚴復思想與五四新文化運動之關連。

三、嚴復與五四新文化運動的分歧：儒家倫理與孝道觀念

嚴復一方面是五四啟蒙論述的開創者，然而另一方面他的看法與五四啟蒙論述有所不同。這樣的觀點在早期階段即已存在，而至第一次世界大戰之後更為強化。筆者在此要特別強調儒

【一】陳獨秀：〈東西民族根本思想之差異〉，《青年雜誌》，卷一號四（一九一五年十二月），頁一—四。
【二】陳獨秀：〈本志罪案之答辯書〉，《新青年》，卷六號一（一九一九年一月），頁一〇—一一。
【三】李大釗：〈青春〉，《新青年》，卷二號一（一九一六年九月），頁六。
【四】有關進化論對民初陳獨秀、李大釗政治思想之影響可參見段煉：〈「心力」、「民彝」與政治正當性——以民國初年李大釗的思想為中心〉，《重估傳統·再造文明：知識分子與五四新文化運動》，其中的「進化論與『自然之真理』」一節。

家倫理與宗教信仰兩方面。

首先要談到嚴復對傳統儒家倫理抱持著尊崇與肯定態度，此一觀點與五四時期對傳統的激烈抨擊，尤其對傳統的家庭組織、家長權威與孝行抱持著批判的態度，截然不同。【一】如上所述，嚴復在一八九五年的文章中曾批評「三綱」或「以孝治天下」為基礎的專制體制，然而他畢生均肯定儒家倫理，尤其是孝道。一八六六年冬天，十二歲的嚴復參加了馬尾福州船政學堂的入學考試。其中的筆試考作文，題目出自《孟子．萬章》的「大孝終身慕父母論」，當時嚴復的父親剛去世，使他對此一題目深有感觸，因而能發抒內心情感，「成文數百言以進，為沈公（沈葆楨）所賞，遂錄取第一」【二】。在進入船政學堂之後，嚴復與其他的學生除了學習西學，還必須以部分時間來學習古文，並研讀《孝經》與《聖諭廣訓》等教材，「以明義理」。【三】嚴復對「孝道」的肯定應該是植根於幼年時的家庭生活與學校教育。

嚴復對於「孝」在中國文化中的重要性深有體認。一八九〇年代後期，他奉李鴻章之命，將宓克（Alexander Michie，一八三三—一九〇二）的 *Missionaries in China*（一八九一年）一書翻譯為中文，以解決當時十分棘手的「教案」問題。嚴復的譯本稱為《支那教案論》（由南洋公學譯書院在一八九九年後出版）。宓克為英國蘇格蘭人，根據倫敦大學亞非學院檔案館的資料，他是一位作家、探險者與洋行商人，並擔任倫敦《泰晤士報》駐中國的通訊員，以及天津 *The Chinese Times* 的編者，一八九三年返回倫敦。【四】他是嚴復的朋友，「於中國絕愛護之」【五】。他批評當時傳教士的傳教方法，「深憂夫民教不和，終必禍延兩國」，引發國際糾紛，「而又憫西人之來華傳教者，膠執成見，罕知變通，徒是己而非人，絕不為解嫌釋怨之計，故著是書以諷之」。【六】可見作者寫作的意圖是希望通過對傳教士的開導，來緩解日益激烈的教民衝突。嚴復

【一】五四時期的思想家如陳獨秀、李大釗、魯迅、吳虞等都對孝與家庭有激烈的批評。其批評集中於以下四點：家庭本位主義、以三綱為主的吃人禮教、忠孝合一、愚孝行為。參見呂妙芬：《孝治天下：孝經與近世中國的政治與文化》（台北：聯經出版事業公司，二〇一一年），頁二九五—二九六。

【二】《嚴復集》，頁一五四六。嚴復在寫給沈瑜慶（濤園）的一首詩中也提到「尚憶垂髫十五時，一篇大孝論能奇（同治丙寅，侯官文肅公開船廠，招子弟肄業，試題大孝終身慕父母，不肖適丁外艱，成論數百言以進，公見之，置冠其曹）」。《嚴復集》，頁三六四。

【三】孫應祥：《嚴復年譜》（福州：福建人民出版社，二〇〇三年），頁一七，引《沈文肅公政書》。

【四】*The Chinese Times*（《中國時報》，一八八六—一八九一），為天津的第一份外文報紙，由天津海關總稅務司英籍德國人德璀琳（Gustav von Detring，一八四二—一九一三）與英商怡和洋行總理宓克集資，創辦於天津英租界。分中英文兩版。英文版每周出版三欄十二頁，刊載中國的新聞、上諭。有關宓克的生平、事蹟與相關檔案，參見："Letters From Alexander Michie," *Archive Unit.* https://archiveshub.jisc.ac.uk/search/archives/d2e11313-784f-3d4d-b4d2-25346e10a85e?component=d8366485-1241-3f3a-9ba4-efac2779a8d0（二〇一九年三月十一日訪問）。

【五】《嚴復集》，頁五三九。不過嚴復對《支那教案論》的評價並不高，他在寫給張元濟的信中說「此書尚是一人一時見解，不比他種正經西學，其體例不尊，只宜印作小書，取便流傳足矣」。《嚴復集》，頁五二五。

【六】宓克著，嚴復譯：〈提要〉，《支那教案論》，收入汪征魯、方寶川、馬勇主編：《嚴復全集》（福州：福建教育出版社，二〇一四年），卷五，頁五〇九。

同意宓克的觀點，認為傳教士的活動應以法律來規範，並奠基於宗教自由的原則。宓克也強調傳教士必須瞭解淵遠流長的中國文化有其「好處」，如將之抹殺「正自棄其納約自牖之資，而將景教流傳之機，自行斷絕」。他指出：

> 華人所以齊家，所以治國，皆以孝為大經，自天子至於庶人，皆以孝為制行之本。此非孔子所創垂也，不過前古遵行日久，孔子脩明講論，著以為經而已。世間更無第二條理道，足以筦攝人心，如孝道之深且固者。方其用事，百行皆即於輕，而惟孝之為重。雖以君上之權之大，不能抑之使不伸，此不以其親之生死存亡異也。外國見此，詫為大奇。然其事實有以制中國之死命，而欲知此中真際者，所不可不留心究察者也。孝之一事，能使過去、現在、未來三項之中國人，聯為一氣，樸屬微至，不可更離，其事為人人應盡之職分，又即為人人應享之權利。【一】

嚴復在此段之下加上評語，肯定作者之觀察，認為「孝」類似西方的基督教那樣的信仰，是中國真正的宗教，並影響到人們生活的各個方面：

> 按作者於孝，可謂窺其義矣。外人常疑中國真教之所在，以為道非道，以為釋非釋，

以為儒教乎？則孔子不語神，不答子路事鬼之問，不若耶穌自稱救主，謨罕驀德自稱天使之種種炫耀靈怪也。須知目下所用教字，固與本意大異。名為教者，必有事天事神及一切生前死後幽杳難知之事，非如其字本義所謂文行忠信授受傳習已也。故中國儒術，其必不得與道、釋、回、景並稱為教甚明。蓋凡今之教，皆教其所教，而非吾之所謂教也。然則中國固無教乎？曰：有，孝則中國之真教也，百行皆原於此。遠之以事君則為忠，邇之以事長則為悌，充類至義，至於享帝配天，原始要終，至於沒甯存順。蓋讀《西銘》一篇而知中國真教，捨孝之一言，固無所屬矣。西人謂學之事在知，而教之事在信。唯信之篤，故能趨死不顧利害，而唯義之歸，此非教莫之使然也。然中國孝子不以天下忘其親，方正學移孝作忠。至於湛十族不反顧，使西人見此，其詫為大奇者，又當如何？惜乎世風日微，致西人徒見末流，而不識中國真教之所在也。【二】

史華慈很精確地指出嚴復不但如同大家所知道的，瞭解孝道為儒家的核心價值，而且他「發現孝道在中國社會所起的作用，相當於基督教在西方社會所起的作用……孝道與西方意義

【一】宓克著，嚴復譯：《支那教案論》，頁五二五—五二六。
【二】宓克著，嚴復譯：《支那教案論》，頁五二六。

的宗教若合符節」。史華慈進一步追問，孝道如何與嚴復所追求的國家富強配合？他認「嚴復始終對孝道寄予希望，他相信孝道所內含的自我犧牲和自我克制精神，也許會像西方基督教如英國清教徒的情況那樣，給中國民眾中民族主義的自我犧牲精神以道德上的支持」，甚至可能像日本那樣，以傳統的孝道所培養出克己與服從的觀念，轉化為服從權威、盡忠職守的精神力量，用來推進富強的進程。【一】

嚴復不但在思想上肯定孝道的重要性，他也肯定好友之孝行。呂增祥（？—一九〇一）過世後，他在詩中多次言及仰慕之情，而肯定其至孝的行為：「蓋代循良宰，吾思呂太微。臨財如觸熱，好善愍輖飢。至孝神應泣，論文瑟已希。墓田今宿草，黃鳥繞林飛。」【二】

除了孝道之外，嚴復也肯定儒家倫理的其他面向。例如，由於他的性格、生活經驗，以及對「國情」的考量，他從不提倡一夫一妻（他曾二度娶妻，並有一妾），也一直反對婚姻自由，對於儒家所強調的倫理道德，如恕道、忠孝、節義、「女必貞，男必勇」等，則堅守不移。【三】

嚴復在德育方面的看法基本上跟著傳統。他說西人之德育「進於古者」非常有限，所以德育要以中國固有的「經常之道」為基礎，再配合其他的方面。嚴復說德育要教導儒家的「忠信廉貞，公恕正直，本之脩己以為及人」：

德育之事，雖古今用術不同，而其著為科律，所以詔學者，身體而力行者，上下數千年，東西數萬里，風尚不齊，舉其大經，則一而已。忠信廉貞，公恕正直，本之脩己以為及人，秉彝之好，黃白宗黑之民不大異也。不大異，故可著諸簡編，以為經常之道耳。【四】

更具體地說，嚴復認為德育的基礎是儒家的「五倫」：

> 至於名教是非之地……則不如一切守其舊者，以為行己與人之大法，五倫之中，孔孟所言，無一可背……事君必不可以不忠……為人子者，必不可以不孝……男女匹合之

【一】Benjamin I. Schwartz, *In Search of Wealth and Power: Yen Fu and the West*, pp. 38-41. 史華慈對日本社會中孝道的認識可能受到一九四六年出版的露絲．潘乃德：《菊花與劍：日本文化的雙重性》（台北：遠足文化，二〇一二年）一書的影響。史華慈似乎沒有注意到中日兩國對於「孝道」有不同的看法。日本的孝不完全建立在血緣關係之上（養子制流行），而且子女對父母只有最低限度的義務。研究日本家族制度的官文娜指出「在日本社會裡，職緣關係是強於血緣關係的」，日本的核心價值是「忠」而不是「孝」。官文娜：《日本家族結構研究》（北京：社會科學文獻出版社，二〇一七年）。

【二】〈懷呂開洲〉（一九〇一年），收入《嚴復集》，頁三六六。呂、嚴兩家是親家，呂增祥的二女兒呂靜宜嫁給了嚴復長子嚴伯玉（一八七四—一九四二）。

【三】黃克武：《惟適之安：嚴復與近代中國的文化轉型》，頁六〇。

【四】嚴復：〈論小學教科書亟宜審定〉（一九〇六年），收入《嚴復集》，頁二〇〇。

別，必不可以不嚴……同氣連枝之兄弟，其用愛固必先於眾人。若夫信之一言，則真交友接物之通例。【一】

當然，以上嚴復強調儒家倫理的例子並非寫於激烈反傳統的一八九〇年代，然而他對儒家倫理的基本條目，如孝、忠恕、絜矩之道，與《大學》八綱目等的肯定顯然是不曾改變的。

對嚴復來說，儒家的價值不僅是個人的修身，也與建立新的政治社會秩序有密切的關係。嚴復認為「自由」即是儒家的恕與絜矩之道，「自入群而後，我自繇者人亦自繇，使無限制約束，便入強權世界，而相衝突。故曰人得自繇，而必以他人之自繇為界，此則《大學》絜矩之道，君子所恃以平天下者矣。」【二】他又説人們表現出推己及人的「恕」與「絜矩之道」，就能夠實現西方自治、自由、自利等理想，也就能達成富強的目標，換言之「恕」、「絜矩」、「自治」、「自由」、「利民」、「富強」六者貫通在嚴復的理想之下：「是故富強者，不外利民之政也，而必自民之能自利始；能自利自能自由始；能自由自能自治始，能自治者，必其能恕、能用絜矩之道者也。」【三】這樣一來，儒家的道德理想對於治國平天下有重要的意義。

不容諱言，嚴復德育思想的焦點在前後期有所不同，早年較重視「新民德」，亦即是強調公民資格的建立，一九〇六年以後則較為提倡以傳統德目，尤其是「孝」為中心的「德育」。至晚年，尤其是歐戰後，在嚴復與熊純如的通信之中，他對儒家的肯定又提升到更高的地位。【四】整體來說，嚴復對儒家倫理之態度以及會通中西的理想使他與五四新文化運動之支持者有根本的分歧。

四、嚴復與五四新文化運動的分歧：宗教信仰與「不可思議」

有關嚴復的宗教信仰，筆者曾討論過他早年開始與佛道二教之密切關連，以及晚年相信扶乩、鬼神、支持靈學等事蹟。【五】嚴復一生都不排斥宗教經驗，曾說「世間之大、現象之多，

【一】嚴復：〈論教育與國家之關係〉（一九〇六年），收入《嚴復集》，頁一六八。

【二】嚴復：〈譯凡例〉，《群己權界論》（上海：商務印書館，一九三一年），頁一。

【三】嚴復：〈原強〉（一八九五年），收入《嚴復集》，頁一四。然而在〈原強修訂稿〉嚴復卻刪除掉「必其能恕、能用絜矩之道者也」一句，見《嚴復集》，頁二七。同時他也注意到兩者之差異：「中國道理與西法最相似者，曰恕，曰絜矩。然謂之相似則可，謂之真同則大不可。何則？中國恕與絜矩，專以待人及物而言。而西人自由，則於及物之中，而實寓所以存我者也。」嚴復：〈論世變之亟〉（一八九五年），《嚴復集》，頁二—三。由此可見嚴復對絜矩之道與自由之關係有所徬徨，有時見其會通，有時見其差異。

【四】嚴復說「孔孟之道，真量同天地，澤披寰區」（一九一八年八月二十二日）。收入《嚴復集》，頁六九二。

【五】黃克武：《惟適之安：嚴復與近代中國的文化轉型》。黃克武：〈靈學與近代中國的知識轉型：民初知識分子對科學、宗教與迷信的再思考〉，《思想史》，期二（二〇一四年），頁一二一—一九六。收入本書。

實有發生非科學公例所能作解者」[一]，他也勸他的孩子：「人生閱歷，實有許多不可純以科學通者，更不敢將幽冥之端，一概抹殺」[二]。一般人多注意到嚴復提倡西方科學，然而對他而言，科學與宗教並不相衝突。[三]

嚴復的宗教信仰受到早年生活的影響，他的妻子王氏是一位虔誠的佛教徒，她過世之後嚴復及其子女均以禮佛或手抄《金剛經》的方式來紀念她。嚴復在一封寫給兒子們的信中說：「老病之夫，固無地可期舒適耳。然尚勉強寫得《金剛經》一部，以資汝亡過嫡母冥福。」嚴復對於抄經深有所感，「每至佛言『應無所住而生其心』，又如言『法尚應舍，何況非法』，輒嘆佛氏象數，超絕恆識。」[四]

他晚年在故鄉籌建「尚書祖廟」、支持靈學會之事在此不再贅言。[五]筆者在此擬強調，他的宗教信仰除了源自早年生活之外，也有西學之根基。此點可以從他以傳統語彙「不可思議」來翻譯赫胥黎與斯賓塞的 unknowable、agnostic 的觀念來做說明。

「不可思議」是佛教術語，也作「不思議」、「摩訶不思議」、「摩訶不可思議」等。佛經的《維摩詰所說經．不思議品》之中認為佛陀有凡人無法想像思惟（「思」）、無法言說表達（「議」）的微妙境界，用現代話來說就是「超驗」的智慧和神通。[六]至於「不可知論」（Agnosticism），是赫胥黎於一八六九年所發明的一個詞，用來形容自己的哲學觀點。此一觀點認為形上學的一些問題，例如是否有來世、鬼神、天主是否存在等，是不為人知或者根本無法知道的想法或理論。不可知論包含著宗教懷疑主義，他們不像無神論者一樣否認神的存在，只是認為人不能知道或確認其存在。對不可知論者來說，人類沒辦法能得知世上的真理，他們並批評無神論者過於武斷和魯莽。【七】在此要略為說明赫胥黎對基督教的態度，赫胥黎對基督教無疑地有摧毀性的打擊，然而他對基督教本身並不反感，而且他對《聖經》的內容十分熟悉，甚至很肯定閱讀《聖經》在教育上的重要性。他所攻擊的是基督教中玄學、迷信與傳說（靈

【一】《嚴復集》，〈與俞復書〉（一九一八年一月十九日），頁七二五。

【二】《嚴復集》，頁八二五。

【三】嚴復是以「不可知論」（agnosticism）或他所謂「於出世間事存而不論」的觀念將科學與宗教結合在一起，在這方面他受到赫胥黎、斯賓塞等人 unknowable 之概念的影響。從一九一八年嚴復寫給侯毅、俞復的兩封信，也可以瞭解到在他的晚年也開始接受「靈魂不死」的想法，感嘆「孰謂冥冥中無鬼神哉」。此二信曾登於《靈學雜誌》之上，見《嚴復集》，頁七二〇—七二三、七二五—七二七。

【四】《嚴復集》，頁八二四。

【五】黃克武：《惟適之安：嚴復與近代中國的文化轉型》，頁一五七—一九四。嚴復晚年曾在家鄉陽岐籌建尚書祖廟，祀奉宋代的忠臣陳文龍，並自稱是「信士」。

【六】〈不可思議〉，《維基百科》。https://zh.wikipedia.org/wiki/%E4%B8%8D%E5%8F%AF%E6%80%9D%E8%AD%B0（二〇一九年三月十一日訪問）。

【七】〈不可知論〉，《維基百科》。https://zh.wikipedia.org/wiki/%E4%B8%8D%E5%8F%AF%E7%9F%A5%E8%AE%BA（二〇一九年三月十一日訪問）。

異、靈跡）的部分，希望能建立科學的神學。【一】

當嚴復用「不可思議」來翻譯「不可知論」時，他一方面接受赫胥黎對無神論的批判，肯定人類有知覺之外不可知的領域，但另一方面他又肯定佛教對於「真理」，亦即一種超驗智慧的掌握。換言之，嚴復認為佛教能從「名言之域」進入「超名言之域」，「能說說不得的東西」（即道家所謂「道可道非常道」）。就此而言，嚴復以「不可思議」來翻譯「不可知論」時具有改寫、挪用的特點，是在認識論上的「升級」。在這一方面胡適也有類似之處，根據江勇振的分析，胡適將赫胥黎的「不可知論」翻譯為「存疑主義」，用來宣揚他自己的「無神論」。【二】嚴復顯然比胡適更清楚地瞭解赫胥黎的「不可知論」並非「無神論」，然而他比赫胥黎更傾向於肯定宗教與超越的一面，相信人類能夠掌握「超名言之域」之「不可思議」（例如「靈學」即為其中的一種方法）。

嚴復著作之中最早提及「不可思議」是在《天演論》〈論九：真幻〉，此處為了說明赫胥黎對「物之本體」的想法乃「思議所不可及」。「人之生也，形氣限之，物之無對待而不可以根塵接者，本為思議所不可及。是故物之本體，既不敢言其有，亦不得遽言其無。」【三】如果對照原文，“the ‘substance’ of matter is a metaphysical unknown quality, of the existence of which there is no proof.”（事物的本質有一個形上、不可知的性質，本質的存在是無法加以證明的。）【四】這是一比較精確的翻譯。

在〈導言十八：新反〉的案語之中，嚴復寫到：

曰：「然則郅治極休，如斯賓塞所云云者，固無有乎？」曰：難言也。大抵宇宙究竟與其元始，同於不可思議。不可思議云者，謂不可以名理論證也。吾黨生於今日，所可知者，世道必進，後勝於今而已。至極盛之秋，當見何象，千世之後，有能言者，猶旦暮遇之也。【五】

【一】江勇振：《捨我其誰：胡適　第二部　日正當中（一九一七—一九二七）》（台北：聯經出版事業公司，二〇一三年），頁二二五。有關赫胥黎對於《聖經》之肯定，參見高峰楓：〈赫胥黎與《聖經》〉，《讀書》，二〇〇九年第三期，頁六五—七四。作者指出赫胥黎的觀點，「論及學童的德育教育，赫胥黎便對《聖經》滿懷溫情與敬意，不惜招致同人的誤解。而一旦涉及科學與宗教之根本分別，赫胥黎便嚴防死守，對於《聖經》冷酷無情。他不再強調《聖經》對普通民眾的教化功能，也不再大談其文學成就，而是藉助德國的《聖經》考證成果，將舊約和新約故事的歷史性予以徹底否定。」（頁七四）

【二】江勇振：《捨我其誰：胡適　第二部　日正當中（一九一七—一九二七）》，頁二一八—二三九。

【三】赫胥黎著，嚴復譯，王道還導讀．編輯校注：《天演論》（台北：文景書局，二〇一二年），頁七九。

【四】Thomas H. Huxley, *Evolution and Ethics and Other Essays*, D. Appleton and Company, 1901, p. 66.

【五】《天演論》，頁五八。

此處指宇宙究竟或其起源或人類未來最後能達到的境界究竟如何是「不可以名理論證」的，此即「不可思議」。在〈論五：天刑〉「復案」之中，他表示此一觀念源於斯賓塞，「斯賓塞爾著《天演公例》，謂教、學二宗，皆以不可思議為起點，即竺乾所謂不二法門者也。其言至為奧博，可與前論參觀。」【二】

嚴復對「不可思議」的認識不但受到赫胥黎、斯賓塞理論之影響，也保留了佛教原來的意涵。在〈論十：佛法〉之中，赫胥黎在介紹「涅槃」一概念時表示：「顧世尊一大事因緣，正為超出生死，所謂廓然空寂，無有聖人，而後為幻夢之大覺。大覺非他，涅槃是已。然涅槃究義云何？學者至今莫為定論，不可思議，而後成不二門也。若取其粗者詮之，則以無欲無為，無識無相，湛然寂靜，而又能仁為歸，必入無餘涅槃而滅度之。而後羯摩不受輪轉，而愛河苦海，永息迷波。此釋道究竟也。」【三】案語之中，嚴復指出「不可思議」是指「寂不真寂，滅不真滅」，乃「諸理會歸最上之一理」：

> 「不可思議」四字，乃佛書最為精微之語。中經稗販妄人，濫用率稱，為日已久，致漸失本意，斯可痛也。夫「不可思議」之云，與云「不可名言」、「不可言喻」者迥別，亦與云「不能思議」者大異。假如人言見奇境怪物，此謂「不可名言」；又如深喜極悲，如當身所覺，如得心應手之巧，此謂「不可言喻」。又如居熱地人生未見冰，忽聞水上可行；

如不知通吸力理人，初聞地員對足底之說，茫然而疑，翻謂世間無此理實，告者妄言，此謂「不能思議」。至於「不可思議」之物，則如云世間有圓形之方、有無生而死、有不質之力、一物同時能在兩地諸語，方為「不可思議」。

談理見極時，乃必至不可思議之一境，既不可謂謬，而理又難知，此則真佛書所謂：「不可思議」。而「不可思議」一言，專為此設者也。佛所稱涅槃，即其不可思議之一。他如理學中不可思議之理，亦多有之。如天地元始、造化真宰、萬物本體是已。至於物理之不可思議，則如宇如宙。宇者，太虛也（莊子謂之有實而無夫處。處，界域也。謂其有物

【一】嚴復對於可知、不可知的劃分，以及將不可知的部分歸諸「不可思議」是源自斯賓塞：「自特嘉爾倡尊疑之學，而結果於惟意非幻。於是世間一切可以對待論者，無往非實。但人心有域，於無對者不可思議已耳。此斯賓塞氏言學，所以發端於不可知、可知之分，而《第一義海》（斯賓塞《天演學》首卷）著破幻之論，而謂二者互為之根也。」嚴復譯：《穆勒名學》，收入《嚴復全集》，冊五，頁五八。

【二】赫胥黎著，嚴復譯，王道還導讀．編輯校注：《天演論》，頁八三。此句之原文較為簡短：This end of life's dream is Nirvana. What Nirvana is the learned do not agree. But, since the best original authorities tell us there is neither desire nor activity, nor any possibility of phenomenal reappearance for the sage who has entered Nirvana, it may be safely said of this acme of Buddhistic philosophy "the rest is silence". 參考譯文：生命幻夢的結局就是「涅槃」。各學者對涅槃含義的解釋並不相同。不過最具原創性的權威學者認為：對於進入涅槃的人來說，既無慾望，亦無行為；也沒有任何現象重現的可能；佛教哲學的主旨可以說就是「湛然寂靜」。

而無界域，有內而無外者也）。宙者，時也（莊子謂之有長而無本剽。剽，末也。謂其有物而無起迄也。二皆甚精界說）。【一】他如萬物質點、動靜真殊、力之本始、神思起訖之倫，雖在聖智，皆不能言，此皆真實不可思議者……涅槃可指之義如此，第其所以稱「不可思議」者，非必謂其理之幽渺難知也。其不可思議，即在寂不真寂，滅不真滅二語。世界何物乃為非有非非有耶？譬之有人，真死矣，而不可謂死，此非天下之違反，而至難著思者耶！故曰「不可思議」也。此不徒佛道為然，理見極時，莫不如是。蓋天下事理，如木之分條，水之分派，求解則追溯本源。故理之可解者，在通眾異為一同，更進則此所謂同，又成為異，而與他異通於大同。當其可通，皆為可解。如是漸進，至於諸理會歸最上之一理，孤立無對，既無不冒，自無與通。無與通則不可解，不可解者，不可思議也。【二】

由此可見嚴復用「不可思議」來描寫「諸理會歸最上之一理」、「寂不真寂，滅不真滅」。至嚴復翻譯《穆勒名學》（一九〇〇—一九〇二年間翻譯），他對思議、不可思議的意義有更為深入的認識，他瞭解到「名學者，思議之學」（the science of reasoning）。【三】名學所處理的是相對的概念，而不可思議的「物本體」是「無對」。嚴復精確地翻譯出穆勒有關康德對於現象與本體之區別：

汗德之言性靈與物體也，至謂有自在世界，與待世界絕殊。立紐美諾之名（譯言淨、言本體）以命萬物之本體，與斐訥美諾（譯言發見）之感於吾心，物所可接之形表為真反對。似其意主於可接者為幻相，而以不可接者為真體矣。然亦明言物之可知者，盡於形表……自吾人有生以後，常為氣質之拘，於物本體，斷無可接而知之理，則紐美諾終為神閟之事而已矣。【四】

康德的觀點與罕木勒登（William Hamilton，一七八八——一八五六）一樣：「英理家罕木勒登，亦謂至物本體，斯無對待，此無對待之本體，為外為內，吾無所知，知者知其不可思議而已。」【五】嚴復認為如佛教的真如與基督教的上帝即為「不可思議」：「釋氏嘗以真如為無對矣，而景

【一】此處之引文出自《莊子．庚桑楚》：「出無本，入無竅。有實而無乎處，有長而無乎本剽，有所出而無竅者有實。有實而無乎處者，宇也；有長而無本剽者，宙也。」王先謙：《莊子集解》（北京：中華書局，一九八七年），頁二〇四。

【二】《嚴復集》，頁一三八〇——一三八一。

【三】嚴復譯：《穆勒名學》，收入《嚴復全集》，冊五，頁一五。

【四】嚴復譯：《穆勒名學》，收入《嚴復全集》，冊五，頁五五——五六。

【五】嚴復譯：《穆勒名學》，收入《嚴復全集》，冊五，頁五六。此處之「不可思議」是翻譯“an impenetrable mystery”。John Stuart Mill, *A System of Logic, Ratiocinative and Inductive: Being a Connected View of the Principles of Evidence and the Methods of Scientific Investigation*, Longmans, Green, Reader, and Dyer, 1872, vol. 1, p. 65.

教……則以上帝為無對矣。顧其說推之至盡，未有不自相違反者。是以不二之門，文字言語道斷，而為不可思議也。」【一】老子所謂的「道」、《周易》所謂的「太極」亦為「不可思議」。【二】

總之，嚴復並不像赫胥黎那樣對於「不可知」的「出世間事」完全存而不論，【三】而是認為「可知」與「不可知」在歷史上是會變動的，隨著科學的發展，「可知」之範圍可能會越來越廣。這樣一來，「不可思議」的存在顯示嚴復看到「科學」的局限，以及未來可能面對的挑戰，如此「乃有進步」。故不宜將一切目前科學無法解釋的現象完全歸之於「迷信」或虛幻。他在給俞復的一封信中說：「世間之大，現象之多，實有發生非科學公例所能作解者。何得以不合吾例，憪然遂指為虛？」【四】

其次，嚴復的「不可思議」、「不可知論」更積極地給予「宗教」或「超越智慧」、死後世界、「靈魂不死」等想法的一個合理的、可以存在的範疇。對他來說，佛教的「涅槃」或老子的「道」，都是在邏輯性的、感觀經驗之外的境界。這一觀念也使他批評「物質主義」或「唯物論」：「若一概不信，則立地成 Materialism，最下乘法，此其不可一也。」【五】史華慈認為嚴復肯定「神秘主義」，而拒絕穆勒那樣的實證主義。【六】其實對嚴復來說，他對超越名理論證的形上的「本體」世界的興趣並非耽溺於抽象之玄思，而是像許多二十世紀中國哲學家一樣，認為「作為道德之基礎（包括嚴復所強調的儒家倫理，如『孝』）與痛苦之避難所的內在生活，必須奠基於某種形上的本體論之上。……這種對『物質主義』的拒絕和後來新儒『感覺到支離割

裂、茫無歸著』的恐懼，也有類似之處。」【七】

嚴復「不可思議」的觀念配合了他本身的宗教信仰，他積極地肯定其意義與價值，認為會通了儒、釋、道與基督教對最高真理之探究，並顯示科學的局限。嚴復的想法不但與赫胥黎的「不可知論」不相同，更與五四新文化運動支持者（如胡適）的「無神論」有很大的差距。

五、嚴復對五四新文化運動之批判——兼論嚴復與「學衡派」

嚴復對中西文化的態度在歐戰之後有更大的轉變。歐戰期間嚴復曾協助袁世凱將西方報刊對戰爭的報導翻譯為中文，以《居仁日覽》之名進呈，提供袁氏參考。嚴復對於歐戰的深入考

【一】嚴復譯：《穆勒名學》，收入《嚴復全集》，冊五，頁四二—四三。

【二】《嚴復集》，頁一〇八四—一〇八五。

【三】《嚴復集》，頁七二二。

【四】《嚴復集》，頁七二五。

【五】《嚴復集》，頁八二五。

【六】Benjamin I. Schwartz, *In Search of Wealth and Power: Yen Fu and the West*, p. 195.

【七】黃克武：〈思議與不可思議：嚴復的知識觀〉，收入習近平主編：《科學與愛國：嚴復思想新探》（北京：清華大學出版社，二〇〇一年），頁二五三。（收入本書）

察，包括對德軍在戰場上的殘暴行為的認識，激發出他對國內外戰爭的批判與對人道主義的倡導。一九一七年嚴復作〈歐戰感賦〉一詩，對於戰爭耗費金錢、新武器造成的重大傷亡，發出感傷。他感嘆西方科學的發展造成殺人利器之日新月異，此乃孟子所謂「率鳥獸以食人」。【一】嚴復同時亦反省到國際之間的戰爭實源於狹隘的民族主義與愛國主義，而感嘆地說出：「自愛國之說興，而種族之爭彌烈，今之歐戰其結果也。……夫愛國之義，發源於私，誠不足以增進人道。」從反省歐戰出發，嚴復對於西方科學畸形發展、愛國主義與種族之爭所導致的殘酷戰爭深有所感，企望更進一步地回歸中國傳統。【二】

他此時也對五四時期的學生愛國運動、批判傳統、反宗教、支持白話文等主張有所不滿，認為是一場「舉國趨之，如飲狂泉」的災難。一九一九年時，五四群眾運動正在各地如火如荼地展開，嚴復在寫給熊純如的信中說：「世事紛紜已極。和會散後，又益以青島問題，集矢曹、章，縱火傷人，繼以罷學，牽率罷市……他所學商界合，而閩則學商界分……咄咄學生，救國良苦，顧中國之可救與否不可知，而他日決非此種學生所能濟事者，則可決也。」（一九一九年六月二十日）【三】

此時四子嚴璿在唐山工業學校讀書，嚴璿來信告知「唐校學生起鬨及汝捐錢五元，以此受人揚譽極不相宜，並結團抵制日貨」。嚴復對此表示「吾心深為不悦」，他勸四子應專心課業，不要過問政治，「如此等事斷斷非十五、六歲學生，如吾兒所當問也」，「隨俗遷流，如此直不類嚴氏家兒，可悲孰逾於此」，「北京章、曹或亦有罪，而學生橫厲如此，誰復敢立異，而正理從此不可見矣。嗟夫！多歧亡羊，吾見汝信，恨不即叫兒回家，從此不在各校求學也。」【四】他寫了一首詩來勸戒他：「舉國方飲狂，昌披等桀紂。慎勿三年學，歸來便名母。內政與外交，主者所宿留。就言匹夫責，事豈關童幼。……不勝舐犢情，為兒進苦口。」【五】

一九二一年他又訓示諸兒不必反對「同善社」：「璿年尚稚，現在科學學校，學些算數形學之類，以為天下事理，除卻耳目可接，理數可通之外，餘皆迷信無稽，此真大錯。……吾所不解者：你們何必苦苦與同善社靜坐法反對？你們不信，自是與之無緣，置之不論不議之列可爾：他人相信，資以修養，有何害事？……汝等此後，於此等事，總以少談為佳，亦不必自

【一】《嚴復集》，頁四〇三—四〇四。
【二】黃克武：〈嚴復與《居仁日覽》〉，《台灣師大歷史學報》，期三九（二〇〇八年八月），頁五七—七四。
【三】《嚴復集》，頁六九三—六九四。
【四】孫應祥：《嚴復年譜》，頁五一四。
【五】《嚴復集》，頁四一〇。

矜高明，動輒斥人迷信也。」【一】

他批評接續他擔任北京大學校長的蔡元培與其他國民黨要人，均為「神經病」，不但於世事無補反而有害，「蔡孑民人格甚高，然於世事，往往如莊生所云：『知其過，而不知其所以過』。偏喜新理，而不識其時之未至，則人雖良士，亦與汪精衛、李石曾、王儒堂（正廷）、章枚叔（炳麟）諸公同歸於神經病一流而已，於世事不但無補，且有害也。」【二】

他對於北大胡適、陳獨秀的「文白合一」，亦即以文字來配合語言，感到十分不滿：

> 北京大學陳、胡諸教員主張文白合一，在京久已聞之，彼之為此，意謂西國然也。不知西國為此，乃以語言合之文字，而彼則反是，以文字合之語言。今夫文字語言之所以為優美者，以其名辭富有，著之手口，有以導達要妙精深之理想，狀寫奇異美麗之物態耳。如劉勰云：「情在詞外曰隱，狀溢目前曰秀」。梅聖俞（堯臣）云：「含不盡之意，見於言外，狀難寫之景，如在目前」。又沈隱侯（約）云：「相如工為形似之言，二班長於情理之說」。今試問欲為此者，將於文言求之乎？抑於白話求之乎？詩之善述情者，無若杜子美之《北征》；能狀物者，無如韓吏部之《南山》。設用白話，則高者不過《水滸》、《紅樓》；下者將同戲曲中簧皮之腳本。就令以此教育，易於普及，而斡棄周鼎，寶此康匏，正無如退化何耳。【三】

嚴復更斷言白話文運動無法長久：「須知此事，全屬天演，革命時代學説萬千，然而施之人間，優者自存，劣者自敗，雖千陳獨秀、萬胡適、錢玄同，豈能劫持其柄，則亦如春鳥秋蟲，聽其自鳴自止可耳。林琴南輩與之較論，亦可笑也。」【四】

嚴復對白話文之批評主要出於他對典雅之文言文的熱愛。他受到桐城派大師吳汝綸的影響，以信、達、雅三者兼備的桐城古文翻譯西書。吳汝綸一方面高度讚賞他的文采，另一方面則擔憂其文風與時人「舛馳而不相入」：「今學者方以時文、公牘、説部為學，而嚴子乃欲進之以可久之詞，與晚周諸子相上下之書，吾懼其舛馳而不相入也。雖然，嚴子之意，蓋將有待

【一】《嚴復集》，頁八二四—八二五。當時報章上有一些討論「同善社」的文章，嚴復的兒子可能受到這些文章之影響。例如一九二一年時《新青年》編者陳獨秀等看到同善社之勢力迅速擴張，認為該會是「靈學會的化身」，因而在《新青年》卷九號四（一九二一年八月）之上登了何謙生的〈同善社〉一文，又轉載了《湘潭日報》黎明所撰的〈闢同善社〉一文，大力批駁。見頁五五一—五五五。

【二】《嚴復集》，頁六九六—六九七。

【三】《嚴復集》，頁六九九。此封信亦曾刊登於《學衡》之上，嚴復：〈與熊純如書札節鈔，第六四〉，《學衡》，第二〇期（一九二三年八月），文苑，頁四—五。

【四】《嚴復集》，頁六九九。有關《新青年》與林琴南的「罵戰」，參見許紀霖：〈五四新文化運動中「舊派中的新派」〉，《華東師範大學學報》（哲學社會科學版）二〇一九年第一期，頁二四—三六、一七〇。

也。待而得其人，則吾民之智瀹矣。」【一】嚴復將古文與西學相結合，很形象地表達了他對中西文化的基本態度。

民國初年以後，嚴復的文字雖受到許多白話文支持者的批評，至一九二〇年代之時，他對於中國傳統態度與融通中西之主張，以及在語言文字上支持文言文的觀點卻與「學衡派」也十分契合。學衡派高舉「論究學術，闡明真理，昌明國粹，融化新知」之宗旨，他們肯定傳統、會通中西的文化觀念並非單純復古，而是受到白璧德（Irving Babbitt，一八六五—一九三三）新人文主義與希臘羅馬的古典文明之影響，有很深的西學的根基。【二】這些地方和嚴復的觀點十分類似（嚴復的文化保守主義亦有很深的西學之基礎）。對學衡派諸君而言，嚴復是「貶抑白話，崇揚文言」的一代宗師，也是他們攻擊五四新文化運動的一個重要的思想資源。

學衡派的主要人物如柳詒徵（一八八〇—一九五六）、胡先驌（一八九四—一九六八，江西新建人）都公開地讚揚嚴復的翻譯文字。柳詒徵說嚴譯合乎「信雅達」三原則，對引進西學有很大的貢獻：

近世譯才，以侯官嚴復為稱首，其譯赫胥黎《天演論》，標舉譯例，最中肯綮。嗣譯斯密亞丹之《原富》、約翰穆勒之《名學》、斯賓塞爾之《群學肄言》、孟德斯鳩之《法意》、甄克斯之《社會通詮》等書，悉本信雅達三例，以求與晉隋唐明諸譯書者相頡頏，於是華

人始知西方哲學、計學、名學、群學、法學之深邃，非徒製造技術之軼於吾土，是為近世文化之大關鍵。【三】

胡先驌則一方面批評胡適的白話文，另一方面則肯定桐城古文之價值。他在《學衡》一、二期刊登〈評《嘗試集》〉，批判胡適的白話詩，「以白話新詩號召於眾，自以為得未有之秘，甚而武斷文言為死文字，白話為活文字，而自命為活文學家。實則對於中外詩人之精髓，從未有深刻之研究，徒為膚淺之改革談而已。」【四】刊出之後引來式芬與魯迅的評譏。【五】他又在《學

【一】吳汝綸：〈《天演論》序〉，收入《天演論》，頁二。

【二】沈松僑：《學衡派與五四時期的反新文化運動》（台北：國立台灣大學出版委員會，一九八四年）。王晴佳：〈白璧德與「學衡派」：一個學術文化史的比較研究〉，《中央研究院近代史研究所集刊》，期三七（二〇〇二年），頁四一—九一。陳俊啟：〈吳宓與新文化運動〉，《中央研究院近代史研究所集刊》，期五六（二〇〇七年），頁四五—九〇。

【三】柳詒徵：《中國文化史》（台北：正中書局，一九七四年〔一九四八年〕），下冊，頁一八六—一八七。

【四】胡先驌：〈評《嘗試集》〉，《學衡》，期一（一九二二年一月），頁一—二三；《學衡》期二（一九二二年二月），頁一—一九。

【五】式芬：〈評《嘗試集》框謬〉，《晨報副刊》，一九二二年二月四日，三版。魯迅：〈估《學衡》〉，《熱風》，收入《魯迅全集》，冊一，頁三七七。

衡》一八期撰寫了〈評胡適《五十年來中國之文學》〉。在此文中他再度指斥胡適「死文字」之說不當，反對近五十年來的發展為「桐城文之衰落與語體文之成功」。他認為文言、白話之別不在古今，而是同一文字的雅俗之別。他極力為桐城派古文辯護，「不為浮誕夸張之語，不為溢美溢惡之評，一字一句，銖兩恰稱，不逾其分」，認為最好的作法是以古文之良好工具來傳播新思想。胡先驌說嚴復、林紓、章士釗的作品即是如此，「嚴復林紓之翻譯與夫章士釗之政論之所以有價值，正能運用古文之方法，以為他種著述之用耳」。其中嚴復「文之佳處，在其殫思竭慮，一字不苟，『一名之立，旬月踟躇』，故其譯筆，信雅達三善俱備。吾嘗取《群己權界論》《社會通詮》與原文對觀，見其義無不達，句無賸義。其用心之苦，惟昔日六朝與唐譯經諸大師為能及之。以不刊之文，譯不刊之書，不但其一人獨自擅場，要為從事翻譯事業者永久之模範也。」【一】

一九二二—一九二三年出版的《學衡》六至二〇期，曾連續刊載了《嚴幾道與熊純如書札節抄》，共八十封，約五萬餘字。甚至還配合書札節鈔，在刊物上刊登了「嚴幾道書札真跡」。【二】

這些書札是胡先驌根據熊純如所藏嚴復於一九一二—一九二一年間給他的書信而加以節錄的（胡熊兩人為江西同鄉），對於嚴復思想的傳播發揮了重要的作用，並解釋了關於嚴復與籌安會、「共和國體不適吾國國情」等方面的誤會。胡先驌在〈壽熊純如丈六十〉一詩中曾記述此事，「大哲有侯官，瓣香事何度，公弟信英彥，而公獨沉潛。嚴門號多士，惟公得薪傳，書簡百十通，揚搉通人天。」【三】一九二七年，學衡雜誌社又將《嚴幾道與熊純如書札節鈔》單獨印行，列為「學衡社叢書」第一種。【四】

後來有一些讀者因為閱讀此一書札而更為深入地認識嚴復之理念。例如「學衡派」之一員，一九二七年考取庚款，赴哈佛大學投入白璧德的門下，研究希臘文學的郭斌龢（一九〇〇—一九八七）【五】就說，「余幼讀先生所譯書，即心嚮往之。其後於《學衡》雜誌中，讀先

【一】胡先驌：〈評胡適五十年來中國之文學〉，《學衡》，期一八（一九二三年六月），頁一—二六。

【二】《學衡》，期二〇（一九二三年八月），卷首插圖。此信撰於一九一二年底，完整內容參見《嚴復集》，頁六〇七—六〇九。

【三】《學衡》，期六六（一九二九年），「詩錄」，頁一三。

【四】吳宓：《吳宓日記》（北京：生活．讀書．新知三聯書店，一九九八年），冊三，頁三七八。一九二七年七月二十三日的日記記載：「上午八時，訪李濂鏜於惜陰胡同寓宅。緣李君極熱心崇拜嚴幾道，願自出款五十元，速印《嚴幾道與熊純如書劄節鈔》為《學衡社叢書》第一種。故宓訪之。與同赴（一）化石橋順天時報館。（二）北新華街京城印書局。（三）甘雨胡同志成印書局。詢問接洽。一一開定估單攜回。需費約一百五十餘元，印一千冊。」李濂鏜，字杏南，河北冀縣人，北京大學畢業，為林紓的弟子。李濂鏜很崇拜嚴復，一九二七年八月二十日，吳宓記載：「下午為李濂鏜書扇。嚴幾道〈送璿兒入唐山工業專門學校〉詩。」（頁三八九）

【五】有關郭斌龢的生平，參見沈衛威：〈郭斌龢：中西融通〉，《學衡派譜系：歷史與敘事》（南京：南京大學出版社，二〇一五年），頁三七二—三七九。

生與熊純如書札，益嘆其卓識遠慮為不可及。」他在《國風》（一九三二—三六年間發行，由中央大學教授群創辦，風格與《學衡》雜誌相同，反新文化、新文學）【二】上所發表的〈嚴幾道〉一文特別強調嚴復一生雖有變化，然「苦心彌縫於新舊之間」的精神「始終一貫」：

> 先生一方深受我國人文教育之陶冶，服膺儒先遺說，一方復崇奉西洋十九世紀之自然主義。二者性質不同，先生則兼收並蓄，加以折衷……綜先生一生，苦心彌縫於新舊之間，大抵民國以前，謀新之意富，民國以後，率舊之情深。雖其立論隨時變遷，有倚輕倚重之異，精神則始終一貫。

他又多方徵引《學衡》上〈書札〉，說明「先生對於教育之主張，簡言之，即尊重本國文化，研究西洋科學而已」，尤其強調「中國目前危難，全由人心之非，而異日一線命根，仍是數千年來先王教化之澤」（〈書札〉四十九）。他的結論是嚴復屬於英國之「自由保守派」：

> 先生舊學湛深，其翻譯西籍，志在補偏救弊，有目的、有分寸，與盲從西人，一往不返者大異。暮年觀道，益有所悟，所作書札，名言讜論，尤卓然不可磨滅。……余觀先生一生，甚似英國之自由保守派（liberal conservative），不頑固、不激進，執兩用中，求裨

實際。【二】在此文之中嚴復儼然成為「學衡派」的代言人。

六、結論

嚴復自晚清以來即為中國思想界中譯介西學的先驅人物，他一方面播下了五四新文化運動的思想種子，另一方面則批判、反省五四思想，而與「學衡派」的思想相呼應，表現出以下的幾個特點：

一、對科學與宗教的看法：嚴復肯定科學在改善人類生活上的意義，但認為科學有其限制、宗教有其價值。道德之基礎，必須奠基於某種形上的本體論之上，以免墮入「物質主義」或「唯物論」。【三】他堅信「世間必有不可知者存。不可知長存，則宗教終不廢」，科學範圍窮盡

【一】有關《國風》雜誌的緣起、特色，參見沈衛威：《學衡派譜系：歷史與敘事》，頁一二七—一五一。

【二】郭斌龢：〈嚴幾道〉，《國風月刊》，卷八期六（一九三六年），頁二一三—二二八。

【三】《嚴復集》，頁八二五。

之處，即「宗教之所由起」。[一] 他不但肯定宗教的價值，本身亦有虔誠的宗教信仰。嚴復對科學與宗教的看法和後來「科玄論戰」中玄學派的觀點有類似之處，而與五四思想家的「唯科學主義」(scientism) 截然不同。

二、對自由與民主的看法：嚴復與五四啟蒙論述同樣肯定自由、民主的價值，不過嚴復對個人自由的肯定結合了英國古典自由主義與儒家的觀點。這種受到儒家影響的自由觀認為個人的道德感乃源於宇宙之中生生不已的力量，道德感的培養是人生終極的目的，只能經由個人的努力才能達成。此即是儒家典籍中所謂的「為己」、「求諸己」、「為仁由己」。在此一過程一方面必須「克己」，另一方面則需要由「成己」而「成物」，這種自我實現與成就他人的結合，正是嚴復所強調的「恕」與「絜矩」的精神。對嚴復來說，西方自由精神與此種儒家的道德理想並不衝突，所以他一方面瞭解西方自由觀念中「所以存我」的獨特性，另一方面又表示自由即是實現「《大學》絜矩之道」。[二] 這樣一來，我們可以說嚴復所代表的是「具有中國特色」的自由主義。[三] 嚴復的想法與後來的港台新儒家如牟宗三等人有類似之處，他們都同意五四思想家所提出「民主與科學為中國文化現實發展之所首要與必須」，不過「重要的是如何把精神接引過來」。[四] 在這方面中國傳統所重視的「積極自由」(如以教育來培養德行，即柏林所說的 positive freedom) 的面向有重要的意義。

三、對愛國主義的看法：嚴復無疑地是一位愛國主義者，他一生的職志就在建立一個自由、富強與文明的新中國。不過他也意識到種族主義、愛國主義有其缺點。嚴復看到愛國精神引發國家與國家之間殘酷的戰爭乃人類歷史上最可悲之事；因此唯有以人道主義所具有的超越精神，才能突破狹隘的愛國意識。他說：「民族主義，將遂足以強吾種乎？愚有以決其必不能者矣」；在他看來，無論是「排滿」或「排外」都是落後的做法，不足以「救亡」、「利國」。為了因應新時代的來臨，應宣傳建立超越種族的「國民」觀念為中心的認同，並實行地方自治與主權在民的民主制度。

四、對傳統文化與語言的態度：嚴復肯定儒、釋、道三教所代表的傳統文化與傳統所孕育出來的典雅文言文。這一點牽涉柏克（Edmund Burke，一七二九—一七九七）保守主義對嚴復的影響。眾所周知，近代中國大多數知識分子都仰慕法國思想家盧梭，強調「天賦人權」、「公意」、打倒舊體制，少有人譯介、肯定批判法國大革命的柏克。嚴復卻批判盧梭的觀點、

【一】嚴復：〈進化天演〉，收入《天演論》，頁一二四。

【二】嚴復：〈譯凡例〉，《群己權界論》，頁一—二。

【三】Max K. W. Huang, *The Meaning of Freedom: Yan Fu and the Origins of Chinese Liberalism.*

【四】有關牟宗三對自由、民主的看法參見彭國翔：《智者的現世關懷：牟宗三的政治與社會思想》（台北：聯經出版事業公司，二〇一六年），頁三四二—三六八。有關嚴復與新儒家的比較，參見拙著：〈思議與不可思議：嚴復的知識觀〉，收入習近平主編：《科學與愛國：嚴復思想新探》，頁二四七—二五七。（收入本書）

認同柏克的主張。柏克的保守主義尊重傳統之積累，承認現實之「惡」無法根除，因此「政治是一種可能的藝術」，是在與歷史和現實的妥協之中，以傳統為根基平穩地追求群體的進步，以建立一個文明社會。嚴復認為政治規範不能單純地從自由、平等、科學等理念中導引出來。他接受柏克的觀點，認為人類只有在文明社會中才能繁榮發展，而此一社會的整合與福祉高度地依賴其與傳統之間的連續性，而傳統之中固有的儒家倫理觀念與佛道宗教信仰均扮演著很重要的角色。

總之，嚴復思想一方面開啟了五四新文化運動，孕育了批判傳統、追求民主和科學的啟蒙精神，另一方面，他也展開對於此一啟蒙論述的反思，探索科學、民主、愛國、反傳統等觀念的局限或缺失。嚴復思想中啟蒙的一面對胡適、魯迅、陳獨秀等人均有所啟發，而反思啟蒙的一面則與學衡派、新儒家思想有連續性的關係，而構成另一條思想發展之脈絡。整體觀之，嚴復所代表中國現代性的方案顯示出內在的強烈張力，也蘊含了融通中西、創造新文化的諸多可能。這種既主張啟蒙、西化，又強調維護傳統、融通中西的思想特點，不但表現在嚴復個人思想之上，也構成了現代中國思想文化轉型期的重要特徵。張灝所謂五四時期思想「兩歧性」（如理性主義與浪漫主義、懷疑精神與「新宗教」、個人主義與群體意識、民族主義與世界主義）[一]、李澤厚所談到「啟蒙與救亡的雙重變奏」[二]都與此一張力有關，然而這些思想的詭譎奇異、矛盾衝突也正反映了中國近代思想遺產的多元性，並展示未來能孕育出另一種嶄新文化的重要契機。

本文收入黃克武主編：《重估傳統．再造文明：知識分子與五四新文化運動》（台北：秀威資訊，二〇一九年），頁二六—六一。亦刊於歐陽哲生主編：《百年回看五四運動：北京大學紀念五四運動一百周年人文學術論壇論文集》（北京：社會科學文獻出版社，二〇二〇年），頁五八六—六一六。

【一】張灝：〈重訪五四：論五四思想的兩歧性〉，《時代的探索》，頁一〇五—一三九。

【二】李澤厚：〈啟蒙與救亡的雙重變奏〉，收入《中國現代思想史論》（台北：風雲時代出版社，一九九一年），頁一—五四。

作者簡介

黃克武，台灣師範大學歷史系學士、碩士；英國牛津大學東方系碩士；美國史丹福大學歷史系博士。

曾任中央研究院近代史研究所胡適紀念館主任、中央研究院近代史研究所所長、台灣中國近代史學會理事長，現任中央研究院近代史研究所特聘研究員。先後赴華東師範大學、(北京)清華大學、北京大學、南開大學、香港中文大學、(日本京都)立命館大學客座講學。專長領域為中國近代思想文化史、政治史、知識分子研究。

主要著作：《一個被放棄的選擇：梁啟超調適思想之研究》、《自由的所以然：嚴復對約翰彌爾自由思想的認識與批判》、*The Meaning of Freedom: Yan Fu and the Origins of Chinese Liberalism*、《惟適之安：嚴復與近代中國的文化轉型》、《近代中國的思潮與人物》、《言不褻不笑：近代中國男性世界中的諧謔、情慾與身體》、《顧孟餘的清高：中國近代史的另一種可能》、《反思現代：近代中國歷史書寫之重構》、《胡適的頓挫：自由與威權衝撞下的政治抉擇》、《筆醒山河：中國近代啟蒙人嚴復》等。

著述年表

學術專著

1 《一個被放棄的選擇：梁啟超調適思想之研究》，台北：中央研究院近代史研究所，一九九四年；二〇〇六年修訂再版。簡體中文版，北京：新星出版社，二〇〇六年。

2 《自由的所以然：嚴復對約翰彌爾自由思想的認識與批判》，台北：允晨文化實業股份有限公司，一九九八年。簡體中文版，上海：上海書店出版社，二〇〇〇年；簡體中文修訂版，杭州：浙江古籍出版社，二〇二一年。

3 *The Meaning of Freedom: Yan Fu and the Origins of Chinese Liberalism*. Hong Kong: The Chinese University Press, 2008.

4 《惟適之安：嚴復與近代中國的文化轉型》，台北：聯經出版公司，二〇一〇年。簡體中文版，北京：社會科學文獻出版社，二〇一二年。

5 《近代中國的思潮與人物》，北京：九州出版社，二〇一三年。

6 《言不褻不笑：近代中國男性世界中的諧謔、情慾與身體》，台北：聯經出版公司，二〇一六年。

7 《顧孟餘的清高：中國近代史的另一種可能》，香港：香港中文大學出版社，二〇二〇年。

8 《反思現代：近代中國歷史書寫之重構》，成都：四川人民出版社，二〇二一年。

9 《胡適的頓挫：自由與威權衝撞下的政治抉擇》，台北：台灣商務印書館，二〇二一年。

10 《筆醒山河：中國近代啟蒙人嚴復》，桂林：廣西師範大學出版社，二〇二二年。

期刊與專書論文（選編）

1 〈章太炎的早年生涯：一個心理的分析〉，《食貨月刊》，卷九期十（一九八〇年），頁四五—五一。

2 〈詁經精社與十九世紀初期中國教育、學術的變遷〉，《食貨月刊復刊》，卷十三期五、六合刊（一九八三年），頁七〇—七九。

3 〈理學與經世——清初《切問齋文鈔》學術立場之分析〉，《中研院近史所集刊》，期一六（一九八七年），頁三七—六五。

4 〈論李澤厚思想的新動向：兼談近年來對李澤厚思想的討論〉，《中研院近史所集刊》，期二五（一九九六年），頁四二五—四六〇。

5 〈一二三自由日：從一個節日的演變看當代台灣反共神話的興衰〉，收入國史館編：《一九四九年——中國的關鍵年代學術討論會論文集》，台北：國史館，二〇〇〇年，頁六四三—六七七。

6 〈悲劇的歷史拼圖——金山鄉二二八事件之探析〉（與洪溫臨合著），《中研院近史所集刊》，期三六（二〇〇一年），頁一—四四。

7 〈「個人主義」的翻譯問題：從嚴復談起〉，《二十一世紀》，期八四（二〇〇四年），頁四〇—五一。

8 〈民不舉．官不究：從乾隆年間的一則刑案探測帝制晚期私人生活的空間〉，收入李長莉、左玉河編：《近代中國的城市與鄉村》，北京：社會科學文獻出版社，二〇〇六年，頁四一九—四二七。

9 〈史可法與近代中國記憶與認同的變遷〉，收入李國祁教授八秩壽慶論文集編輯小組編：《近代國家的應變與圖新》，台北：唐山出版社，二〇〇六年，頁五五—八二；亦收入王笛主編：《時間．空間．書寫》，杭州：浙江人民出版社，二〇〇六年，頁二四五—二七一。

10 〈民國初年上海的靈學研究：以「上海靈學會」為例〉，《中研院近史所集刊》，期五五（二〇〇七年），頁九九—一三六。

11 〈胡適與抗戰時中美桐油借款〉，收入呂一群、于麗主編：《海峽兩岸紀念武漢抗戰七十周年學術研討會論文集》，武漢：長江出版社，二〇〇九年，頁三四七—三五五。

12 〈一九五零年代胡適與蔣介石在思想上的一段交往〉，《廣東社會科學》，期六（二〇一一年），頁十五—二十。

13 〈從晚清看辛亥革命：百年之反思〉，《近代史研究》，期一九一（二〇一二年），頁九九—一〇六。

14 〈晚清社會學的翻譯及其影響：以嚴復與章炳麟的譯作為例〉（與韓承樺合撰），收入沙培德、張哲嘉編：《近代中國新知識的建構》，台北：中央研究院，二〇一三年，頁一一一—一七七。

15 〈何謂天演？嚴復「天演之學」的內涵與意義〉，《中研院近史所集刊》，期八五（二〇一四年），頁一二九—一八七。

16 〈靈學與近代中國的知識轉型：民初知識分子對科學、宗教與迷信的再思考〉，《思想史》，期二（二〇一四年），頁一二一—一九六。

17 〈迷信觀念的起源與演變：五四科學觀的再反省〉，《東亞觀念史集刊》，期九（二〇一五年），頁一五三—二二六。

18 〈民族主義的再發現：抗戰時期中國朝野對「中華民族」的討論〉，北京中國社科院近代史研究所編：《近代史研究》，期二一四（二〇一六年），頁四—二六。

19 〈「過渡時代」的脈動：晚清思想發展之軌跡〉（與段煉合著），《兩岸新編中國近代史·晚清卷》，北京：社會科學文獻出版社，二〇一六年，頁八七一—九一三。

20 〈《陳克文日記》中的汪兆銘與蔣中正〉（與趙席敻合著），羅敏主編：《在日記中找尋歷史》，北京：社會科學文獻出版社，二〇一九年，頁九九—一五八。

21 〈意識形態與學術思想的糾結：一九五〇年代港台朝野的五四論述〉，《思想史》，期九（二〇一九年），頁二一七—二六四。

22 〈天演與佛法：《天演論》對清末民初佛學思想的衝擊〉，《翻譯史研究（二〇一八）》，上海：復旦大學出版社，二〇二〇年，頁一九九—二二二。

23 〈詞彙、戰爭與東亞的國族邊界：「中國本部」概念的起源與變遷〉，《復旦學報（社會科學版）》，期六（二〇二〇年），頁三六—四七。

主編書籍

1《公與私：近代中國個體與群體的重建》（與張哲嘉合編），台北：中央研究院近代史研究所，二〇〇〇年。
2《第三屆漢學會議論文集：思想、政權與社會力量》，台北：中央研究院近代史研究所，二〇〇二年。
3《第三屆漢學會議論文集：軍事組織與戰爭》，台北：中央研究院近代史研究所，二〇〇二年。
4《第三屆漢學會議論文集：性別與醫療》，台北：中央研究院近代史研究所，二〇〇二年。
5《畫中有話：近代中國的視覺表述與文化構圖》，台北：中央研究院近代史研究所，二〇〇三年。
6《食巧毋食飽：地方飲食文化（一）》，台北：財團法人中華飲食文化基金會，二〇〇九年。
7《民以食為天：地方飲食文化（二）》，台北：財團法人中華飲食文化基金會，二〇〇九年。
8《遷台初期的蔣中正》，台北：中正紀念堂管理處，二〇一一年。
9《海外蔣中正典藏資料研析》，台北：中正紀念堂管理處，二〇一三年。
10《重起爐灶：蔣中正與一九五〇年代的台灣》，台北：中正紀念堂管理處，二〇一三年。
11《同舟共濟：蔣中正與一九五〇年代的台灣》，台北：中正紀念堂管理處，二〇一四年。
12《中國近代思想家文庫：嚴復卷》，北京：中國人民大學出版社，二〇一四年。
13《兩岸新編中國近代史》（與王建朗合編，晚清卷．民國卷，共四冊），北京：社會科學文獻出版社，二〇一六年。
14《一九六〇年代的台灣》，台北：中正紀念堂管理處，二〇一七年。
15《重估傳統．再造文明：知識分子與五四新文化運動》，台北：秀威資訊，二〇一九年。
16《政治批評、哲學與文化：墨子刻先生中文論文集》，台北：華藝數位，二〇二一年。
17《隱藏的人群：近代中國的族群與邊疆》，台北：秀威資訊，二〇二一年。